北京文物与考古系列丛书

北京市考古研究院田野考古报告（第64号）

房山安庄墓地考古发掘报告

北京市考古研究院　编著

科学出版社

北　京

内 容 简 介

2021年10月～2021年12月，北京市文物研究所（现北京市考古研究院）对房山安庄墓地进行了考古发掘，发掘战国墓葬22座，西汉墓葬61座，东汉墓葬35座，唐代墓葬1座，辽金墓葬12座，明代墓葬31座（含明堂1座），清代墓葬29座。其中东汉砖室墓、唐及辽金时期部分墓葬破坏较严重，保存较差，出土随葬品的等级规格也比较低。墓地出土了陶、瓷、玉、玛瑙、铜等不同质地文物400余件套。这些发现增添了北京西南部房山地区的物质文化信息，完善了北京地区战国至明清时期的考古学研究资料，对了解刺猬河流域的历史文化变迁有着重要的学术意义。

本书可供从事考古、文物、历史研究的专业人员及大专院校相关师生阅读、参考。

图书在版编目（CIP）数据

房山安庄墓地考古发掘报告 / 北京市考古研究院编著. -- 北京：科学出版社，2024.11. -- （北京文物与考古系列丛书）(北京市考古研究院田野考古报告).
　　ISBN 978-7-03-079882-4

Ⅰ. K878.85

中国国家版本馆CIP数据核字第202444FM49号

责任编辑：樊　鑫 / 责任校对：张亚丹
责任印制：张　伟 / 封面设计：金舵手世纪

科 学 出 版 社 出版
北京东黄城根北街16号
邮政编码：100717
http://www.sciencep.com
北京汇瑞嘉合文化发展有限公司印刷
科学出版社发行　各地新华书店经销
*
2024年11月第 一 版　开本：889×1194　1/16
2024年11月第一次印刷　印张：23 1/4　插页：39
字数：860 000
定价：368.00元
（如有印装质量问题，我社负责调换）

目　　录

插 图 目 录

彩 版 目 录

第一章 绪 论

第一节 地理环境与历史概况

房山区位于北京市西南部，区域范围为北纬39°30′~39°55′，东经115°25′~116°15′。其东、北与丰台区接壤，东与大兴区以永定河相隔，南和西南部分别与河北省涿州市、涞水县毗连，北与门头沟以百花山为界，全区面积约2019平方千米。

房山地处华北平原与太行山交界地带，地势西北高、东南低，西北部为山区，东南部为冲积平原、洼地、河漫滩。由西北向东南依次为中山、低山、丘陵、岗台地和冲积平原，地貌类型复杂多样，海拔30~100米不等。地处暖温带半湿润季风大陆性气候区，境内地貌复杂，山区与平原间相对高差悬殊，气候有明显差异。平原地区平均气温13.2℃，西部山区平均气温11.3℃。平原地区降水量670.4毫米，西部山区降水量674.9毫米。平原地区年日照时数2589.7小时，西部山区年日照时数2145.1小时。境内有永定河、拒马河、大石河、小清河（俗称哑巴河）等大小河流13条，皆属海河水系。拒马河、大石河回旋曲折，永定河、小清河穿境而过。房山区已被利用及尚待开发利用的地下矿产约20余种。非金属矿与燃料矿资源丰富，金属矿产有铁、铜、铅、锌、铝土矿等。铁储量2413万吨。铝土矿储量2034.8万吨，富矿少贫矿多，难以炼铝，然可做高铝耐火材料。其余多金属矿品位及规模均不理想，无工业价值。非金属矿产有灰岩、大理岩等，主要矿种8种[①]。

房山历史悠久，建置沿革比较复杂，自古为北京与中原地区交往的南北通道。

夏商周时期，为燕地。战国燕置中都县。

秦统一六国后，分全国为三十六郡。秦王政二十三年（前224年），置广阳郡，辖蓟、良乡县二。

西汉置广阳、良乡、西乡三县。其中广阳县治在今良乡镇东北八里之广阳城，隶燕国。武帝元朔元年（前128年），因燕国废除为郡，时县属燕郡；昭帝元凤元年（前80年），改属广阳郡。宣帝本始元年（前73年），又改属广阳国。

王莽新朝时，改涿郡名垣翰，改良乡为广阳县，西乡县更名移风，二县皆属垣翰。后改广阳国为广有，原广阳县则属广有国。

---

① 北京市房山区地方志编纂委员会：《北京房山年鉴·2018》，北京出版社，2019年；北京市房山区志编纂委员会：《北京市房山区志》，北京出版社，1999年。

东汉时，除西乡县废除外，广阳、良乡二县并存。广阳县初属广阳郡，建武十二年（36年），广阳郡并入上谷郡，县改属上谷郡。和帝永元八年（96年），复置广阳郡，县复改属广阳郡。

三国魏明帝太和六年（232年），改广阳郡为燕国，时广阳郡为燕国属县。

西晋时，广阳县仍属燕国。武帝泰始元年（265年），封弟司马机为燕王，治蓟，领广阳等十县。

十六国后赵时，燕国改称燕郡，广阳县属之。前燕时，广阳县改属燕国。前秦时广阳县仍旧属。后燕时，广阳县改属燕郡。

北魏时，广阳、良乡二县皆属幽州燕郡。天保七年（556年），省良乡、广阳二县，并入蓟。

隋开皇年间（581～600年），废燕郡，良乡县直属幽州总管府。大业三年（607年），罢幽州总管府，改置涿郡，良乡县属之。

唐武德元年（618年），属幽州。武德至开元末年（618～741年），良乡先后属幽州总管府、幽州大总管府、幽州都督府、幽州大都督府。天宝元年（742年），改幽州大都督府为范阳郡，良乡属之。肃宗乾元元年（758年），复属幽州。此外良乡县境内先后置6个羁縻州，属侨置州县。

后唐天成三年（928年），契丹兵北走入幽州境，节度使赵德钧于阎沟筑垒以成兵守之，遂徙良乡县治于此。

辽会同元年（938年），属南京道幽州都府。开泰元年（1012年），改南京为燕京，改幽都府为析津府，良乡属之。

北宋宣和四年（1122年），改燕京为燕山府，良乡为属县之一。宣和七年（1125年），地复归金。金贞元元年（1153年），海陵王迁都燕京，改名中都，置中都路永安府；二年（1154年），改永安府为大兴府，良乡县皆属之。大定二十九年（1189年），析良乡县西境别置万宁县，以奉山陵。明昌二年（1191年），改万宁县为奉先县。万宁县、奉先县均以中都路涿州属县。

元初沿金旧制。成吉思汗十年（1215年），两县属燕京路大兴府。至元二十七年（1290年），因境内有大房山而名，奉先县改名房山县，属涿州。

明洪武元年（1368年），良乡县属北平府，房山县属北平府之涿州。永乐元年（1403年），改北平府为京师顺天府，良乡直隶顺天府，房山县隶属顺天府之涿州。

清顺治元年（1644年），良乡、房山均为顺天府领县。康熙二十七年（1688年），顺天府设西、东、南、北四路厅，房山、良乡属西路厅之涿州。雍正六年（1728年），房山县亦改为直属顺天府，与良乡县同。

民国三年（1914年），废顺天府之置，改属京兆地方，良乡、房山二县同属京兆。民国十七年（1928年），废京兆，原直隶省改名河北，二县隶河北；二十七年（1938年）同属河北省津海道，二十九年（1940年）又同属伪组织的燕京道。

1949年10月1日，中华人民共和国成立后，良乡、房山二县仍属河北省，为通县专区辖县，县政府驻房山城。1958年3月，二县划归北京市，同时撤销县的建制，合并为周口店区。1960年，撤销周口店区，恢复房山县名。1974年8月，设立石油化工区办事处。1980年10月，撤销石油化工区办事处，设立燕山区，辖区如旧。1986年11月，同时撤销燕山区和房山县，二者合并，设立房山区。1977年11月，国务院批准将房山区人民政府驻地迁至良乡。2000年撤乡建镇至今①。

第二节　发掘经过与资料整理

安庄墓地位于房山区良乡街道西部，北邻良坨路，东邻京港澳快速路，南距房山线约2.3千米，西依西六环，刺猬河自西北向东南穿流而过（图一）。墓地现地表为耕地，地势较平坦。通过发掘，原地层堆积并不平坦，第①层为地表耕土层，第②、③、④层为人为活动形成，第④层下堆积为自然冲积形成。

图一　安庄墓地位置示意图

为配合北京市房山区良乡西潞街道安置房项目工程建设，经国家文物局批准，受北京市文物局委托，北京市文物研究所（现北京市考古研究院）于2021年10月～2021年12月对安庄墓地发现的古代遗存进行了考古发掘。

2021年10月1日北京市文物研究所组成安庄考古队对安庄墓地进行考古发掘工作。发掘领

---

① 北京市房山区志编纂委员会：《北京市房山区志》，北京出版社，1999年。

队于璞，田野具体发掘工作由于璞、王策负责，参加发掘工作的人员有马海林、孙建国、同新、安喜林、张健新、张淼、江亮，以及北京市古建公司发掘工程队相关人员等。北京市房山新城置业有限责任公司为安庄墓地发掘给予了大力的支持与帮助。

安庄墓地位于安庄新村西侧，发掘面积约2176平方米。由于发掘区面积较大，持续时间周期较长，根据墓葬及其他遗迹的分布情况，既有利于对发现的遗存进行抢救性发掘，又有利于甲方施工需要，因此将发掘区内发现的遗存分为三个区域：第Ⅱ区位于整个发掘区的西部，墓葬分布比较集中；第Ⅰ区位于第Ⅱ区的东侧；第Ⅲ区位于发掘区的东南部，墓葬比较零散。发掘时采用象限布方法进行布方发掘（图二）。

三个区域共计发掘墓葬191座，其中战国墓葬22座，西汉时期墓葬61座，东汉时期墓葬35座，唐代、辽金墓葬13座，明代墓葬31座及清代墓葬29座（图三；彩版一）。出土器物有陶器、釉陶器、瓷器、银器、铜器（含铜钱）、玉器等各类文物400余件套。

在发掘前，由于甲方在发掘区域内自行取土，导致部分墓葬上部被破坏，仅残留下部，致使资料无法获取完整。如战国时期墓葬4座，编号为M113、M114、M160、M167；西汉时期墓葬16座，编号为M65、M72、M89、M111、M132、M134、M136、M147、M161、M163、M164、M165、M166、M170、M171、M182；东汉时期墓葬8座，编号为M48、M115、M130、M131、M133、M142、M185、M191；唐代、辽金时期墓葬10座，编号为M190、M37、M38、M40、M43、M52、M56、M64、M67、M75；明清时期墓葬5座，编号为M17、M55、M50、M12、M144。

发掘工作结束后，由于整理工作受到新冠疫情的影响，同时已近春节，随即把该工地发掘出土的陶器、釉陶器、瓷器、银器、铜器（含铜钱）、玉器等各类文物400余件套暂存至单位库房，至2022年3月份开始系统的整理工作。在此期间，主要整理者于璞、王策还肩负了房山、延庆、通州等区域内其他工地的勘探发掘项目，直至2024年1月份完成报告编写工作。参加整理资料的人员有王策、于璞、程利、孙建国、张淼、江亮、张健鑫、郑国安、盛子友等。

第二章　地层堆积及文化分期

房山区安庄墓地［房山区西潞街道FS00-LX22-0001、0002等地块（詹庄村、安庄村、固村三村安置房）］项目考古发掘范围内，具体地层堆积情况依探方T2420、T2419、T2418、T2417、T2416、T2415、T2414北壁为例归纳介绍如下（图四）。

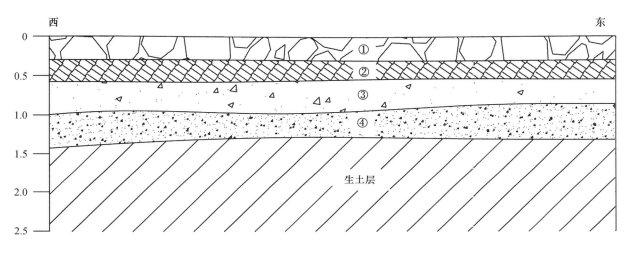

图四　安庄墓地地层图

第①层：表土层，厚0.3米，包含大量植物根茎及现代垃圾。该层下分布明清时期墓葬。

第②层：灰褐色土层，厚0.2～0.3米，土质疏松。该层下分布唐代、辽金时期墓葬。

第③层：红褐色土层，厚0.3～0.5米，土质疏松。该层下分布汉代墓葬。

第④层：黄褐色土层，厚0.4～0.5米，土质疏松，含沙。该层下分布战国时期墓葬。

第④层以下为生土层。

第三章　战 国 墓 葬

　　战国墓葬22座，编号为M69、M73、M74、M79、M96、M105、M109、M110、M113、M114、M121、M126～M128、M145、M146、M151、M157、M160、M167、M168、M186，均为竖穴土圹墓。

一、M69

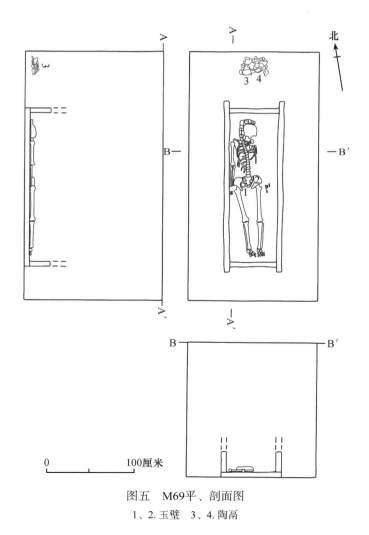

图五　M69平、剖面图

1、2.玉璧　3、4.陶鬲

1.墓葬形制

　　M69位于第Ⅱ区T1715南部，延伸至T1615，西邻M68。开口于第④层下，南北向，方向8°。平面呈长方形，竖穴土圹单棺墓。墓口距地表深1.3米，墓底距地表2.9米。墓圹南北长3、东西宽1.5米、深1.6米。四壁平整较直，底部较平，内填黄褐色花土，土质稍硬（图五；彩版二，1）。

　　葬具为木棺，已朽，仅存棺痕。棺四角出榫，棺痕长2.08、宽0.68～0.7、残高0.3米，板痕厚0.06米。骨架保存较好，头向北，头骨已移位，面向下，仰身直肢，为男性。

2.随葬品

　　棺外前方出土陶鬲2件，棺内盆骨中部出土玉璧2件。

　　玉璧　2件。标本M69：1，白色，沁呈灰褐色。圆形，扁平，由内向外斜坡状，中间有一圆形孔。内直径3、外直径5.7、厚0.1～0.7厘米（图六，3；

彩版三六，3）。标本M69：2，乳白色，沁呈红褐色。圆形，扁平，由内向外斜坡状，中间有一圆形孔。内直径1.6、外直径3.8、厚0.1～0.6厘米（图六，4；彩版三六，4）。

陶鬲 2件。标本M69：3，泥质夹云母红陶，手轮兼制。直口，平沿，方唇，短束颈，深腹，腹壁略弧。圜平底。底附扁圆柱状三足，略外撇。体饰细绳纹。口径13、腹径15.6、高25厘米（图六，1）。标本M69：4，泥质夹云母红陶，手轮兼制。直口，平沿，方唇，短束颈，深直腹。圜底。底附扁圆柱状三足，略外撇。体饰细绳纹。口径12.5、腹径13.5、高27.8厘米（图六，2）。

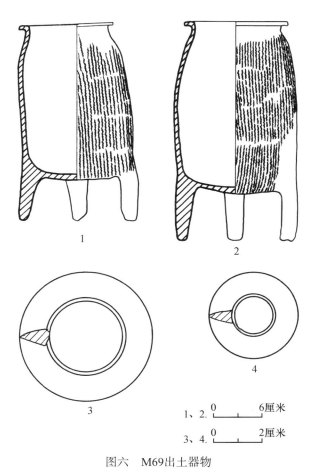

图六 M69出土器物

1、2.陶鬲（M69：3、M69：4）3、4.玉璧（M69：1、M69：2）

二、M73

1. 墓葬形制

M73位于第Ⅱ区T1815、T1816中部，东邻M74。开口于第④层下，南北向，方向8°。平面呈长方形，竖穴土圹单棺墓。墓口距地表深0.8米，墓底距地表3.4米。墓圹南北长2.6、东西宽1.2、深2.6米。土圹北壁中部距墓底0.86米处置有一壁龛，平面呈长方形，宽0.4、高0.27、进深0.2米。四壁平整较直，底部较平，内填黄褐色花土，土质稍硬（图七）。

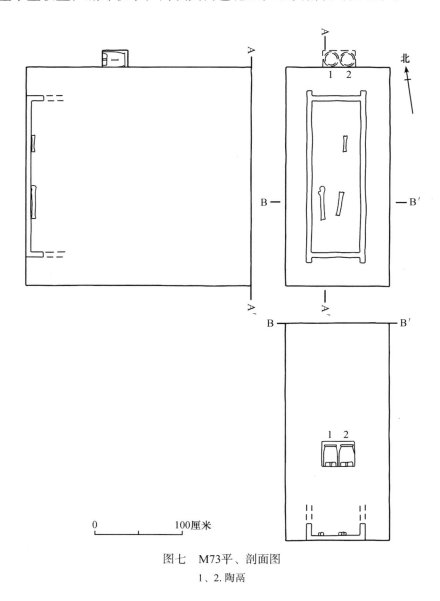

图七　M73平、剖面图
1、2.陶鬲

葬具为木棺，已朽，仅存棺痕。棺痕长2.04、宽0.68、残高0.2米，板痕厚0.06米。骨架保存较差，葬式不详，为女性。

2. 随葬品

棺外前方壁龛内出土器物有陶鬲2件。

陶鬲　2件。标本M73：1，泥质夹云母红陶，手轮兼制。敛口，斜平沿，方唇，短束颈，深腹，腹壁略弧。圜平底。底附扁圆柱状三足，略外撇。体饰细绳纹。口径14、通高25.8厘米（图八，1）。M73∶2，泥质夹云母红陶，手轮兼制。敛口，折沿，方圆唇，短束颈，深斜腹。圜底。底附扁圆柱状三足，略外撇。体饰粗绳纹。口径12.6、腹径16、通高26.4厘米（图八，2；彩版三七，1）。

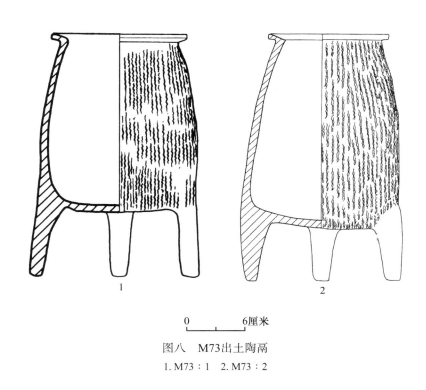

图八　M73出土陶鬲
1. M73∶1　2. M73∶2

三、M74

1. 墓葬形制

M74位于第Ⅱ区T1815中部，西邻M73。开口于第④层下，南北向，方向8°。平面呈梯形，竖穴土圹单棺墓。墓口距地表深1.3米，墓底距地表3.6米。墓圹南北长2.2、东西宽1.2～1.28、深2.3米。四壁平整较直，底部较平，内填黄褐色花土，土质稍硬（图九）。

葬具为木棺，已朽，仅存棺痕。棺痕长1.98、宽0.68～0.7、残高0.26米，板痕厚0.06米。骨架保存较差，葬式不详，为男性。

2. 随葬品

未发现随葬品。

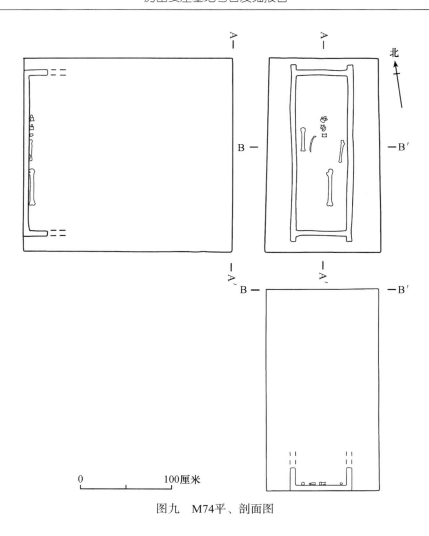

图九　M74平、剖面图

四、M79

1. 墓葬形制

M79位于第Ⅱ区T1915西北部，北延伸至T2015，西邻M121。开口于④层下，南北向，方向4°。平面呈长方形，竖穴土圹墓。墓口距地表深0.8米，墓底距地表深3.3米。墓圹南北长2.35、宽1.1、深2.5米。四壁平整较直，底部较平，内填黄褐色花土，土质稍硬（图一〇）。

未发现葬具及骨架。

2. 随葬品

未发现随葬品。

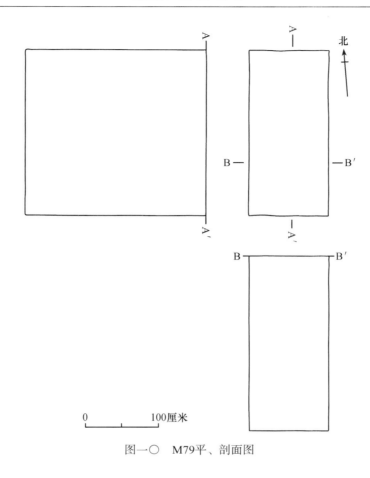

图一〇 M79平、剖面图

五、M96

1. 墓葬形制

M96位于第Ⅱ区T2317东南部，东邻M97。开口于第④层下，南北向，方向5°。平面呈长方形，竖穴土圹单棺墓。墓口距地表深1.3米，墓底距地表2.6米。墓圹南北长3.16、东西宽1.88、深1.3米。四壁整齐规整，底部较平，内填黄褐色花土，土质松软（图一一；彩版二，2）。

葬具为一椁一棺，木质，已朽，仅存朽痕。椁平面呈长方形，椁痕长2.9、宽1.72、残高0.34米，板痕厚0.06米；棺四角出榫，棺痕长2.1、宽1.02、残高0.26米，板痕厚0.06米。骨架保存稍好，头向北，面向上，仰身直肢，为女性。

2. 随葬品

未发现随葬品。

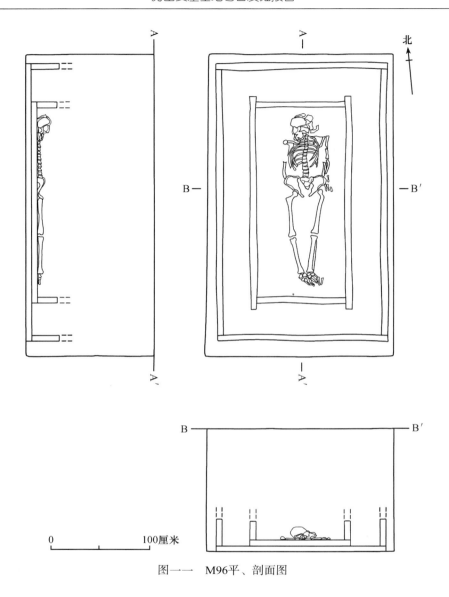

0　　　　　　　100厘米

图一一　M96平、剖面图

六、M105

1. 墓葬形制

M105位于第Ⅱ区T2316东南部，东北邻M106。开口于第④层下，南北向，方向10°。平面呈长方形，竖穴土圹单棺墓。墓口距地表深1.3米，墓底距地表2.9米。墓圹南北长2.4、东西宽0.8、深1.6米。四壁平整较直，底部较平，内填黄褐色花土，土质稍硬（图一二）。

葬具为木棺，已朽，仅存棺痕。棺四角出榫，棺痕长2.1、宽0.7、残高0.3米，板痕厚0.08米。骨架保存较好，头向北，面向上，仰身直肢，为男性。

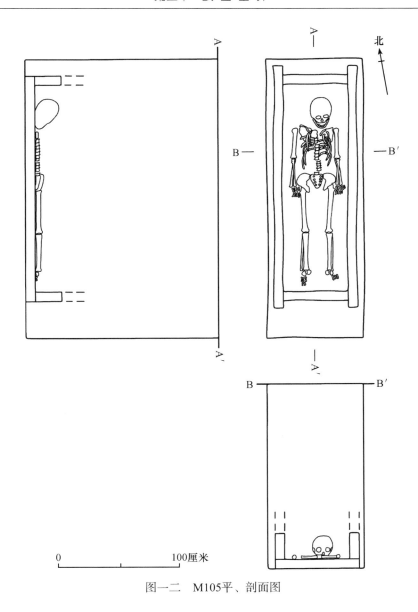

图一二　M105平、剖面图

2. 随葬品

未发现随葬品。

七、M109

1. 墓葬形制

M109位于第Ⅱ区T2417东部，西邻M110。开口于第④层下，南北向，方向4°。平面呈长方形，竖穴土圹单棺墓。墓口距地表深1.3米，墓底距地表3.3米。墓圹南北长3.1、东西宽1.7、深2米。四壁整齐规整，底部较平，内填黄褐色花土，土质松软（图一三）。

　　葬具为木棺，已朽，仅存棺痕。棺痕长2.04、宽0.72、残高0.2米，板痕厚0.06米。骨架保存较差，头向北，面向上，仰身直肢，为男性。

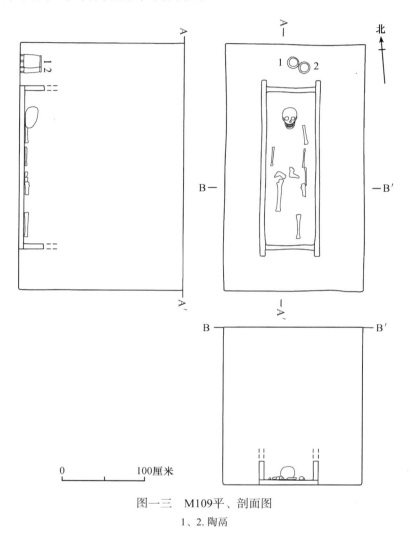

图一三　M109平、剖面图
1、2.陶鬲

2. 随葬品

　　棺外前方出土陶鬲2件。

　　陶鬲　2件。标本M109：1，泥质夹云母红陶，手轮兼制。敛口，折沿，双唇，短束颈，深斜腹。圜底。底附扁圆柱状三足，略外撇。体饰细绳纹。口径14.8、腹径19.2、通高27.4厘米（图一四，1；彩版三七，2）。标本M109：2，泥质夹云母红陶，手轮兼制。敛口，折沿，方圆唇，短束颈，深斜腹。圜平底。底附扁圆柱状三足，略外撇。体饰细绳纹。口径14.4、腹径17、通高28.2厘米（图一四，2；彩版三七，3）。

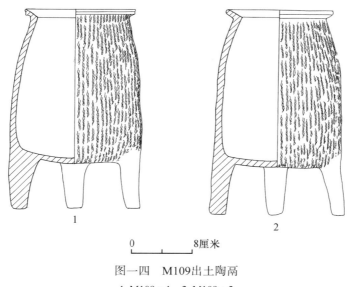

图一四 M109出土陶鬲
1. M109∶1 2. M109∶2

八、M110

1. 墓葬形制

M110位于第Ⅱ区T2417西部，东邻M109。开口于第④层下，南北向，方向5°。平面呈长方形，竖穴土圹单棺墓。墓口距地表深1.3米，墓底距地表2.9米。墓圹南北长3.26、东西宽1.72、深1.6米。土圹东北壁距墓口下方0.3米处置有一壁龛，平面呈长方形，宽0.46、高0.32、进深0.22米。四壁整齐规整，底部较平，内填黄褐色花土，土质松软（图一五；彩版二，3）。

葬具为一椁一棺，均木质，已朽，仅存朽痕。椁四角内弧状，呈不规则八边形，椁痕长3.06、宽1.42、残高0.36米，板痕厚0.06米；棺痕长2.24、宽0.76、残高0.36米，板痕厚0.04米。未见人骨。

因水位较高，墓葬内形成积水。

2. 随葬品

椁外左前方壁龛内出土陶鬲2件（彩版五，2）。

陶鬲 2件。形制相同。泥质夹云母红陶，手轮兼制。敛口，折沿，方唇，短束颈，深腹，腹壁略弧。圜底。底附扁圆柱状三足。体饰细绳纹。标本M110∶1，口径13.8、腹径16.8、通高27.4厘米（图一六，1）。标本M110∶2，口径12.2、通高26.6厘米（图一六，2）。

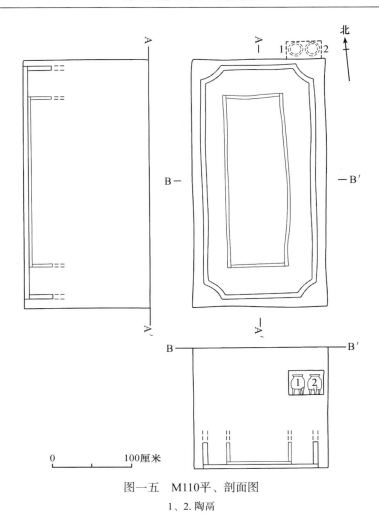

图一五　M110平、剖面图

1、2. 陶鬲

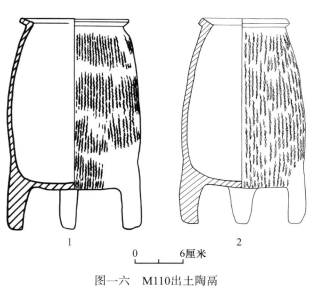

图一六　M110出土陶鬲

1. M110：1　2. M110：2

九、M113

1. 墓葬形制

M113位于第Ⅱ区T2319西南部，南延伸至T2219，西邻M114。开口于第③层下，南北向，方向0°。平面呈长方形，竖穴土圹单棺墓。墓口距地表深0.8米，墓底距地表深1.12米。墓圹南北长2.2、东西宽1、深0.32米。四壁整齐规整，底部较平，内填黄褐色花土，土质松软（图一七）。

葬具为木棺，已朽，仅存棺痕。棺四角出榫，棺痕长1.78、宽0.7、残高0.26米，板痕厚0.06米。骨架保存较差，头向北，面向上，仰身直肢，为男性。

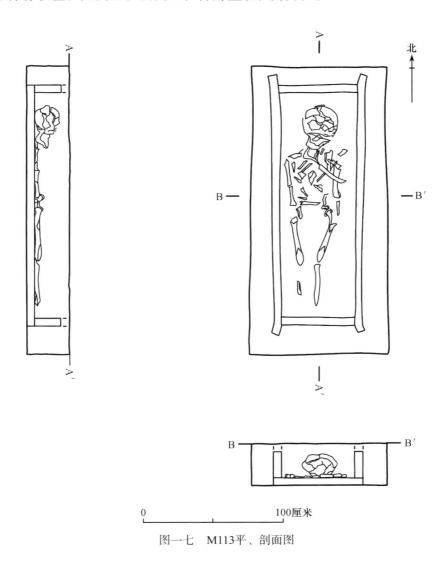

0   100厘米

图一七　M113平、剖面图

2. 随葬品

未发现随葬品。

一○、M114

1. 墓葬形制

M114位于第Ⅱ区T2320东南部，南延伸至T2220，东邻M113。开口于④层下，南北向，方向2°。平面呈长方形，竖穴土圹单棺墓。墓口距地表深1.3米，墓底距地表2米。墓圹南北长3.3、东西宽2、深0.7米。四壁整齐规整，底部较平，内填黄褐色花土，土质松软（图一八；彩版二，4）。

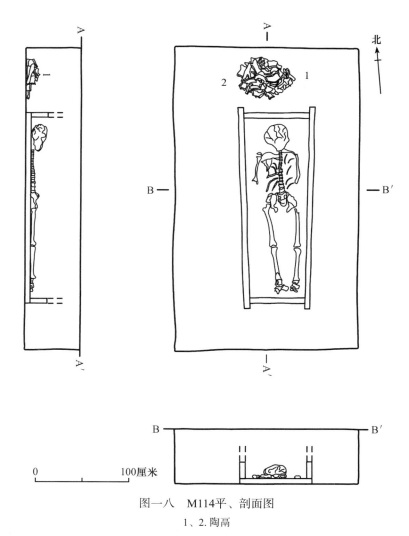

图一八　M114平、剖面图

1、2. 陶鬲

葬具为木棺，已朽，仅存朽痕。棺四角出榫，棺痕长1.92、宽0.64～0.72、残高0.2米，板痕厚0.07米。骨架保存较差，头向北，面向上，仰身直肢，为女性。

2. 随葬品

棺外前方出土陶鬲2件。

陶鬲　2件。标本M114：1，泥质夹云母红陶，手轮兼制。敛口，平沿，方唇，短束颈，深弧腹，圜底。底附扁圆柱状三足。体饰交错细绳纹。口径12.1、通高25.6厘米（图一九，1）。标本M114：2，泥质夹云母红陶，手轮兼制。敞口，斜平沿，方圆唇，短束颈，深弧腹，圜底。底附扁圆柱状三足。体饰交错细绳纹。口径15、通高25厘米（图一九，2）。

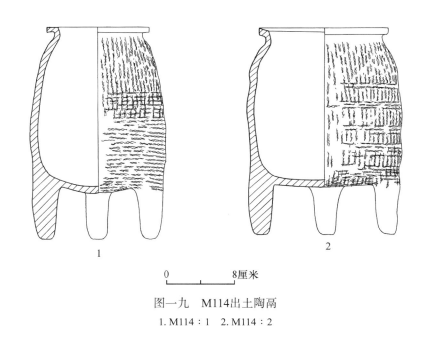

0　　　　8厘米

图一九　M114出土陶鬲
1. M114：1　2. M114：2

一一、M121

1. 墓葬形制

M121位于第Ⅱ区T1916东北部，北延伸至T2016，东邻M79。开口于第④层下，南北向，方向5°。平面呈不规则形，竖穴土圹单棺墓。墓口距地表深1.3米，墓底距地表2.3米。墓圹南北长2.3～2.38、东西宽1.1～1.44、深1米。土圹北壁东部距墓口下方0.3米置有一壁龛，平面呈长方形，宽0.46、高0.32、进深0.22米。四壁平整陡直，底部较平，内填黄褐色花土，土质稍硬（图二〇；彩版三，1）。

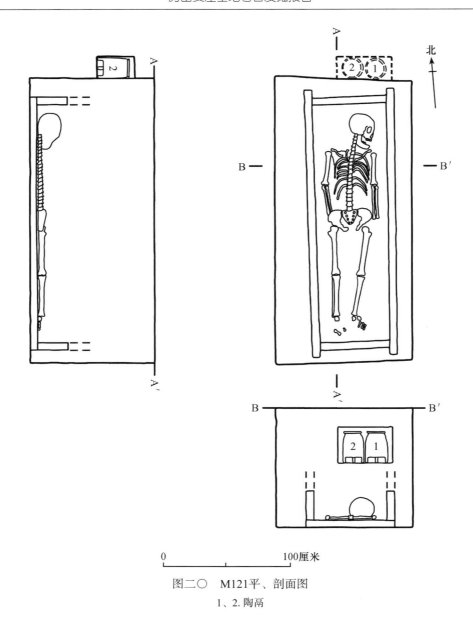

0　　　　　　　　　　　100厘米

图二〇　M121平、剖面图
1、2.陶鬲

葬具为木棺，已朽，仅存朽痕。棺四角出榫，棺痕长2.2、宽0.7、残高0.3米，板痕厚0.06米。骨架保存较好，头向北，面向东，仰身直肢，为女性。

2. 随葬品

棺外左前方壁龛内出土陶鬲2件（彩版五，3）。

陶鬲　2件。标本M121：1，泥质夹云母红陶，手轮兼制。敛口，折沿略凹，方唇，短束颈，深斜腹，平底。底附扁圆柱状三足，略外撇。体饰细绳纹。口径15.4、通高25.2厘米（图二一，1；彩版三七，4）。标本M121：2，泥质夹云母红陶，手轮兼制。敛口，折沿，方唇，短束颈，深斜腹，腹壁略弧。平底。底附扁圆柱状三足，略外撇。体饰细绳纹。口径15、通高26.4厘米（图二一，2；彩版三八，1）。

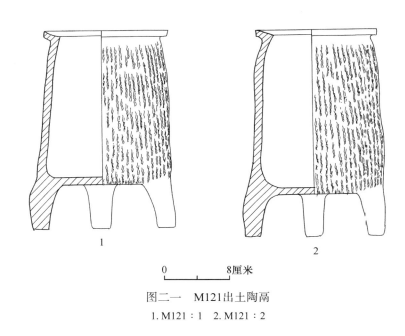

1　　　　　　　　　　2

0　　　　8厘米

图二一　M121出土陶鬲

1. M121：1　2. M121：2

一二、M126

1. 墓葬形制

M126位于第Ⅱ区T2616西部，东邻M127。开口于第④层下，南北向，方向2°。平面呈长方形，竖穴土圹单棺墓。墓口距地表深1.3米，墓底距地表2.8米。墓圹南北长3、东西宽1.8、深1.5米。四壁整齐规整，底部较平，内填黄褐色花土，土质松软（图二二；彩版三，2）。

葬具为一椁一棺，木质，已朽，仅存朽痕。椁平面呈工字形，椁痕长2.58、宽1.36、残高0.34米，板痕厚0.06米；棺四角出榫，棺痕长1.9、宽0.94、残高0.28米，板痕厚0.04米。骨架保存稍好，头向北，面向东，仰身直肢，为女性。

2. 随葬品

棺外前方出土陶鬲1件。

陶鬲　1件。标本M126：1，泥质夹云母红陶，手轮兼制。敛口，凹沿，双唇，短束颈，深腹，腹壁略弧，圜底。底附扁圆柱状三足，略外撇。体饰细绳纹。口径10、通高25厘米（图二三）。

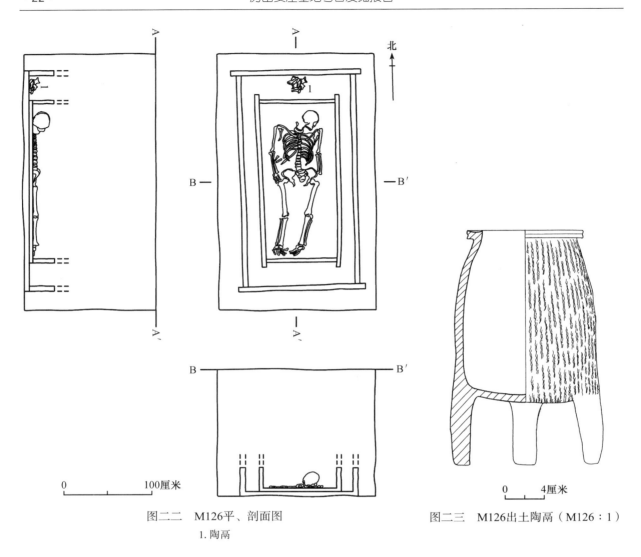

图二二　M126平、剖面图
1.陶鬲

图二三　M126出土陶鬲（M126：1）

一三、M127

1. 墓葬形制

　　M127位于第Ⅱ区T2616中部，西邻M126，东邻M128。开口于第④层下，南北向，方向5°。平面呈长方形，竖穴土圹单棺墓。墓口距地表深1.3米，墓底距地表3.3米。墓圹南北长2.38、东西宽1.4、深2米。四壁整齐规整，底部较平，内填黄褐色花土，土质松软（图二四）。

　　葬具为木棺，已朽，仅存棺痕。棺痕长1.7、宽0.62～0.7、残高0.2米。骨架保存稍好，头向北，面向上，仰身直肢，为女性。

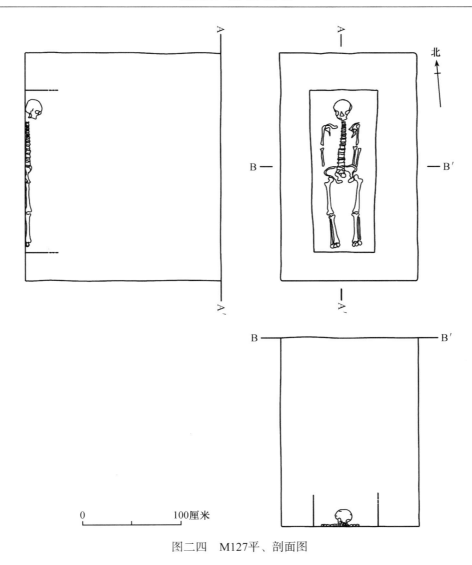

图二四　M127平、剖面图

2. 随葬品

未发现随葬品。

一四、M128

1. 墓葬形制

M128位于第Ⅱ区T2616东部，西邻M127。开口于第④层下，南北向，方向355°。平面呈长方形，竖穴土圹单棺墓。墓口距地表深1.3米，墓底距地表3.4米。墓圹南北长2.8、东西宽1.3、深2.1米。四壁整齐规整，底部较平，内填黄褐色花土，土质松软（图二五）。

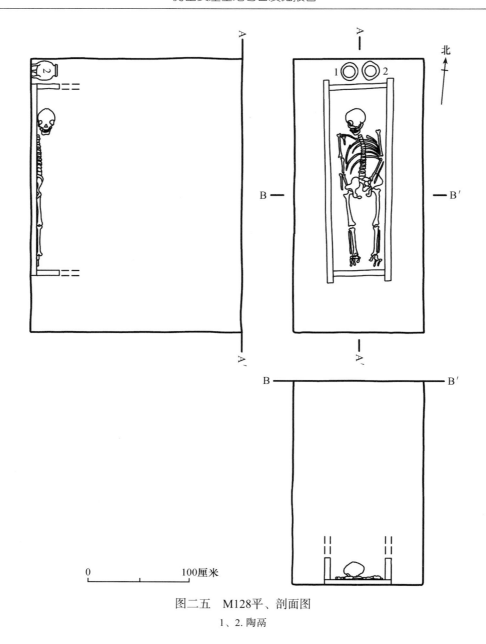

图二五　M128平、剖面图
1、2. 陶鬲

葬具为木棺，已朽，仅存棺痕。棺四角出榫，棺痕长1.96、宽0.66～0.7、残高0.28米，板痕厚0.06米。骨架保存稍好，头向北，面向西，仰身直肢，为男性。

2. 随葬品

棺外前方出土陶鬲2件。

陶鬲　2件。标本M128：1，泥质夹云母红陶，手轮兼制。敛口，折沿，方圆唇，短束颈，深斜腹。圜平底。底附扁圆柱状三足，略外撇。体饰细绳纹。口径13.3、通高26.2厘米

（图二六，1；彩版三八，2）。M128：2，泥质夹云母红陶，手轮兼制。敛口，短折沿，方唇，短束颈，深斜腹，圜平底。底附扁圆柱状三足，略外撇。体饰细绳纹。口径13.8、腹径16.6、通高26.5厘米（图二六，2；彩版三八，3）。

0   6厘米

图二六　M128出土陶鬲
1. M128：1　2. M128：2

一五、M145

1. 墓葬形制

M145位于第Ⅱ区T2717东北部，北延伸至T2817，东邻M146。开口于第④层下，南北向，方向14°。平面呈长方形，竖穴土圹单棺墓。墓口距地表深1.3米，墓底距地表3.4米。墓圹南北长2.9、东西宽1.5、深2.1米。四壁整齐规整，底部较平，内填黄褐色花土，土质松软（图二七）。

葬具为木棺，已朽，仅存棺痕。棺四角出榫，棺痕长2.28、宽0.72、残高0.26米，板痕厚0.04米。骨架保存稍差，头向北，面向上，仰身直肢，为男性。

2. 随葬品

未发现随葬品。

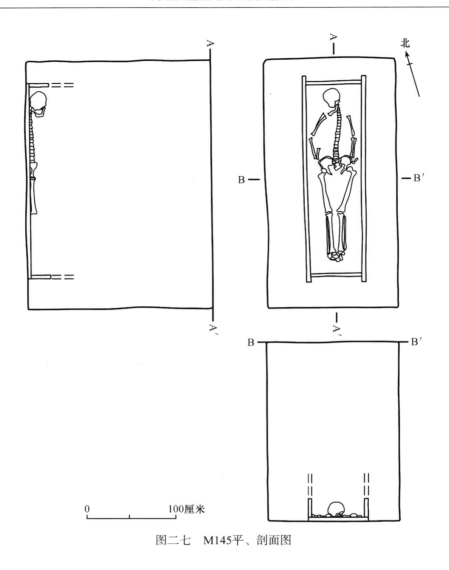

图二七　M145平、剖面图

一六、M146

1. 墓葬形制

M146位于第Ⅱ区T2716东北部，北延伸至T2816，西邻M145。开口于第④层下，南北向，方向0°。平面呈长方形，竖穴土圹单棺墓。墓口距地表深1.3米，墓底距地表2.8米。墓圹南北长2.9、东西宽1.6、深1.5米。四壁整齐规整，底部较平，内填黄褐色花土，土质松软（图二八；彩版三，3）。

葬具为木棺，已朽，仅存棺痕。棺四角出榫，棺痕长2.1、宽0.74、残高0.26米，板痕厚0.04米。骨架保存稍好，头向北，面向东，仰身直肢，为女性。

2. 随葬品

棺外前方出土陶鬲1件。

陶鬲 1件。标本M146：1，泥质夹云母红陶，手轮兼制。敛口，平沿，方唇，短束颈，深斜腹。圜平底。底附扁圆柱状三足。体饰细绳纹。口径12.4、腹径15.2、通高28.2厘米（图二九；彩版三八，4）。

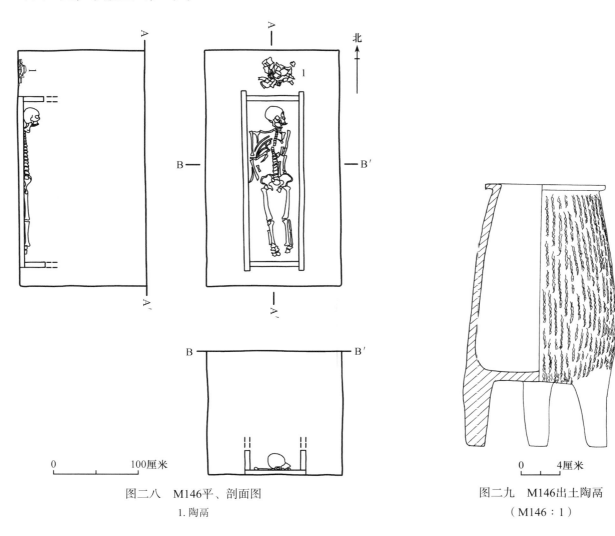

图二八 M146平、剖面图
1.陶鬲

图二九 M146出土陶鬲
（M146：1）

一七、M151

1. 墓葬形制

M151位于第Ⅱ区T3016西北部，西南邻M150。开口于第④层下，南北向，方向2°。平面呈梯形，竖穴土圹单棺墓。墓口距地表深1.3米，墓底距地表3.5米。墓圹南北长2.7、东西宽1.3~1.4、深2.2米。土圹北壁中部距墓口下方0.8米置有一壁龛，平面呈长方形，宽0.52、高0.4、进深0.22米。四壁整齐规整，底部较平，内填黄褐色花土，土质松软（图三〇）。

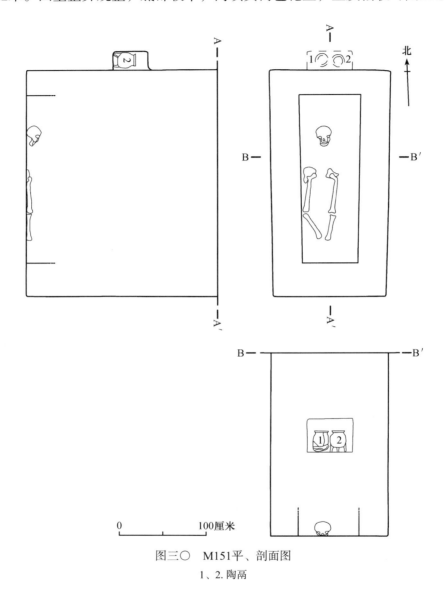

图三〇　M151平、剖面图
1、2.陶鬲

葬具为木棺，已朽，仅存棺痕。棺痕长2、宽0.64~0.72、残高0.3米。骨架保存较差，头向北，面向上，仰身直肢，为男性。

2. 随葬品

棺外前方壁龛内出土陶鬲2件。

陶鬲　2件。标本M151：1，泥质夹云母红陶，手轮兼制。敛口，折沿，方圆唇，短束颈，深斜腹。圜平底。底附扁圆柱状三足，略外撇。体饰细绳纹。口径15.6、腹径18、通高26.4厘米（图三一，1；彩版三九，1）。标本M151：2，泥质夹云母红陶，手轮兼制。敛口，折沿，方唇，短束颈，深腹，腹壁略弧。圜底。底附扁圆柱状三足，略外撇。体饰细绳纹。口径15.8、腹径18.8、通高25.2厘米（图三一，2；彩版三九，2）。

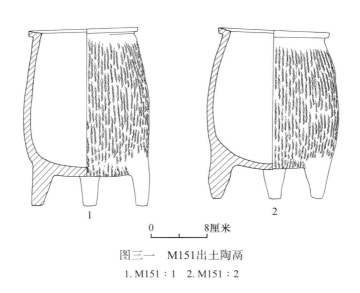

图三一　M151出土陶鬲
1. M151：1　2. M151：2

一八、M157

1. 墓葬形制

M157位于第Ⅱ区T3018北部，西邻M186。开口于第④层下，南北向，方向0°。平面呈长方形，竖穴土圹单棺墓。墓口距地表深1.3米，墓底距地表2.6米。墓圹南北长2.88、东西宽1.7、深1.3米。四壁整齐规整，底部较平，内填灰褐色花土，土质松软（图三二；彩版三，4）。

葬具为一椁一棺，木质，已朽，仅存朽痕。椁平面呈工字形，椁痕长2.3、宽1.06、残高0.34米，板痕厚0.06米；棺四角出榫，棺痕长1.78、宽0.78、残高0.28米，板痕厚0.06米。骨架保存较差，头向北，面向上，仰身直肢，为男性。

2. 随葬品

椁外前方出土陶鬲2件。

陶鬲　2件。标本M157：1，泥质夹云母红陶，手轮兼制。侈口，平沿，尖圆唇，短束颈，深腹，腹壁略弧。圜底。底附扁圆柱状三足，略外撇。体饰细绳纹。口径12、腹径15.6、通高25厘米（图三三，1）。标本M157：2，泥质夹云母红陶，手轮兼制。直口，平沿，方

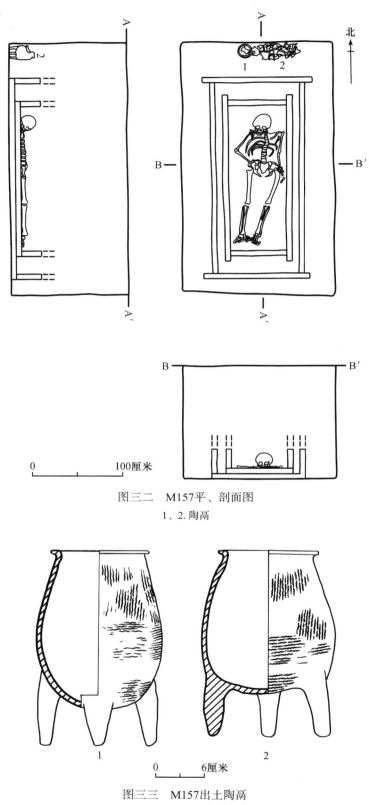

图三二　M157平、剖面图

1、2. 陶鬲

图三三　M157出土陶鬲

1. M157：1　2. M157：2

唇，短束颈，深腹，腹壁略弧。圜底。底附圆柱状三足。体饰细绳纹。口径12.7、腹径16.6、高23.8厘米（图三三，2）。

一九、M160

1. 墓葬形制

M160位于第Ⅱ区T3219西南部，东北邻M138。开口于第④层下，南北向，方向4°。平面呈长方形，竖穴土圹单棺墓。墓口距地表深1.3米，墓底距地表1.78米。墓圹南北长2.78、东西宽1.2、深0.48米。四壁整齐规整，底部较平，内填黄褐色花土，土质松软（图三四；彩版四，1）。

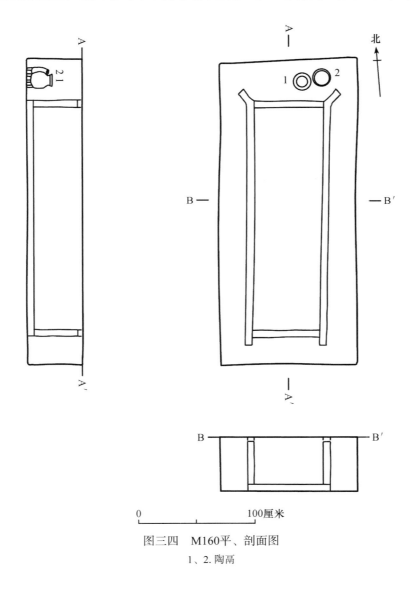

图三四 M160平、剖面图

1、2. 陶鬲

葬具为木棺，已朽，仅存棺痕。棺四角出榫，棺痕长2.14、宽0.7、残高0.44米，板痕厚0.06米。未发现骨架。

2. 随葬品

棺外左前方出土陶鬲2件。

陶鬲　2件。标本M160：1，泥质夹云母灰陶，手轮兼制。敛口，折沿，方折唇，短束颈，深弧腹。圜底。底附三蹄形足。通体饰交错细绳纹。口径13.2、腹径17、通高23厘米（图三五，1；彩版三九，3）。M160：2，泥质夹云母灰陶，手轮兼制。口残，深弧腹，圜底。底附三蹄形足。体饰交错细绳纹。腹径17、残高18.2厘米（图三五，2）。

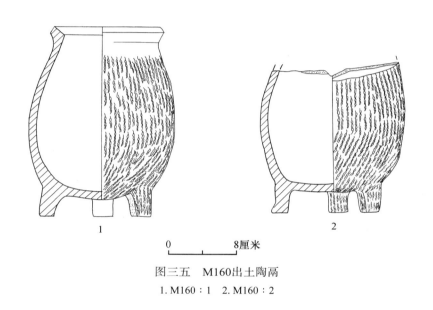

图三五　M160出土陶鬲
1. M160：1　2. M160：2

二〇、M167

1. 墓葬形制

M167位于第Ⅱ区T3021西北部，南邻M166，东邻M168。开口于第④层下，南北向，方向0°。平面呈长方形，竖穴土圹单棺墓。墓口距地表深1.3米，墓底距地表2.02米。墓圹南北长2.9、东西宽1.74、深0.72米。四壁整齐规整，底部较平，内填黄褐色花土，土质松软（图三六；彩版四，2）。

葬具为一椁一棺，木质，已朽，仅存朽痕。椁四角外撇，近工字形，椁痕长2.48、宽1.2、残高0.32米，板痕厚0.06米；棺四角出榫，棺痕长2、宽0.6、残高0.26米，板痕厚0.05米。骨架

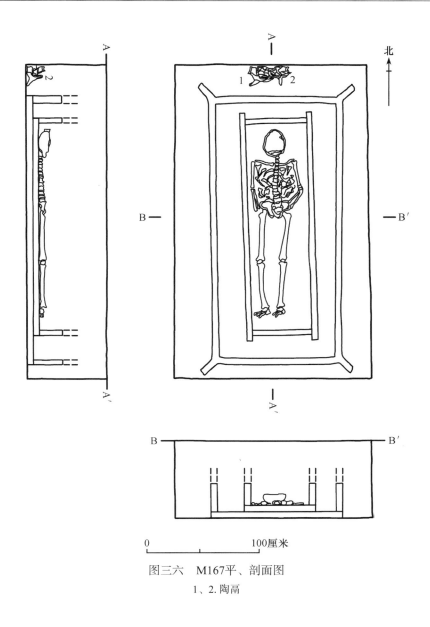

图三六 M167平、剖面图
1、2. 陶鬲

保存稍差，头向北，面向下，俯身直肢，为女性。

2. 随葬品

椁外前方出土陶鬲2件。

陶鬲 2件。形制相同。泥质夹云母红陶，手轮兼制。敛口，平沿，方圆唇，短束颈，深直腹。圜底。底附扁圆柱状三足，略外撇。体饰交错细绳纹。标本M167：1，口径13.2、腹径15、通高24.6厘米（图三七，1；彩版三九，4）。标本M167：2，口径13、腹径15.4、通高24.2厘米（图三七，2；彩版四〇，1）。

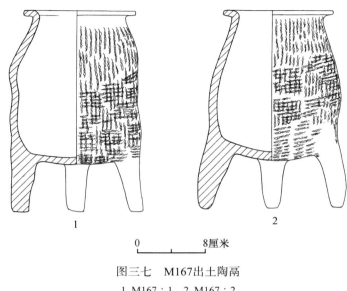

图三七　M167出土陶鬲
1. M167：1　2. M167：2

二一、M168

1. 墓葬形制

M168位于第Ⅱ区T3121东南部，南延伸至T3021，北邻M170。开口于第④层下，南北向，方向8°。平面呈长方形，竖穴土圹单棺墓。墓口距地表深1.3米，墓底距地表2.24米。墓圹南北长2.94、东西宽1.68、深0.94米。四壁整齐规整，底部较平，内填黄褐色花土，土质松软（图三八；彩版四，3）。

葬具为一椁一棺，木质，已朽，仅存朽痕。椁平面呈工字形，椁痕长2.36、宽1.1、残高0.52米，板痕厚0.06米；棺四角出榫，棺痕长2.1、宽0.66～0.7、残高0.46米，板痕厚0.06米。骨架保存稍差，头向北，面向上，仰身直肢，为男性。

2. 随葬品

椁外前方出土陶鬲2件。

陶鬲　2件。形制形同。泥质夹云母红陶，手轮兼制。敛口，斜平沿，方唇，短束颈，深斜腹，圜底。底附扁圆柱状三足，略外撇。体饰交错细绳纹。标本M168：1，口径12.4、腹径16.7、通高25.6厘米（图三九，1）。标本M168：2，口径13、腹径15.6、通高25.2厘米（图三九，2；彩版四〇，2）。

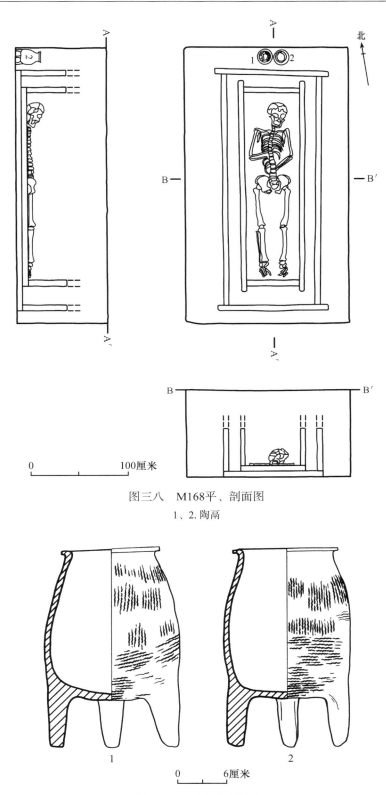

图三八 M168平、剖面图

1、2.陶鬲

图三九 M168出土陶鬲

1.M168：1 2.M168：2

二二、M186

1. 墓葬形制

M186位于第Ⅱ区T3018西南部，东邻M157。开口于第④层下，南北向，方向0°。平面呈长方形，竖穴土圹单棺墓。墓口距地表深1.3米，墓底距地表2.3米。墓圹南北长3.1、东西宽2、深1米。四壁整齐规整，底部较平，内填灰褐色花土，土质松软（图四〇；彩版四，4）。

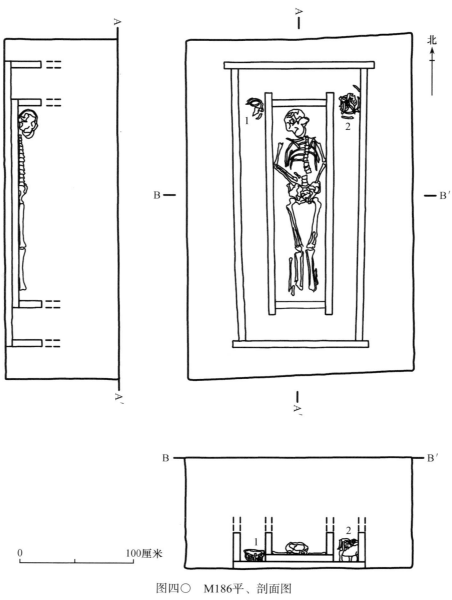

图四〇　M186平、剖面图

1、2.陶鬲

葬具为一椁一棺,已朽,仅存朽痕。椁平面呈工字形,椁痕长2.6、宽0.9、残高0.32米,板痕厚0.06米;棺四角出榫,棺痕长1.9、宽0.56~0.6、残高0.26米,板痕厚0.06米。骨架保存较差,头向北,面向上,仰身直肢,为女性。

2. 随葬品

棺外上方左右两侧出土陶鬲各1件。

陶鬲 2件。标本M186:1,泥质夹云母红陶,手轮兼制。敛口,短折沿,方圆唇,短束颈,深腹,腹壁略弧。圜底。底附扁圆柱状三足,略外撇。体饰交错细绳纹。口径14.1、腹径17、通高26.4厘米(图四一,1;彩版四〇,3)。标本M186:2,泥质夹云母红陶,手轮兼制。敛口,短折沿,尖圆唇,短束颈,深腹,腹壁略弧。圜平底。底附扁圆柱状三足,略外撇。体饰交错细绳纹。口径13、腹径17.2、通高26厘米(图四一,2;彩版四〇,4)。

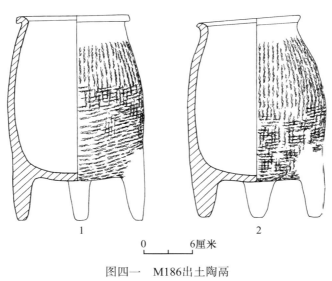

1   2

0 ⊢——⊣ 6厘米

图四一 M186出土陶鬲
1.M186:1 2.M186:2

第四章 西汉墓葬

西汉墓葬61座，皆为竖穴土圹墓，编号依次为M9、M65、M66、M70～M72、M76、M80～M83、M85～M87、M89、M94、M95、M97、M98、M103、M106～M108、M111、M112、M116、M117、M132、M134～M141、M147～M149、M152、M153、M155、M156、M158、M159、M161、M163～M166、M169～M173、M175～M177、M180、M182、M184。

一、M9

1. 墓葬形制

M9位于第Ⅱ区T0617、T0717东中部，延伸至T0616、T0716两个探方。开口于第③层下，南北向，方向0°。平面呈长方形，竖穴土圹双棺合葬墓。墓口距地表深0.8米，墓底距地表深1.84米。墓圹南北长2.7、东西宽2.4、深1.04米。四壁整齐规整，底部较平，内填黄褐色花土，土质松软（图四二）。

葬具为木棺，已朽，仅存棺痕。东棺痕长1.88、宽0.52～0.6、残高0.1米。骨架保存较差，仅存头骨，头向东，面向南，葬式不明，为男性。西棺痕长1.82、宽0.5～0.56、残高0.2米。骨架保存较差，葬式、性别不明。

2. 随葬品

东棺内前方出土陶壶2件；西棺内前方出土陶罐1件、陶盒1件。

陶罐　1件。标本M9：1，泥质灰陶，轮制。直口，斜平沿，尖唇，束颈，溜肩，圆鼓腹，平底。肩腹部饰数周凹弦纹，下腹部饰细绳纹。口径14、腹径27.6、底径12.5、高28.4厘米（图四三，1；彩版四一，1）。

陶壶　1件。标本M9：2，泥质灰陶，轮制。浅盘口，斜平沿，尖圆唇，短束颈，溜肩，鼓腹，下腹弧收，矮圈足，足底外展。肩部饰四周凹弦纹，下腹饰细绳纹。博山式盖，顶部凸起呈圆珠状，饰三组叠制重山纹。口径17.6、腹径29.8、底径16.8、高48厘米（图四三，3）。标本M9：4，泥质灰陶，轮制。残，仅存底部，矮圈足，足身饰一周凸弦纹。底径17、残高5厘米（图四三，4）。

陶盒　1件。标本M9：3，泥质灰陶，轮制。敛口，平沿，深弧腹，平底。覆盆式盖，小平顶，器表及盖内壁留有轮旋痕。口径15、底径7.9、盖径14.4、通高13.9厘米（图四三，2）。

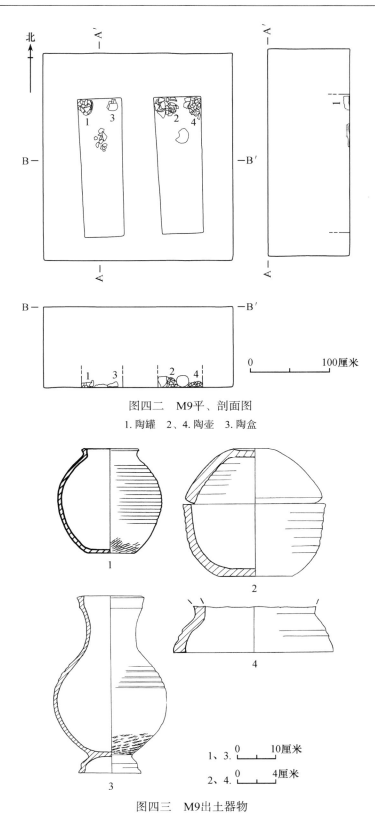

图四二 M9平、剖面图

1. 陶罐 2、4. 陶壶 3. 陶盒

图四三 M9出土器物

1. 陶罐（M9：1） 2. 陶盒（M9：3） 3、4. 陶壶（M9：2、M9：4）

二、M65

1. 墓葬形制

M65位于第Ⅱ区T1416西北部，东邻M56。开口于第③层下，南北向，方向8°。平面呈梯形，竖穴土圹单棺墓。墓口距地表深0.8米，墓底距地表深1.3米。墓圹南北长3.1、东西宽1.12~1.2、深0.5米。四壁整齐规整，底部较平，内填黄褐色花土，土质松软（图四四；彩版六，1）。

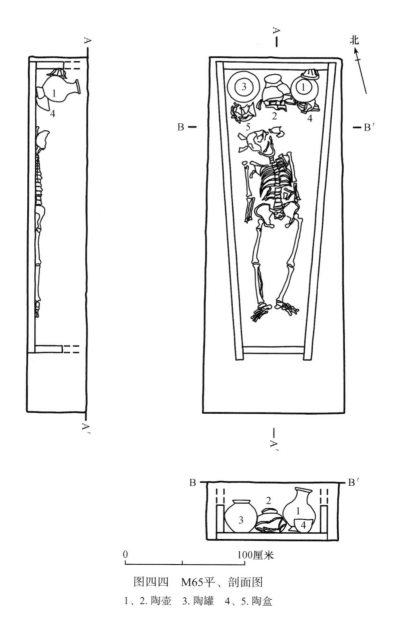

图四四　M65平、剖面图
1、2. 陶壶　3. 陶罐　4、5. 陶盒

葬具为木棺，已朽，仅存朽痕。棺南端两角出榫，棺痕长2.44、宽0.64~1、残高0.3米，板痕厚0.06米。骨架保存稍好，头向北，面向上，仰身直肢，为男性。

2. 随葬品

棺内头骨上方出土陶壶2件、陶盒2件、陶罐1件。

陶壶　2件。标本M65：1，泥质灰陶，手轮兼制。浅盘口，短束颈，溜肩，圆鼓腹，矮圈足，足底外展。肩腹部饰四周凹弦纹。博山式盖，顶部凸起呈圆珠状，饰一组重山纹。口径14、腹径24.4、底径13.6、盖口径15.2、通高44厘米（图四五，4；彩版四一，2）。标本M65：2，泥质灰陶，手轮兼制。浅盘口，短束颈，溜肩，圆鼓腹，矮圈足，足底外展。中腹部饰五周凹弦纹。博山式盖，顶部凸起呈圆珠状，饰一组重山纹。口径12.8、腹径23.2、底径13.2、盖口径13.2、通高46.4厘米（图四五，5；彩版四一，3）。

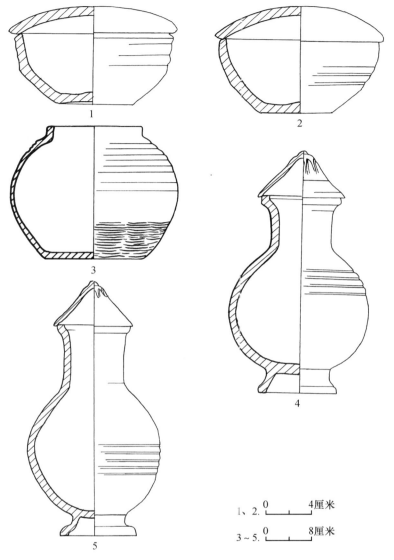

图四五　M65出土器物
1、2. 陶盒（M65：3、M65：4）　3. 陶罐（M65：5）
4、5. 陶壶（M65：1、M65：2）

陶盒　2件。标本M65：3，泥质黄褐色陶，轮制。敞口，斜平沿，尖唇，斜直腹，下腹斜收，平底内凹。上腹部饰两周凸弦纹。弧形顶盖。口径15、底径6.8、盖口径15、通高8.8厘米（图四五，1；彩版四一，5）。标本M65：4，泥质黄褐色陶，轮制。敞口，平沿，尖圆唇，深弧腹，平底。中腹部饰三周凹弦纹。弧形顶盖。口径15、底径6.2、盖口径15、通高9.6厘米（图四五，2；彩版四一，6）。

陶罐　1件。标本M65：5，泥质灰陶，轮制。直口，短束颈，溜肩，圆鼓腹，平底。肩腹部饰数周凹弦纹，下腹部饰篮纹。口径16.6、腹径29.7、底径17、高24厘米（图四五，3）。

三、M66

1. 墓葬形制

　　M66位于第Ⅱ区T1614东北部，东邻M67。开口于第③层下，南北向，方向8°。平面呈长方形，竖穴土圹单棺墓。墓口距地表深0.8米，墓底距地表深3米。墓圹南北长2.4、东西宽1.2、深2.2米。四壁整齐规整，底部较平，内填黄褐色花土，土质松软（图四六）。

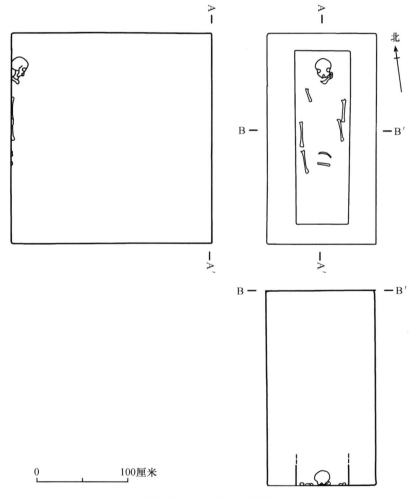

0　　　　　100厘米

图四六　M66平、剖面图

　　葬具为木棺，已朽，仅存棺痕。棺痕长1.96、宽0.58～0.62、残高0.2米。骨架保存较差，头向北，面向上，仰身直肢，为男性。

2. 随葬品

未发现随葬品。

四、M70

1. 墓葬形制

M70位于第Ⅱ区T1717北部，东邻M71。开口于第③层下，南北向，方向8°。平面呈梯形，竖穴土圹单棺墓。墓口距地表深0.8米，墓底距地表深1.9米。墓圹南北长3.8、东西宽1.1～1.16、深1.1米。四壁整齐规整，底部较平，内填黄褐色花土，土质松软（图四七；彩版六，2）。

葬具为一椁一棺，木质，已朽，仅存朽痕。椁平面呈工字形，椁痕长3.28、宽0.82～0.92、残高0.54米，板痕厚0.06米；棺北端两角出榫，棺痕长2、宽0.62～0.7、残高0.34米，板痕厚0.04米。骨架保存稍好，头向北，面向东，仰身直肢，为女性。

2. 随葬品

棺外前方出土随葬器物有陶壶2件、陶罐1件、陶钵1件。

陶壶 2件。标本M70：1，泥质灰陶，手轮兼制。浅盘口，长束颈，溜肩，圆鼓腹，矮圈足，足底外展。中腹部饰数周凹弦纹，内壁留有轮旋痕。口径14.6、腹径26.8、底径13.4、高46.5厘米（图四八，1）。标

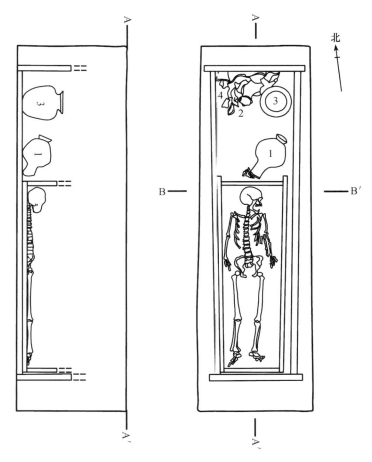

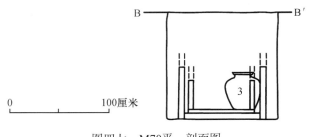

0 _____ 100厘米

图四七 M70平、剖面图
1、2.陶壶 3.陶罐 4.陶钵

本M70：2，泥质灰陶，轮制。深盘口，平沿，尖唇，长束颈，溜肩，圆鼓腹，矮圈足，足底外展。颈部饰三周凹弦纹，肩及下腹部饰三周凸弦纹，内壁颈部留有轮旋痕。口径15、腹径28.2、底径12.5、高45.9厘米（图四八，2）。

　　陶罐　1件。标本M70：3，泥质灰陶，轮制。直口，凹沿，尖唇，短束颈，圆肩，圆鼓腹，下腹斜收，平底。肩腹部饰数周凹弦纹，下腹部饰细绳纹。口径22.2、腹径36.3、底径17、高33.5厘米（图四八，3）。

　　陶钵　1件。标本M70：4，泥质灰陶，轮制。直口，平沿，深弧腹，圜底。中腹部饰三周凹弦纹。口径14.5、高7厘米（图四八，4）。

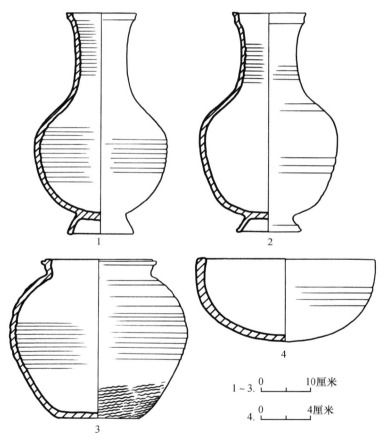

图四八　M70出土器物
1、2. 陶壶（M70：1、M70：2）　3. 陶罐（M70：3）　4. 陶钵（M70：4）

五、M71

1. 墓葬形制

M71位于第Ⅱ区T1717东北部，西邻M70。开口于第③层下，南北向，方向5°。平面呈长方形，竖穴土圹单棺墓。墓口距地表深0.8米，墓底距地表深2.18米。墓圹南北长3.3、东西宽1.24、深1.38米。四壁整齐规整，底部较平，内填黄褐色花土，土质松软（图四九；彩版六，3）。

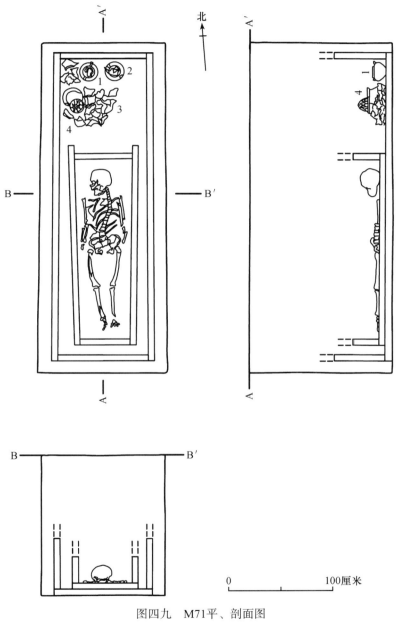

图四九　M71平、剖面图
1、2. 陶鼎　3、4. 陶壶

　　葬具为一椁一棺，木质，已朽，仅存朽痕。椁平面呈长方形，椁痕长3.08、宽1、残高0.56米，板痕厚0.06米；棺北端两角出榫，棺痕长1.92、宽0.5～0.68、残高0.32米，板痕厚0.06米。骨架保存较差，头向北，面向西，仰身直肢，为男性。

2. 随葬品

棺外前方出土陶鼎2件、陶壶2件。

陶鼎　2件。标本M71：1，泥质灰陶，手轮兼制。敛口，深鼓腹，圜底。底附三圆柱形足，肩部置对称斜直双耳。下腹部留有轮旋痕。弧形盖，平顶。盖身及内壁留有轮旋痕。口径13.2、腹径14.4、底径6、盖口径14.4、通高12.7厘米（图五〇，1）。标本M71：2，泥质灰陶，手轮兼制。敛口，深鼓腹，平底。底附圆柱形三足，肩部置对称斜直双耳。腹部饰四周凹弦纹。弧形顶盖，盖身饰两周凹弦纹，通体内壁留有轮旋痕。口径12.1、腹径14.7、盖口径15、通高11.8厘米（图五〇，2）。

陶壶　2件。标本M71：3，泥质灰陶，手轮兼制。浅盘口，斜平沿，尖唇，长束颈，溜肩，圆鼓腹，矮圈足，足底外展。肩部饰一周凸弦纹。内壁颈部留有轮旋痕。博山式盖，顶部凸起呈圆珠状，饰两组重山纹。口径15、腹径29.4、底径17、通高56厘米（图五〇，3）。

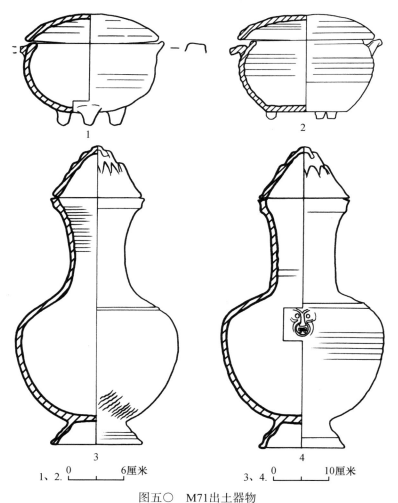

1　2

3　4

1、2　0　　6厘米
3、4　0　　10厘米

图五〇　M71出土器物
1、2.陶鼎（M71：1、M71：2）　3、4.陶壶（M71：3、M71：4）

标本M71：4，泥质灰陶，手轮兼制。浅盘口，斜平沿，尖唇，长束颈，圆鼓腹，矮圈足，足底外展。中腹部置对称兽面铺首衔环。肩腹部饰一周凸弦纹，上腹部饰五周凹弦纹。内壁颈部留有轮旋痕。博山式盖，顶部凸起呈圆珠状，饰两组叠制重山纹。口径15、腹径29.6、底径15.6、通高46.6厘米（图五〇，4）。

六、M72

1. 墓葬形制

M72位于第Ⅱ区T1817西南部，东南邻M70。开口于第③层下，南北向，方向350°。平面呈梯形，竖穴土圹单棺墓。墓口距地表深0.8米，墓底距地表深1.14米。墓圹南北长2.9、东西宽1.71～1.8、深0.34米。四壁整齐规整，底部较平，内填黄褐色花土。土质松软（图五一；彩版六，4）。

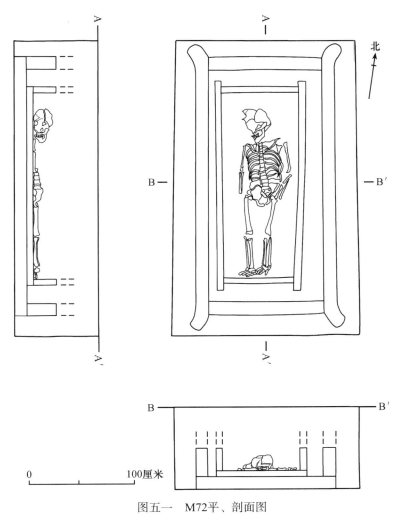

图五一　M72平、剖面图

葬具为一椁一棺，木质，已朽，仅存朽痕。椁平面呈长方形，四角出榫外撇，椁痕长2.54、宽1.36、残高0.4米，板痕厚0.12米；棺四角出榫，棺痕长1.94、宽0.8～0.86、残高0.28米，板痕厚0.06米。骨架保存稍差，头向北，面向上，仰身直肢，为男性。

2. 随葬品

未发现随葬品。

七、M76

1. 墓葬形制

M76位于第Ⅱ区T2516南部，西邻M95，东北部被M90打破。开口于第③层下，南北向，方向5°。平面呈梯形，竖穴土圹单棺墓。墓口距地表深0.8米，墓底距地表深3米。墓圹南北长2.9、东西宽1.72～1.8、深2.2米。四壁整齐规整，底部较平，内填黄褐色花土，土质松软（图五二）。

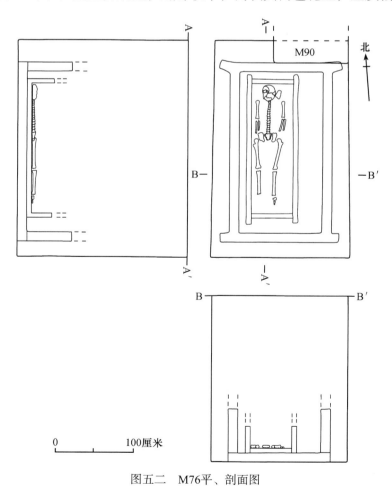

图五二　M76平、剖面图

葬具为一椁一棺，木质，已朽，仅存朽痕。椁平面呈工字形，椁痕长2.4、宽1.32、残高0.7米，板痕厚0.12米；棺四角出榫，棺痕长1.86、宽0.66、残高0.28米，板痕厚0.06米。骨架保存较差，头向北，面向上，仰身直肢，为男性。

2. 随葬品

未发现随葬品。

八、M80

1. 墓葬形制

M80位于第Ⅱ区T1916西南部，东邻M89。开口于第③层下，南北向，方向6°。平面呈长方形，竖穴土圹单棺墓。墓口距地表深0.8米，墓底距地表深2.8米。墓圹南北长2.9、宽1.4、深2米。四壁平整较直，底部较平，内填黄褐色花土，土质较硬（图五三）。

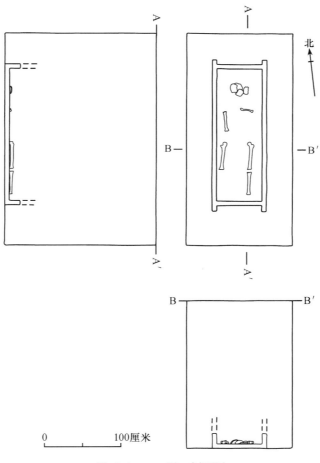

图五三　M80平、剖面图

葬具为木棺，已朽，仅存棺痕。棺痕长2.08、宽0.72、残高0.2米，板痕厚0.06米。骨架保存较差，头向北，面向上，仰身直肢，为女性。

2. 随葬品

未发现随葬品。

九、M81

1. 墓葬形制

M81位于第Ⅱ区T2014西部，东北邻M82。开口于第③层下，南北向，方向8°。平面呈长方形，竖穴土圹单棺墓。墓口距地表深0.8米，墓底距地表深2.9米。墓圹南北长2.6、东西宽1、深2.1米。四壁整齐规整，底部较平，内填黄褐色花土，土质松软（图五四；彩版七，1）。

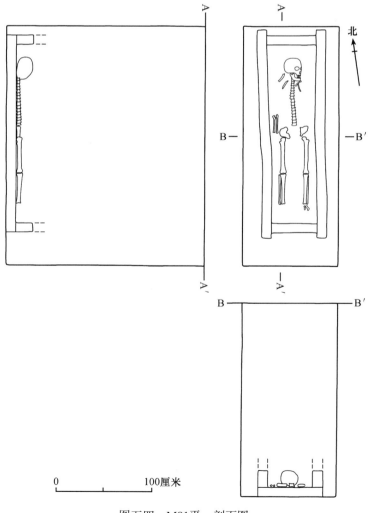

图五四　M81平、剖面图

葬具为木棺，已朽，仅存棺痕。棺四角出榫，棺痕长2.14、宽0.68~0.72、残高0.28米，板痕厚0.1米。骨架保存稍差，头向北，面向东，仰身直肢，为男性。

2. 随葬品

未发现随葬品。

一○、M82

1. 墓葬形制

M82位于第Ⅱ区T2114南部，东邻M83。开口于第③层下，南北向，方向6°。平面呈长方形，竖穴土圹单棺墓。墓口距地表深0.8米，墓底距地表深3.36米。墓圹南北长2.2、东西宽1.1、深2.56米。四壁整齐规整，底部较平，内填黄褐色花土，土质松软（图五五）。

葬具为木棺，已朽，仅存棺痕。棺四角出榫，棺痕长1.96、宽0.78、残高0.16米，板痕厚

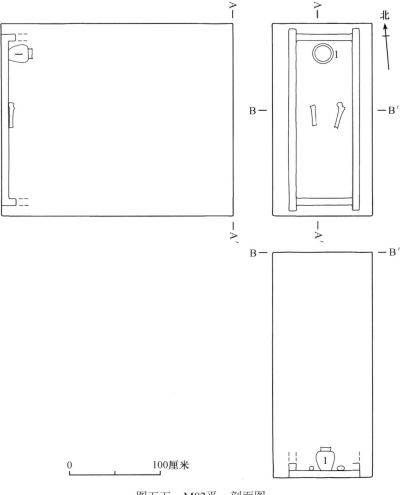

图五五 M82平、剖面图

1. 陶罐

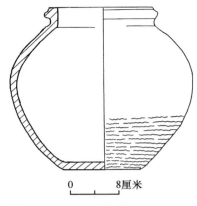

图五六　M82出土陶罐（M82∶1）

0.08米。骨架保存较差，葬式、性别不明。

2. 随葬品

棺内上方出土陶罐1件。

陶罐　1件。标本M82∶1，泥质灰陶，轮制。直口，平沿，尖圆唇，短束颈，溜肩，鼓腹，下腹弧收，平底。下腹饰篮纹。口径19.2、腹径30.6、底径13.2、高28厘米（图五六）。

一一、M83

1. 墓葬形制

M83位于第Ⅱ区T2114南部，西邻M82。开口于第③层下，南北向，方向8°。平面呈长方形，竖穴土圹单棺墓。墓口距地表深0.8米，墓底距地表深3.4米。墓圹南北长2.4、东西宽1.3、深2.6米。四壁整齐规整，底部较平，内填黄褐色花土，土质松软（图五七）。

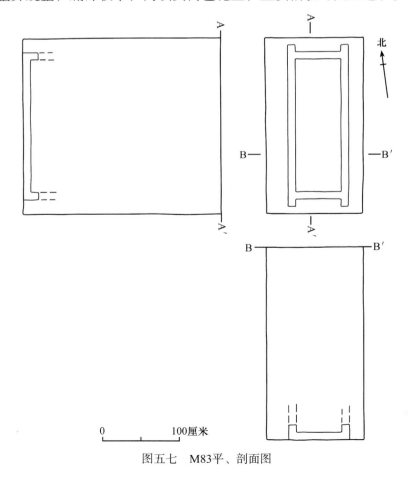

图五七　M83平、剖面图

葬具为木棺，已朽，仅存棺痕。棺四角出榫，棺痕长2、宽0.8、残高0.2米，板痕厚0.1米。未发现骨架。

2. 随葬品

未发现随葬品。

一二、M85

1. 墓葬形制

M85位于第Ⅱ区T2116东南部，南延伸至T2016，西南邻M86。开口于第③层下，南北向，方向5°。平面不规则形，竖穴土圹单棺墓。墓口距地表深0.8米，墓底距地表深1.86米。墓圹南北长2.2、东西宽0.82～0.9、深1.06米。北宽南窄，四壁整齐规整，底部较平，内填黄褐色花土，土质松软（图五八；彩版七，2）。

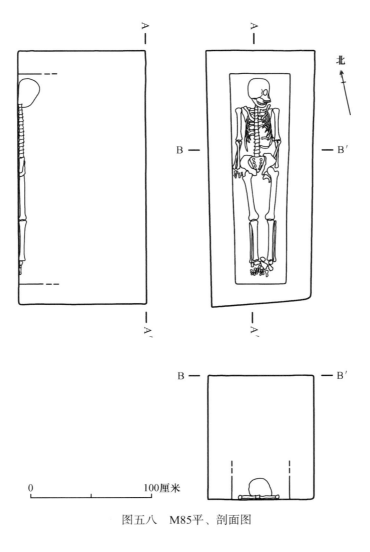

图五八 M85平、剖面图

葬具为木棺，已朽，仅存棺痕。棺痕长1.8、宽0.42～0.5、残高0.2米。骨架保存较好，头向北，面向东，仰身直肢，为男性。

2. 随葬品

未发现随葬品。

一三、M86

1. 墓葬形制

M86位于第Ⅱ区T2016北部，西邻M87。开口于第③层下，南北向，方向10°。平面呈长方形，竖穴土圹单棺墓。墓口距地表深0.8米，墓底距地表深2.18米。墓圹南北长3.46、东西宽1.1、深1.38米。四壁整齐规整，底部较平，内填黄褐色花土，土质松软（图五九；彩版七，3）。

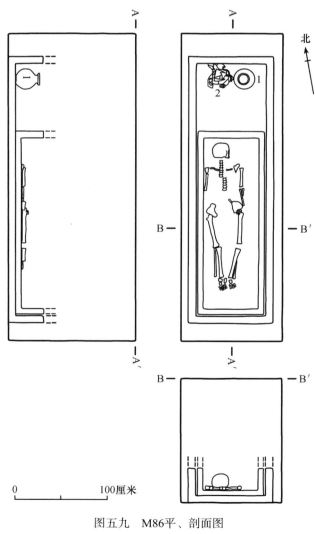

图五九　M86平、剖面图

1、2. 陶罐

葬具为一椁一棺，木质，已朽，仅存朽痕。椁平面呈长方形，椁痕长3、宽0.92、残高0.38米，棺板厚0.08米；棺痕长2.08、宽0.72、残高0.3米，板痕厚0.06米。骨架保存较差，头向北，面向东，仰身直肢，为男性。

2. 随葬品

棺外前方出土陶罐2件。

陶罐　2件。标本M86：1，泥质灰陶，轮制。敞口，平沿，方唇，束颈，斜肩，深鼓腹，小平底。腹部饰数周凹弦纹，下腹及底部饰粗绳纹，内壁留有轮旋痕。口径12、腹径20、底径4.1、高26.6厘米（图六〇，1）。标本M86：2，泥质灰陶，轮制。敞口，平沿，凹唇，长束颈，溜肩，深鼓腹，小平底。下腹部饰细绳纹，内壁留有轮旋痕。口径13.4、腹径21.5、底径6.2、高28.2厘米（图六〇，2；彩版四一，4）。

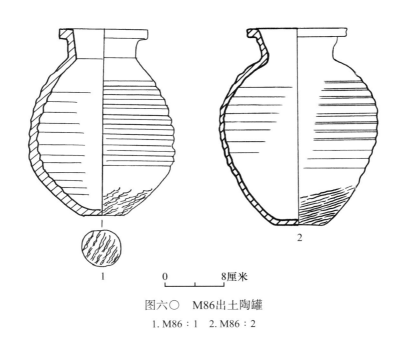

图六〇　M86出土陶罐
1. M86：1　2. M86：2

一四、M87

1. 墓葬形制

M87位于第Ⅱ区T2016北部，东邻M86。开口于第③层下，南北向，方向10°。平面呈梯形，竖穴土圹单棺墓。墓口距地表深0.8米，墓底距地表深2.7米。墓圹南北长3.1、东西宽

1.14~1.22、深1.9米。北窄南宽，四壁整齐规整，底部较平，内填黄褐色花土，土质松软（图六一；彩版七，4）。

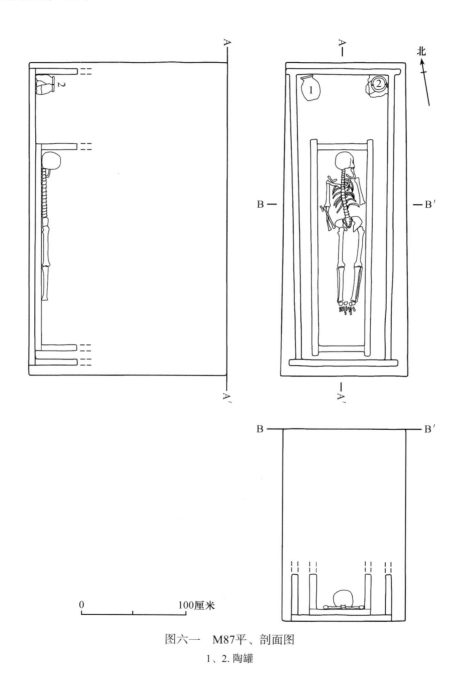

图六一　M87平、剖面图
1、2.陶罐

葬具为一椁一棺，木质，已朽，仅存朽痕。椁平面呈工字形，椁痕长2.96、宽0.9~1、残高0.46米，板痕厚0.06米；棺四角出榫，棺痕长2.06、宽0.56~0.6、残高0.4米，板痕厚0.06米。骨架保存较差，头向北，面向东，仰身直肢，为女性。

2. 随葬品

棺外前方出土陶罐2件。

陶罐　2件。标本M87：1，泥质灰陶，轮制。敞口，平沿，方唇，斜肩，弧腹，平底内凹。肩腹部饰数周凹弦纹，内壁留有轮旋痕。口径13.4、腹径19.6、底径6.2、高25.2厘米（图六二，1）。标本M87：2，泥质灰陶，轮制。敞口，斜平沿，尖唇，溜肩，弧腹，平底。肩腹部饰四周凹弦纹，下腹部饰细绳纹，内壁留有轮旋痕。口径11.6、腹径20.4、底径7.4、高28.4厘米（图六二，2）。

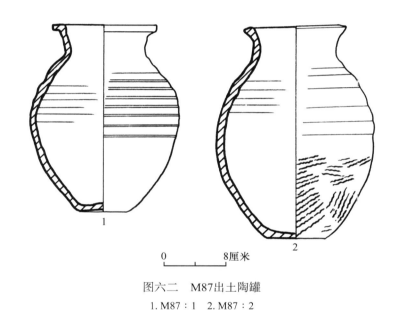

图六二　M87出土陶罐
1. M87：1　2. M87：2

一五、M89

1. 墓葬形制

M89位于第Ⅱ区T1916东南部，西邻M80。开口于第①层下，南北向，方向5°。平面呈梯形，竖穴土圹墓。墓口距地表深0.3米，墓底距地表深0.54米。墓圹南北长2.5、东西宽1～1.1、深0.24米。四壁整齐规整，墓底较平，内填黄褐色花土，土质松软（图六三）。

未发现葬具，骨架保存稍差，头向北，面向上，仰身直肢，为男性。

2. 随葬品

未发现随葬品。

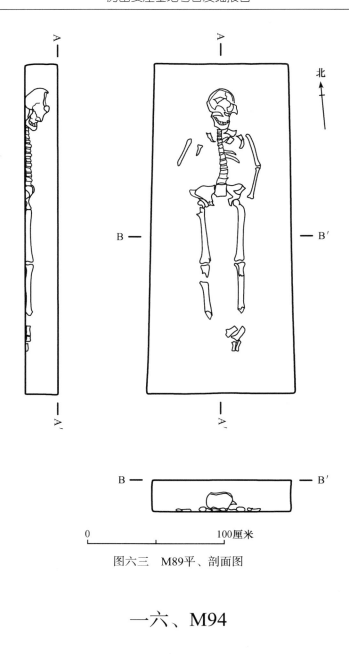

图六三　M89平、剖面图

一六、M94

1. 墓葬形制

M94位于第Ⅱ区T2513北部，北邻M93。开口于第③层下，南北向，方向10°。平面呈梯形，竖穴土圹单棺墓。墓口距地表深0.8米，墓底距地表深2.78米。墓圹南北长2.24、东西宽0.92~0.96、深1.98米。北宽南窄，四壁整齐规整，底部较平，内填黄褐色花土，土质松软（图六四；彩版八，1）。

葬具为木棺，已朽，仅存棺痕。棺痕长1.74、宽0.5、残高0.2米。骨架保存较差，上肢骨内侧下部置一块青砖，头向北，面向上，仰身直肢，为男性。

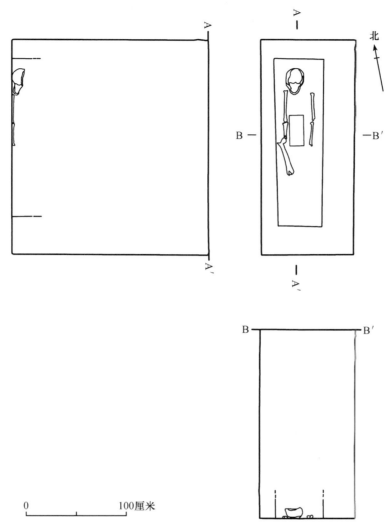

图六四　M94平、剖面图

2. 随葬品

未发现随葬品。

一七、M95

1. 墓葬形制

M95位于第Ⅱ区T2516西南部，东邻M76。开口于第③层下，南北向，方向14°。平面呈长方形，竖穴土圹墓。墓口距地表深0.8米，墓底距地表深2.9米。墓圹南北长3.16、东西宽1.88、深2.1米。四壁整齐规整，底部较平，内填黄褐色花土，土质松软（图六五）。

未发现葬具，内葬1具骨架，保存较差，头向北，面向上，仰身直肢，为女性。

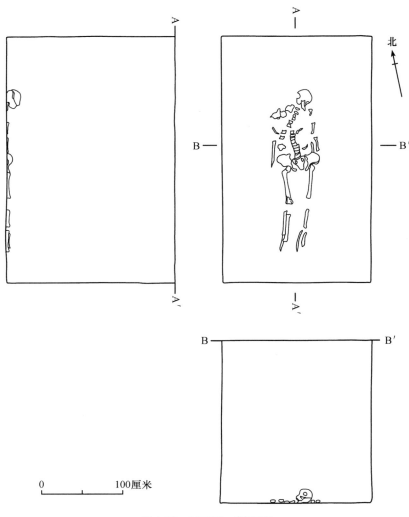

图六五　M95平、剖面图

2. 随葬品

未发现随葬品。

一八、M97

1. 墓葬形制

M97位于第Ⅱ区T2317东部，西南邻M96。开口于第③层下，南北向，方向0°。平面呈长方形，竖穴土圹单棺墓。墓口距地表深0.8米，墓底距地表深2.1米。墓圹南北2.88、东西宽1.18、深1.3米。四壁整齐规整，底部较平，内填黄褐色花土，土质松软（图六六；彩版八，2）。

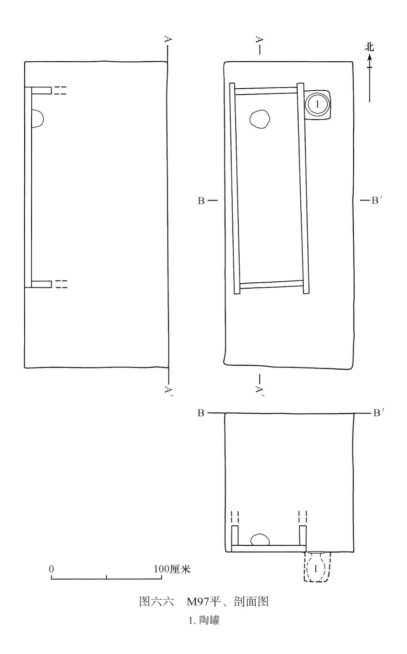

图六六　M97平、剖面图
1. 陶罐

葬具为木棺，已朽，仅存棺痕。棺四角出榫，南北长1.88、宽0.68、残高0.24米，板痕厚0.06米。骨架保存较差，仅存头骨，头向北，面向上，葬式不明，为男性。

2. 随葬品

棺外左侧上部出土陶罐1件。

　　陶罐　1件。标本M97：1，泥质灰陶，轮制。敞口，斜弧沿，凹唇，长束颈，斜肩，深鼓腹曲收，平底。上腹部饰数周凹弦纹，下腹及底部饰交错细绳纹，内壁留有轮旋痕。口径14、腹径21.4、底径6、高27厘米（图六七；彩版四二，1）。

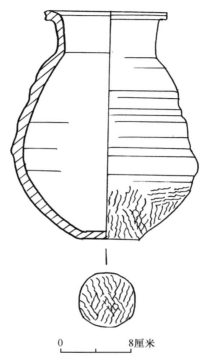

0　　　　　　8厘米

图六七　M97出土陶罐（M97：1）

一九、M98

1. 墓葬形制

　　M98位于第Ⅱ区T2116东北部，东邻M99。开口于第③层下，南北向，方向6°。平面呈长方形，竖穴土圹单棺墓。墓口距地表深0.8米，墓底距地表深2.5米。墓圹南北长2.6、宽1.26、深1.7米。四壁平整较直，底部较平，内填黄褐色花土，土质稍硬（图六八；彩版八，3）。

　　葬具为木棺，已朽，仅存棺痕。棺四角出榫，棺痕长2.1、宽0.68、残高0.3米，板痕厚0.06米。骨架保存稍好，头向北，面向上，仰身直肢，为男性。

2. 随葬品

　　未发现随葬品。

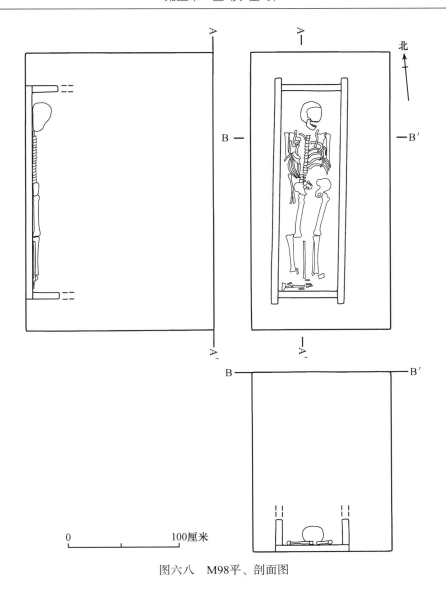

图六八 M98平、剖面图

二〇、M103

1. 墓葬形制

M103位于第Ⅱ区T2214西南部，西北邻M104。开口于第③层下，南北向，方向355°。平面呈长方形，竖穴土圹单棺迁葬墓。墓口距地表深0.8米，墓底距地表深2.6米。墓圹南北长2.3、东西宽1.2、深1.8米。四壁平整较直，底部较平，内填黄褐色花土，土质稍硬（图六九）。

葬具为木棺，已朽，仅存棺痕。棺四角出榫，棺痕长2.04、宽0.7、残高0.2米，板痕厚0.08米。未发现骨架。

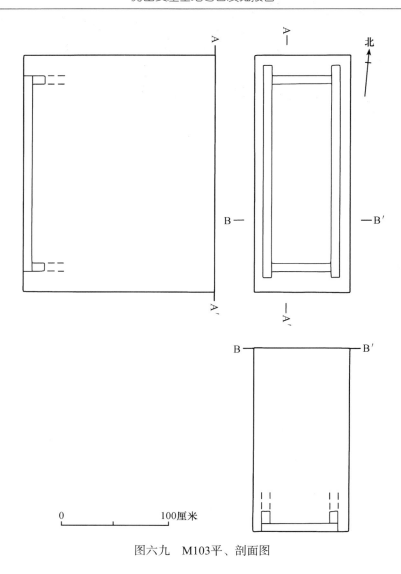

图六九　M103平、剖面图

2. 随葬品

未发现随葬品。

二一、M106

1. 墓葬形制

M106位于第Ⅱ区T2316东北部，西南邻M105。开口于第③层下，南北向，方向5°。平面呈长方形，竖穴土圹单棺墓。墓口距地表深0.8米，墓底距地表深1.9米。墓圹南北长3.06、宽1.4、深1.1米。四壁平整较直，底部较平，内填黄褐色花土，土质稍硬（图七〇；彩版八，4）。

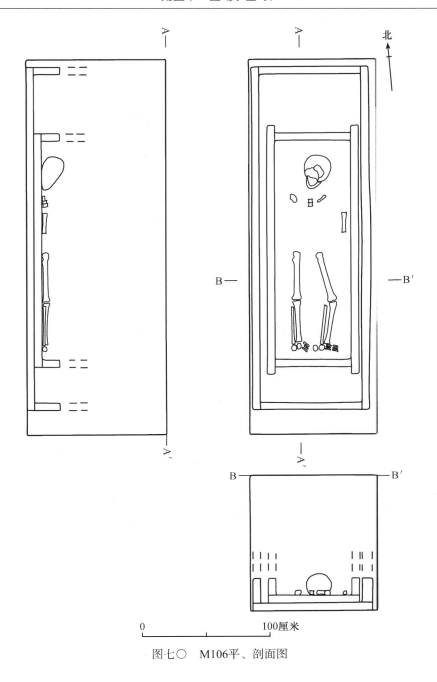

图七〇　M106平、剖面图

葬具为一椁一棺，木质，已朽，仅存朽痕。椁平面呈长方形，椁痕长2.78、宽0.96米，板痕厚0.06米；棺四角出榫，棺痕长2.04、宽0.72、残高0.26米，板痕厚0.06米。骨架保存较好，头向北，面向上，仰身直肢，为男性。

2. 随葬品

未发现随葬品。

二二、M107

1. 墓葬形制

M107位于第Ⅱ区T2416东南部，西邻M108。开口于第③层下，南北向，方向12°。平面呈长方形，竖穴土圹单棺墓。墓口距地表深0.8米，墓底距地表深3.4米。墓圹南北长2.6、东西宽1.5、深2.6米。四壁整齐规整，底部较平，内填黄褐色花土，土质松软（图七一）。

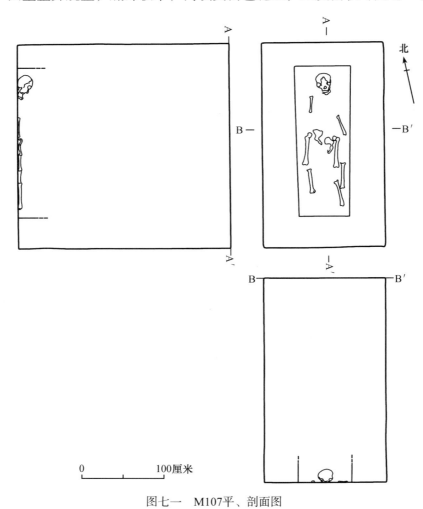

图七一　M107平、剖面图

葬具为木棺，已朽，仅存棺痕。棺痕长1.9、宽0.62～0.7、残高0.2米。骨架保存较差，头向北，面向上，仰身直肢，为男性。

2. 随葬品

未发现随葬品。

二三、M108

1. 墓葬形制

M108位于第Ⅱ区T2416南部，东邻M107。开口于第③层下，南北向，方向18°。平面呈长方形，竖穴土圹单棺墓。墓口距地表深0.8米，墓底距地表深3米。墓圹南北长2.64、东西宽1.1、深2.2米。四壁整齐规整，底部较平，内填黄褐色花土，土质松软（图七二；彩版九，1）。

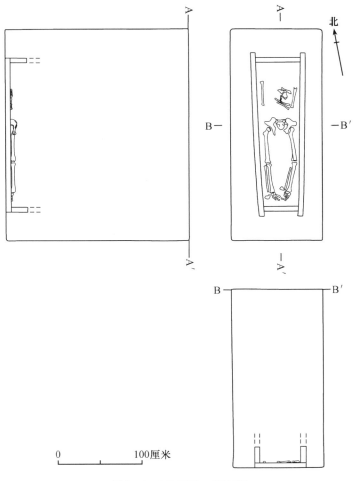

图七二　M108平、剖面图

葬具为木棺，已朽，仅存棺痕。棺四角出榫，棺痕长1.92、宽0.52～0.66、残高0.26米，板痕厚0.06米。骨架保存较差，未发现头骨，仰身直肢，为女性。

2. 随葬品

未发现随葬品。

二四、M111

1. 墓葬形制

M111位于第Ⅱ区T2218北部，北延伸至T2318，西邻M113。开口于第③层下，南北向，方向5°。平面呈长方形，竖穴土圹单棺墓。墓口距地表深0.8米，墓底距地表深1.2米。墓圹南北长3.3、东西宽1.1、深0.4米。四壁整齐规整，底部较平，内填黄褐色花土，土质松软（图七三；彩版九，2）。

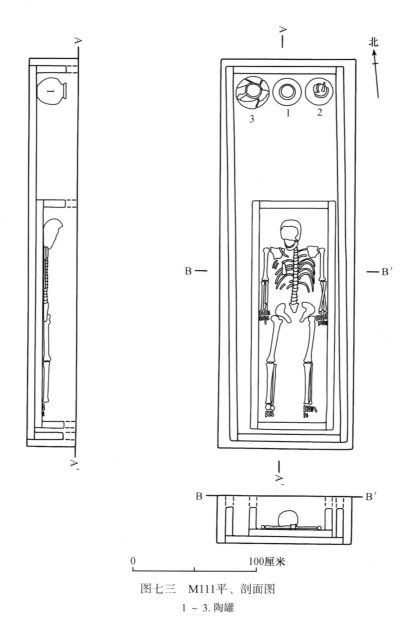

0　　　　　　　　　　　100厘米

图七三　M111平、剖面图

1～3.陶罐

葬具为一椁一棺，木质，已朽，仅存朽痕。椁平面呈长方形，椁痕长3.18、宽0.96、残高0.3米，板痕厚0.06米；棺痕长1.98、宽0.68、残高0.24米，板痕厚0.06米。骨架保存稍好，头向北，面向上，仰身直肢，为男性。

2. 随葬品

棺外前方出土陶罐3件。

陶罐　3件。标本M111：1，泥质灰陶，轮制。敞口，斜平沿，卷沿，圆唇，长束颈，斜肩，扁鼓腹，平底。肩腹部饰数周凹弦纹，下腹及底部饰粗绳纹，内壁留有轮旋痕。口径16.4、腹径23.2、底径8、高28.6厘米（图七四，1；彩版四二，2）。标本M111：2，泥质灰陶，轮制。直口微敞，圆唇，长束颈，溜肩，鼓腹，圜底。肩腹部饰数周凹弦纹，下腹部饰细绳纹。口径12.6、腹径22.2、高28.4厘米（图七四，2）。标本M111：3，泥质灰陶，轮制。直口微敛，斜平沿，尖圆唇，短束颈，丰肩，圆鼓腹，平底。腹部饰一周菱形纹，下腹饰四周凹弦纹及细绳纹。口径18、腹径33.2、底径14、高26.5厘米（图七四，3）。

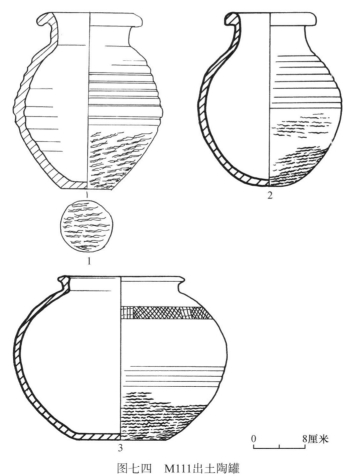

图七四　M111出土陶罐

1. M111：1　2. M111：2　3. M111：3

二五、M112

1. 墓葬形制

M112位于第Ⅱ区T2119东北部，西北邻M113。开口于第③层下，东西向，方向92°。平面呈梯形，竖穴土圹单棺墓。墓口距地表深0.8米，墓底距地表深1.4米。墓圹东西长3.4、南北宽1.2～1.36、深0.6米。东宽西窄，四壁整齐规整，底部较平，内填黄褐色花土，土质松软（图七五；彩版九，3）。

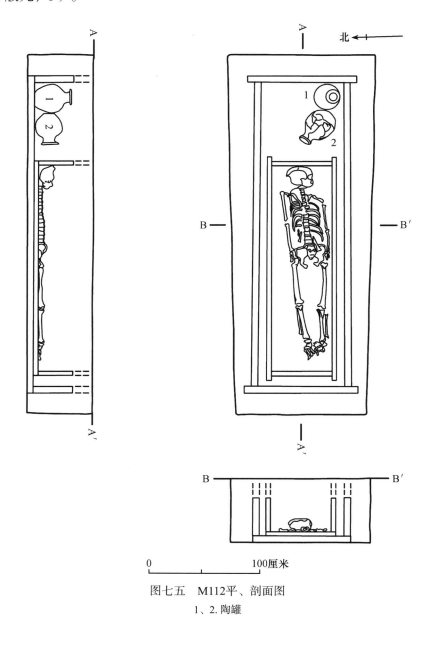

图七五　M112平、剖面图

1、2. 陶罐

葬具为一椁一棺，木质，已朽，仅存朽痕。椁平面呈工字形，椁痕长3、宽0.88～0.92、残高0.42米，板痕厚0.06米；棺四角出榫，棺痕长2.04、宽0.64、残高0.36米，板痕厚0.04米。骨架保存稍差，头向东，面向南，仰身直肢，为男性。

2. 随葬品

棺外左前方出土陶罐2件。

陶罐　2件。标本M112：1，泥质灰陶，轮制。敞口，凹沿，尖唇，短束颈，溜肩，鼓腹，平底内凹。肩腹部饰数周凹弦纹。口径13、腹径20.8、底径7.5、高25.8厘米（图七六，1）。标本M112：2，泥质灰陶，轮制。敞口，尖唇，短束颈，溜肩，鼓腹，平底。肩腹部饰数周凹弦纹，下腹部饰细绳纹。口径13.5、腹径21、底径7、高26.2厘米（图七六，2）。

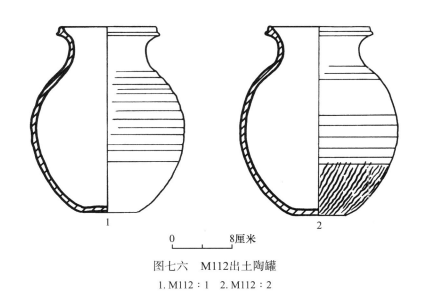

0　　　8厘米

图七六　M112出土陶罐
1. M112：1　2. M112：2

二六、M116

1. 墓葬形制

M116位于第Ⅱ区T2320北部，东邻M115。开口于第③层下，南北向，方向5°。平面呈长方形，竖穴土圹单棺墓。墓口距地表深0.8米，墓底距地表深1.6米。墓圹南北长3.5、东西宽1.5、深0.8米。四壁整齐规整，底部较平，内填黄褐色花土，土质松软（图七七；彩版九，4）。

葬具为一椁一棺，木质，已朽，仅存朽痕。椁平面呈工字形，椁痕长3.36、宽1.42、残高0.4米，板痕厚0.8～0.1米；棺四角出榫，棺痕长2.02、宽0.76～0.86、残高0.22米，板痕厚0.06米。骨架保存较差，头向北，面向上，仰身屈肢，为男性。

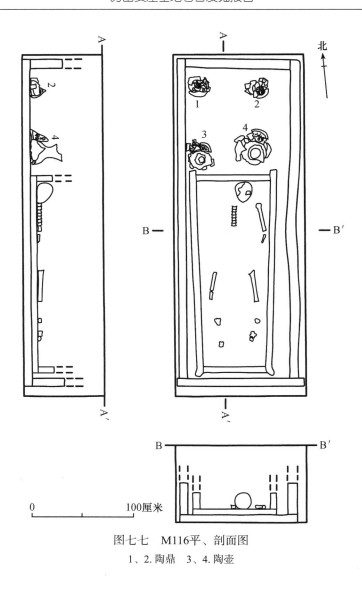

图七七　M116平、剖面图
1、2.陶鼎　3、4.陶壶

2. 随葬品

棺外前方出土陶鼎2件、陶壶2件。

陶鼎　2件。形制相同。泥质灰陶，手轮兼制。子母口，斜肩，扁鼓腹，圜底。肩部置对称直立双耳，底附扁片蹄形三足。肩部饰一周凸弦纹，内侧饰一组卷云纹。博山式盖，顶部凸起呈圆珠状，分布四层凸棱，饰四组重山纹。盖身及内壁留有轮旋痕。标本M116：1，口径14.2、腹径21.6、通高28.8厘米（图七八，1）。标本M116：4，口径13.5、腹径22.4、通高28厘米（图七八，2）。

陶壶　2件。标本M116：2，泥质灰陶，手轮兼制。盘口，平沿，尖唇，长束颈，圆鼓腹，矮圈足，足底外展。中腹部置对称兽面铺首衔环，上腹部饰一周凸弦纹，颈部至下腹部饰数周凹弦纹及叠加倒三角纹。博山式盖，顶部凸起呈圆珠状，分布两层凸棱，饰四组叠制重山纹。盖内壁留有轮旋痕。口径19.4、腹径29.8、底径17.2、通高58.4厘米（图七八，3）。标本M116：3，泥质灰陶，手轮兼制。盘口，斜平沿，尖唇，长束颈，扁鼓腹，矮圈足，足底外展。中腹部置对称兽面铺首，上腹部饰两周凸弦纹。博山式盖，顶部凸起呈圆珠状，分布一层凸棱，饰四组叠制重山纹。盖身饰数周凹弦纹，颈部内壁留有轮旋痕。口径16、腹径29.4、底径17.6、通高57厘米（图七八，4）。

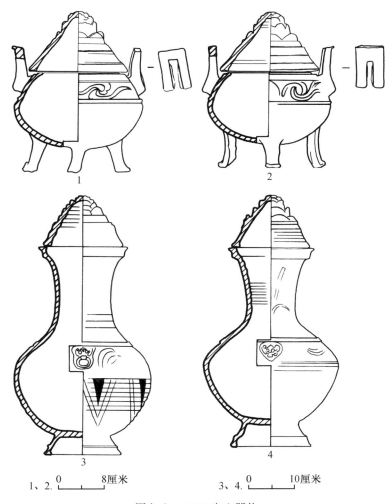

图七八　M116出土器物

1、2.陶鼎（M116：1、M116：4）3、4.陶壶（M116：2、M116：3）

二七、M117

1. 墓葬形制

M117位于第Ⅱ区T2515南部，东邻M140。开口于第③层下，南北向，方向10°。平面呈长方形，竖穴土圹单棺墓。墓口距地表深0.8米，墓底距地表深3.9米。墓圹南北长2.8、东西宽1.4、深3.1米。四壁整齐规整，底部较平，内填灰褐色花土，土质松软（图七九）。

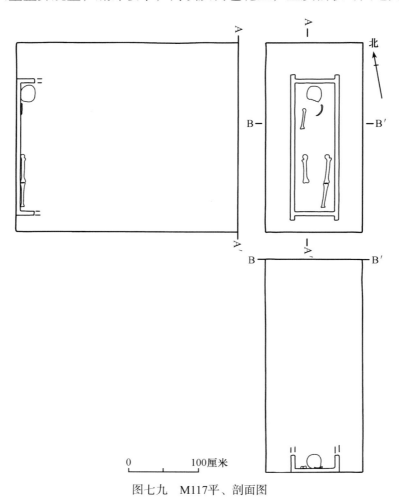

图七九　M117平、剖面图

葬具为木棺，已朽，仅存棺痕。棺四角出榫，棺痕长2.02、宽0.7、残高0.26米，板痕厚0.06米。骨架保存较差，头向北，面向上，仰身直肢，为女性。

2. 随葬品

未发现随葬品。

二八、M132

1. 墓葬形制

M132位于第Ⅱ区T2621东北部，东南邻M133。开口于第③层下，南北向，方向15°。平面呈长方形，竖穴土圹单棺墓。墓口距地表深0.8米，墓底距地表深1.26米。墓圹南北长3.7、东西宽1.34、深0.46米。四壁整齐规整，底部较平，内填黄褐色花土，土质松软（图八〇；彩版一〇，1）。

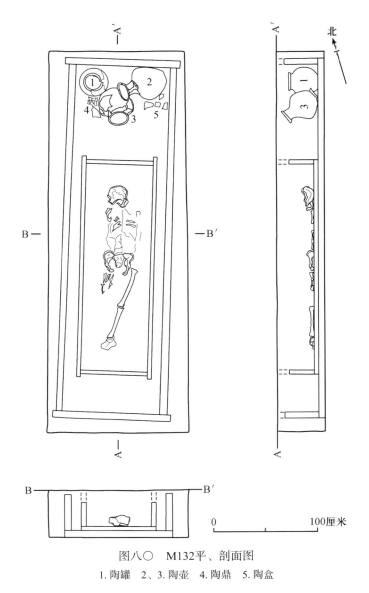

图八〇　M132平、剖面图
1. 陶罐　2、3. 陶壶　4. 陶鼎　5. 陶盒

葬具为一椁一棺，木质，已朽，仅存朽痕。椁平面呈工字形，椁痕长3.58、宽1.06、残高0.42米，板痕厚0.08米；棺四角出榫，棺痕长2.16、宽0.74、残高0.28米，板痕厚0.04米。骨架保存较差，头向北，面向西，仰身直肢，为男性。

2. 随葬品

棺外前方出土陶罐1件、陶壶2件、陶鼎1件、陶盒1件。

陶罐　1件。标本M132：1，泥质灰陶，轮制。直口，尖圆唇，短束颈，溜肩，圆鼓腹，平底。肩腹部饰数周凹弦纹。口径15.6、腹径31.4、底径14.4、高27.5厘米（图八一，1）。

陶壶　2件。标本M132：2，泥质灰陶，轮制。浅盘口，平沿，长束颈，溜肩，圆鼓腹，矮圈足，足底外展。肩部饰一周凸弦纹，中腹部饰两周凹弦纹，内壁留有轮旋痕。口径17.4、腹径29、底径16.2、高45.7厘米（图八一，2）。标本M132：3，泥质灰陶，轮制。浅盘口，平沿，尖唇，长束颈，溜肩，扁鼓腹，矮圈足，足底外展。肩部饰一周凸弦纹，下部有一椭圆形孔。上部腹饰一周细绳纹，中腹部饰两周凹弦纹，下腹部饰交错细绳纹。口径17、腹径28.6、底径16.7、高45.6厘米（图八一，5）。

陶鼎　1件。标本M132：4，泥质灰陶，手轮兼制。直口，平沿，圆弧腹，圜底。底部附圆柱形三足。沿腹部置对称斜直双耳，弧形盖，平顶。口径16.9、盖口径16.6、通高11.9厘米（图八一，3）。

陶盒　1件。标本M132：5，泥质灰陶，轮制。直口，平沿，尖圆唇，弧腹，平底。上腹部饰一周凹弦纹，内壁留有轮旋痕。弧形盖，平顶。口径16、底径6、盖口径17、通高11.4厘米（图八一，4）。

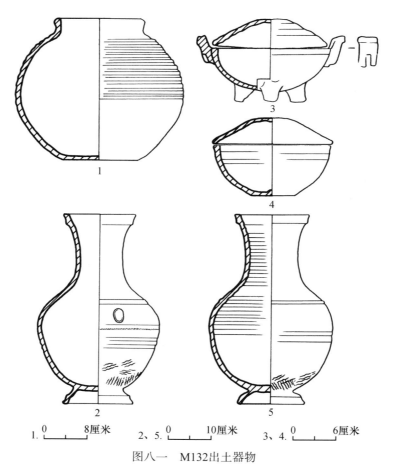

图八一　M132出土器物

1.陶罐（M132：1）　2、5.陶壶（M132：2、M132：3）　3.陶鼎（M132：4）　4.陶盒（M132：5）

二九、M134

1. 墓葬形制

M134位于第Ⅱ区T2819西南部，东北邻M130。开口于第③层下，南北向，方向0°。平面呈梯形，竖穴土圹单棺墓。墓口距地表深0.8米，墓底距地表深1.36米。墓圹南北长2.5、东西宽1.06～1.3、深0.56米。北窄南宽，四壁整齐规整，底部较平，内填黄褐色花土，土质松软（图八二；彩版一〇，2）。

葬具为木棺，已朽，仅存棺痕。棺四角出榫，棺痕长1.82、宽0.56～0.64、残高0.26米，板痕厚0.06米。骨架保存稍好，头向北，面向上，仰身直肢，为男性。

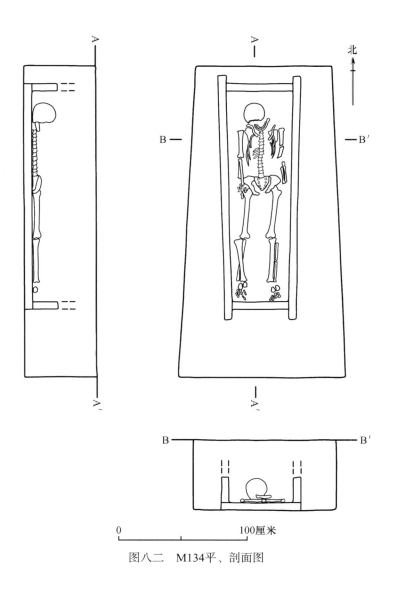

图八二　M134平、剖面图

2. 随葬品

未发现随葬品。

三〇、M135

1. 墓葬形制

M135位于第Ⅱ区T2819、T2919西中部，东南邻M130。开口于第③层下，南北向，方向6°。平面呈梯形，竖穴土圹单棺墓。墓口距地表深0.8米，墓底距地表深1.88米。墓圹南北长2.7、东西宽1.58～1.72、深1.08米。北窄南宽，四壁整齐规整，底部较平，内填黄褐色花土，土质松软（图八三）。

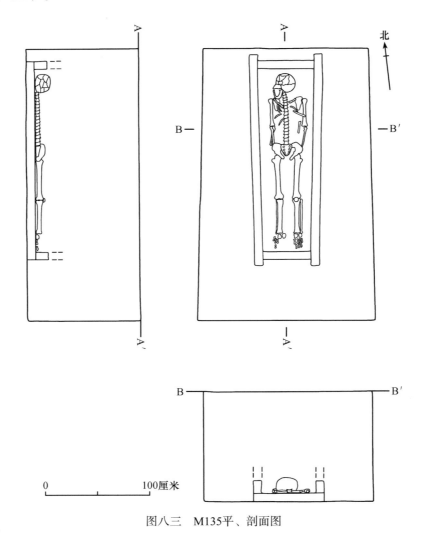

图八三　M135平、剖面图

葬具为木棺，已朽，仅存棺痕。棺四角出榫，棺痕长1.98、宽0.62～0.7、残高0.2米，板痕厚0.08米。骨架保存稍好，头向北，面向西，仰身直肢，为女性。

2. 随葬品

未发现随葬品。

三一、M136

1. 墓葬形制

M136位于第Ⅱ区T2919东南部，西南邻M135。开口于第③层下，南北向，方向4°。平面呈长方形，竖穴土圹单棺墓。墓口距地表深0.8米，墓底距地表深1.24米。墓圹南北长2.2、东西宽0.84、深0.44米。四壁整齐规整，底部较平，内填黄褐色花土，土质松软（图八四）。

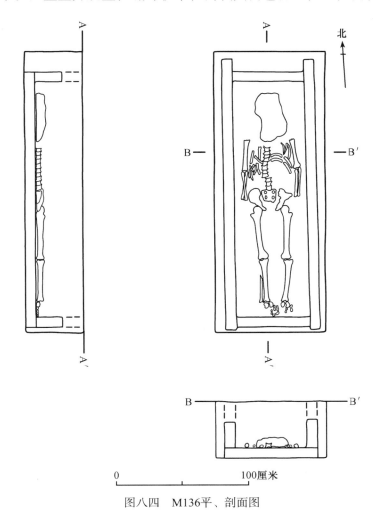

图八四　M136平、剖面图

葬具为木棺，已朽，仅存棺痕。棺四角出榫，棺痕长2、宽0.7、残高0.3米，板痕厚0.08米。骨架保存稍差，头骨残，头向北，面向不详，仰身直肢，为男性。

2. 随葬品

未发现随葬品。

三二、M137

1. 墓葬形制

M137位于第Ⅱ区T2717西北部，东邻M145。开口于第③层下，南北向，方向0°。平面呈长方形，竖穴土圹单棺墓。墓口距地表深0.8米，墓底距地表深2.2米。墓圹南北长2.3、东西宽1、深1.4米。四壁整齐规整，底部较平，内填黄褐色花土，土质松软（图八五）。

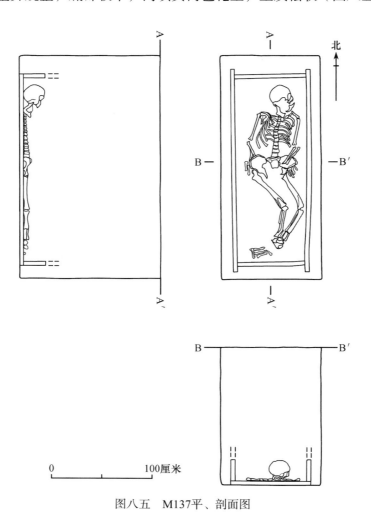

图八五　M137平、剖面图

葬具为木棺，已朽，仅存棺痕。棺四角出榫，棺痕长1.96、宽0.8、残高0.26米，板痕厚0.04米。骨架保存稍差，头向北，面向东，仰身屈肢，为男性。

2. 随葬品

未发现随葬品。

三三、M138

1. 墓葬形制

M138位于第Ⅱ区T3219北部，北邻M162。开口于第③层下，南北向，方向0°。墓平面呈长方形，竖穴土圹单棺墓。墓口距地表深0.8米，墓底距地表深1.8米。墓圹南北长2.2、东西宽0.84、深1米。四壁整齐规整，底部较平，内填黄褐色花土，土质松软（图八六）。

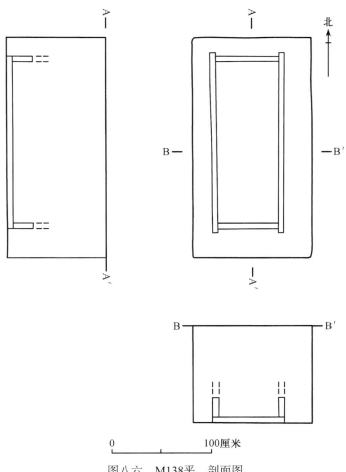

图八六 M138平、剖面图

葬具为木棺，已朽，仅存棺痕。棺四角出榫，棺痕长1.8、宽0.75、残高0.26米，板痕厚0.06米。未发现骨架。

2. 随葬品

未发现随葬品。

三四、M139

1. 墓葬形制

M139位于第Ⅱ区T2714东北部，南邻M141，北部被M173打破。开口于第③层下，南北向，方向12°。平面呈梯形，竖穴土圹单棺墓。墓口距地表深0.8米，墓底距地表深3.1米。墓圹南北残长2.04、东西宽1.42～1.7、深2.3米。北宽南窄，四壁整齐规整，底部较平，内填黄褐色花土，土质松软（图八七）。

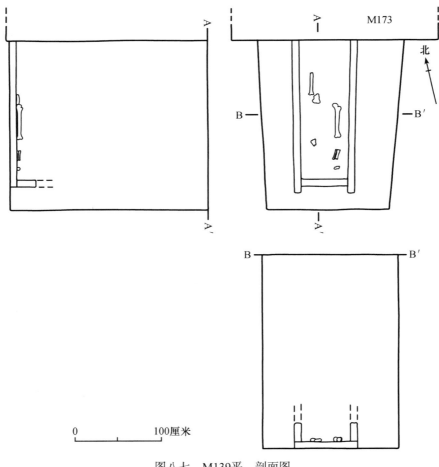

图八七 M139平、剖面图

葬具为木棺，已朽，仅存棺痕。棺四角出榫，棺痕残长1.76、宽0.7~0.76、残高0.3米，板痕厚0.08米。骨架保存较差，葬式、性别不明。

2. 随葬品

未发现随葬品。

三五、M140

1. 墓葬形制

M140位于第Ⅱ区T2515东南部，西邻M117。开口于第⑤层下，南北向，方向4°。平面呈长方形，竖穴土圹单棺墓。墓口距地表深0.8米，墓底距地表深2.3米。墓圹南北长2.2、东西宽1.2、深1.5米。四壁整齐规整，底部较平，内填黄褐色花土，土质松软（图八八）。

葬具为木棺，已朽，仅存棺痕。棺痕长2、宽0.62~0.66、残高0.3米。骨架保存较差，葬式、性别不明。

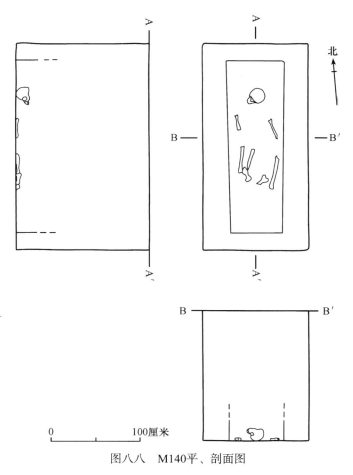

图八八　M140平、剖面图

2. 随葬品

未发现随葬品。

三六、M141

1. 墓葬形制

M141位于第Ⅱ区T2714东部，北邻M139。开口于第③层下，南北向，方向10°。平面呈长方形，竖穴土圹单棺墓。墓口距地表深0.8米，墓底距地表深3.04米。墓圹南北长2.06、东西宽1.1、深2.24米。四壁整齐规整，底部较平，内填黄褐色花土，土质松软（图八九）。

葬具为木棺，已朽，仅存棺痕。棺痕长1.94、宽0.64、残高0.24米，板痕厚0.06米。未发现骨架。

2. 随葬品

未发现随葬品。

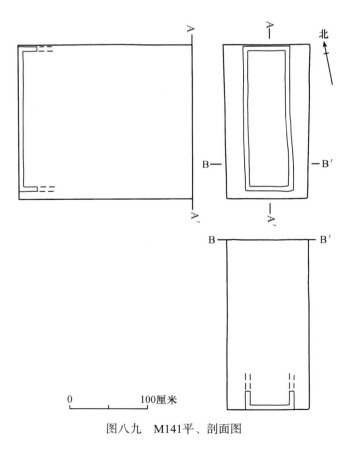

图八九　M141平、剖面图

三七、M147

1. 墓葬形制

M147位于第Ⅱ区T2917东南部，南延伸至T2817，北邻M148。开口于第③层下，南北向，方向3°。平面呈梯形，竖穴土圹单棺墓。墓口距地表深0.8米，墓底距地表深1米。墓圹南北长2.3、东西宽0.9~1米，深0.2米。四壁整齐规整，底部较平，内填黄褐色花土，土质松软（图九〇）。

葬具为木棺，已朽，仅存棺痕。棺痕长1.8、宽0.48~0.58、残高0.2米。骨架保存较差，头向北，面向上，仰身直肢，为男性。

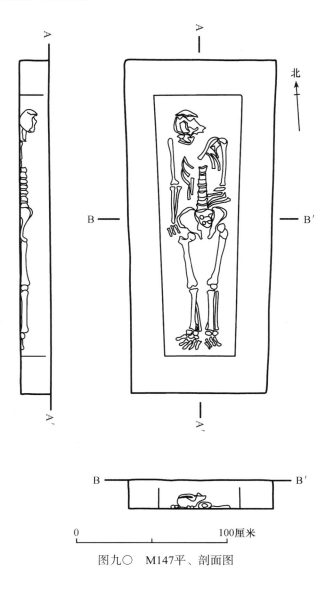

图九〇　M147平、剖面图

2. 随葬品

未发现随葬品。

三八、M148

1. 墓葬形制

M148位于第Ⅱ区T2917东部，南邻M147。开口于第③层下，南北向，方向10°。平面呈长方形，竖穴土圹单棺墓。墓口距地表深0.8米，墓底距地表深2.64米。墓圹南北长2.3、东西宽1.08、深1.84米。四壁整齐规整，底部较平，内填黄褐色花土，土质松软（图九一）。

葬具为木棺，已朽，仅存棺痕。棺痕长1.84、宽0.54~0.6、残高0.3米。骨架保存较差，葬式、性别不明。

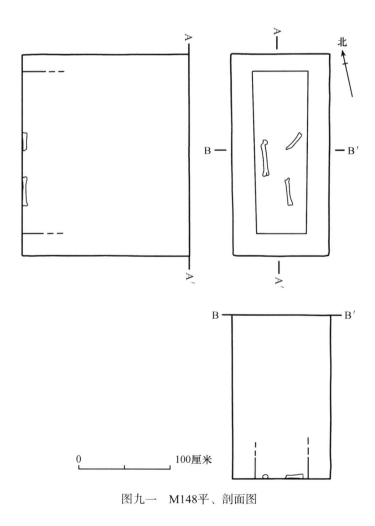

图九一　M148平、剖面图

2. 随葬品

未发现随葬品。

三九、M149

1. 墓葬形制

M149位于第Ⅱ区T2916西部，西邻M148。开口于第⑤层下，南北向，方向12°。平面呈梯形，竖穴土圹单棺墓。墓口距地表深0.8米，墓底距地表深2.5米。墓圹南北长2.9、东西宽1.56~1.7、深1.7米。北窄南宽，四壁整齐规整，底部较平，内填黄褐色花土，土质松软（图九二）。

葬具为木棺，已朽，仅存棺痕。棺痕长1.9、宽0.6~0.68、残高0.24米。骨架保存较差，头向北，面向东，葬式不明，为男性。

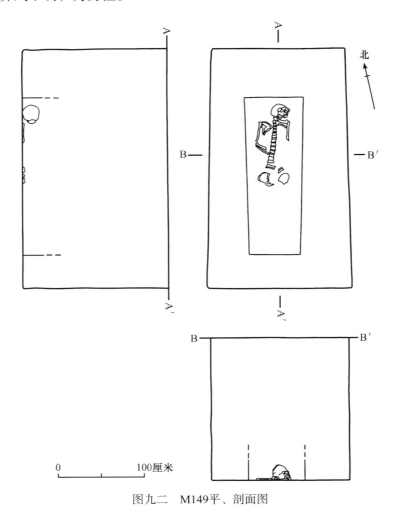

图九二 M149平、剖面图

2. 随葬品

未发现随葬品。

四〇、M152

1. 墓葬形制

M152位于第Ⅱ区T3116西部，东北邻M153。开口于第③层下，南北向，方向8°。平面呈梯形，竖穴土圹单棺墓。墓口距地表深0.8米，墓底距地表深2.1米。墓圹南北长3.2、东西宽1.04~1.1、深1.3米。北宽南窄，四壁整齐规整，底部较平，内填黄褐色花土，土质松软（图九三；彩版一〇，3）。

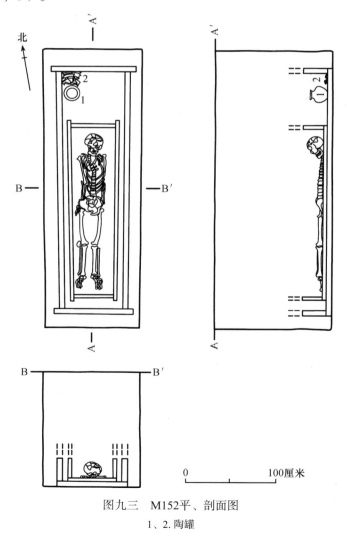

北

0　　　　　　　100厘米

图九三　M152平、剖面图

1、2. 陶罐

葬具为一椁一棺，木质，已朽，仅存朽痕。椁平面呈工字形，椁痕长2.84、宽0.8、残高0.32米，板痕厚0.06米；棺四角出榫，棺痕长2、宽0.5～0.56、残高0.26米，板痕厚0.04米。骨架保存稍好，头向北，面向东，仰身直肢，为男性。

2. 随葬品

棺外右前方出土陶罐2件。

陶罐 2件。标本M152：1，泥质灰陶，轮制。敞口，平沿，尖圆唇，短束颈，溜肩，圆鼓腹，大平底。上腹部饰五周凹弦纹。口径12.4、腹径19.4、底径11、高14.8厘米（图九四，1；彩版四三，1）。标本M152：2，泥质灰陶，轮制。敞口，斜平沿，尖唇，短束颈，斜肩，扁鼓腹，大平底。腹部饰数周凹弦纹，下腹部饰细绳纹。口径13.8、腹径27.2、底径15、高25.6厘米（图九四，2）。

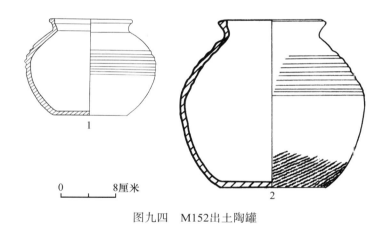

0   8厘米

图九四 M152出土陶罐
1. M152：1 2. M152：2

四一、M153

1. 墓葬形制

M153位于第Ⅱ区T3116东北部，西南邻M152。开口于第③层下，南北向，方向14°。平面呈长方形，竖穴土圹单棺墓。墓口距地表深0.8米，墓底距地表深2.08米。墓圹南北长3.4、东西宽1.2、深1.28米。四壁整齐规整，底部较平，内填黄褐色花土，土质松软（图九五；彩版一〇，4）。

葬具为一椁一棺，木质，已朽，仅存朽痕。椁平面呈工字形，椁痕长3.12、宽0.94～1.1、残高0.34米，板痕厚0.08米；棺四角出榫，棺痕长2.06、宽0.6～0.74、残高0.24米，板痕厚0.06米。骨架保存稍好，头向北，面向西，仰身直肢，为男性。

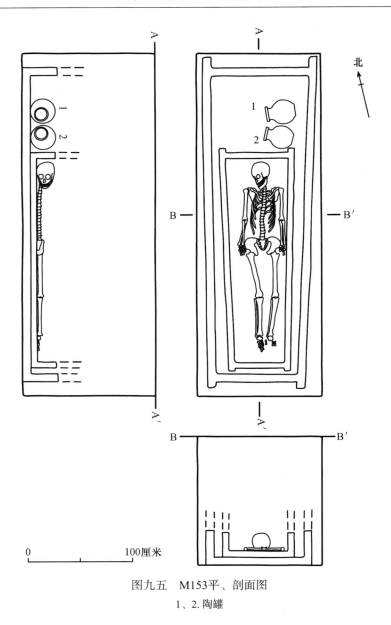

图九五　M153平、剖面图
1、2.陶罐

2. 随葬品

棺外左前方出土陶罐2件。

陶罐　2件。标本M153：1，泥质灰陶，轮制。敞口，斜平沿，凹唇，长束颈，溜肩，扁鼓腹，平底内凹。上腹部饰数周凹弦纹，下腹部饰细绳纹。口径12.2、腹径21.8、底径7.4、高24.2厘米（图九六，1）。标本M153：2，泥质灰陶，轮制。直口，斜平沿，凹唇，长束颈，溜肩，鼓腹，平底内凹。肩腹部饰数周凹弦纹，下腹部饰细绳纹。口径12.4、腹径20.5、底径6、高23.7厘米（图九六，2）。

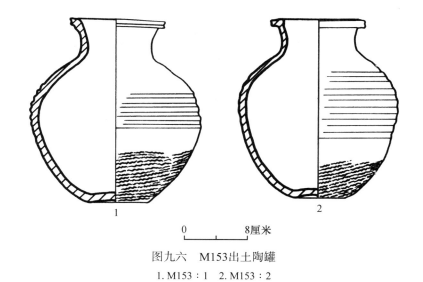

图九六 M153出土陶罐

1. M153：1 2. M153：2

四二、M155

1. 墓葬形制

M155位于第Ⅱ区T3216东中部，东南邻M153。开口于第③层下，南北向，方向10°。平面呈长方形，竖穴土圹单棺墓。墓口距地表深0.8米，墓底距地表深1.9米。墓圹南北长2.8、东西宽1.22、深1.1米。四壁整齐规整，底部较平，内填黄褐色花土，土质松软（图九七；彩版一一，1）。

葬具为一椁一棺，木质，已朽，仅存朽痕。椁平面呈工字形，椁痕长2.64、宽0.9～0.96、残高0.34米，板痕厚0.06米；棺四角出榫，棺痕长1.96、宽0.68～0.74、残高0.28米，板痕厚0.04米。骨架保存稍好，头向北，面向西，仰身直肢，为男性。

2. 随葬品

棺外左前方出土陶罐2件。

陶罐 2件。标本M155：1，泥质灰陶，轮制。敞口，平沿，双唇，束颈，斜肩，扁鼓腹，平底。肩腹部饰数周凹弦纹，下腹及底部饰交错细绳纹，内壁留有轮旋痕。口径14、腹径23.6、底径10、高25.4厘米（图九八，1；彩版四二，3）。标本M155：2，泥质灰陶，轮制。敞口，斜平沿，方唇，长束颈，溜肩，扁鼓腹，平底。肩腹部饰数周凹弦纹，下腹部饰细绳纹，内口沿留有轮旋痕。口径13.2、腹径22.6、底径6.8、高26厘米（图九八，2）。

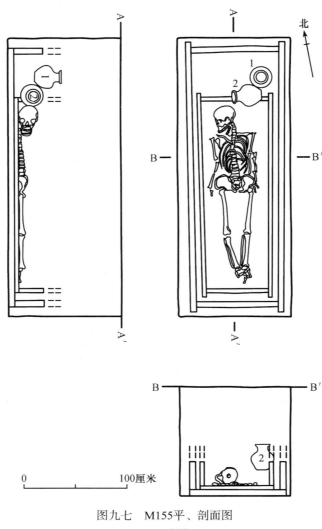

图九七　M155平、剖面图

1、2. 陶罐

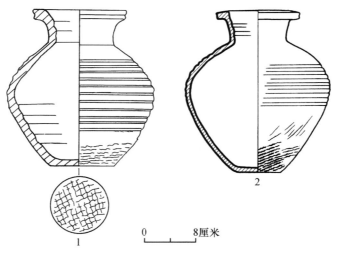

图九八　M155出土陶罐

1. M155：1　2. M155：2

四三、M156

1. 墓葬形制

M156位于第Ⅱ区T2512中部，西北邻M93。开口于第③层下，南北向，方向10°。平面呈长方形，竖穴土圹单棺墓。墓口距地表深0.8米，墓底距地表深3.5米。墓圹南北长2.4、东西宽1.2、深2.7米。四壁整齐规整，底部较平，内填黄褐色花土，土质松软（图九九）。

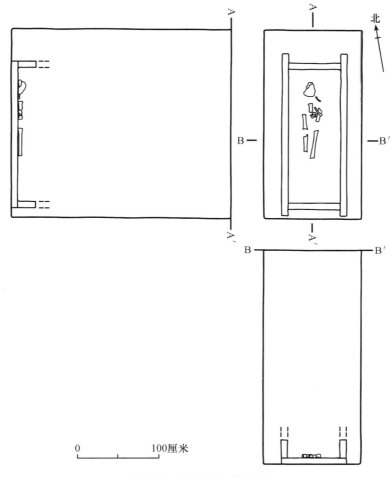

0　　　　　　100厘米

图九九　M156平、剖面图

葬具为木棺，已朽，仅存棺痕。棺四角出榫，棺痕长1.86、宽0.8、残高0.3米，板痕厚0.08米。骨架保存较差，葬式、性别不明。

2. 随葬品

未发现随葬品。

四四、M158

1. 墓葬形制

M158位于第Ⅱ区T3118北部，南邻M157。开口于第③层下，南北向，方向2°。平面呈长方形，竖穴土圹单棺墓。墓口距地表深0.8米，墓底距地表深1.96米。墓圹南北长2.5、东西宽1.26、深1.16米。四壁整齐规整，底部较平，内填灰褐色花土，土质松软（图一〇〇）。

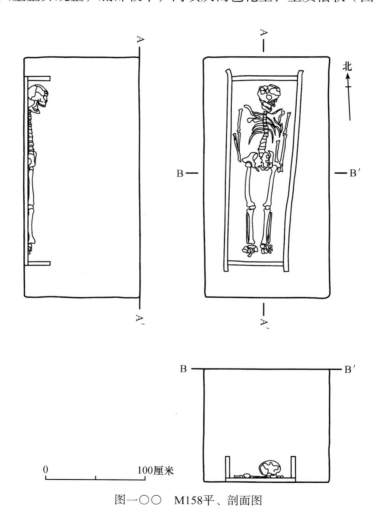

图一〇〇　M158平、剖面图

葬具为木棺，已朽，棺四角出榫，棺痕长1.86、宽0.65～0.74、残高0.26米，板痕厚0.04米。骨架保存稍差，头向北，面向东，仰身直肢，为男性。

2. 随葬品

未发现随葬品。

四五、M159

1. 墓葬形制

M159位于第Ⅱ区T3119东南部，东南邻M186。开口于第③层下，南北向，方向0°。平面呈长方形，竖穴土圹单棺墓。墓口距地表深0.8米，墓底距地表深2米。墓圹南北长3.2、东西宽1.7、深1.2米。四壁整齐规整，底部较平，内填灰褐色花土，土质松软（图一〇一；彩版一一，2）。

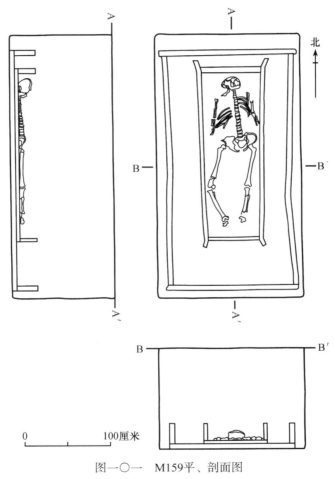

图一〇一　M159平、剖面图

葬具为一椁一棺，木质，已朽，仅存朽痕。椁平面呈工字形，椁痕长2.9、宽1.5、残高0.3米，板痕厚0.06米；棺四角出榫，棺痕长2.1、宽0.72~0.78、残高0.24米，板痕厚0.04米。骨架保存稍差，头向北，面向上，仰身屈肢，为女性。

2. 随葬品

未发现随葬品。

四六、M161

1. 墓葬形制

M161位于第Ⅱ区T3219东北部，西邻M138。开口于第③层下，南北向，方向0°。平面呈梯形，竖穴土圹单棺墓。墓口距地表深0.8米，墓底距地表深1.36米。墓圹南北长2.3、东西宽0.72～0.8、深0.56米。北宽南窄，四壁整齐规整，底部较平，内填黄褐色花土，土质松软（图一〇二；彩版一一，3）。

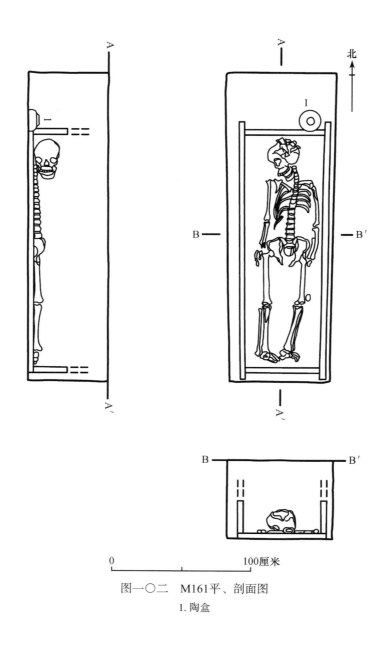

图一〇二　M161平、剖面图

1. 陶盒

葬具为木棺，已朽，仅存棺痕。棺四角出榫，棺痕长1.82、宽0.6~0.66、残高0.28米，板痕厚0.04米。骨架保存较好，头向北，面向西，仰身直肢，为男性。

2. 随葬品

棺外前方出土陶盒1件。

陶盒 1件。标本M161：1，泥质灰陶，轮制。敞口，尖圆唇，深弧腹，平底。腹部饰数周凹弦纹。附钵式形盖。口径15.4、底径5.4、盖口径14.4、通高6.6厘米（图一〇三）。

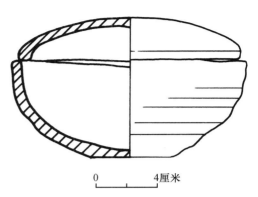

0   4厘米

图一〇三 M161出土陶盒（M161：1）

四七、M163

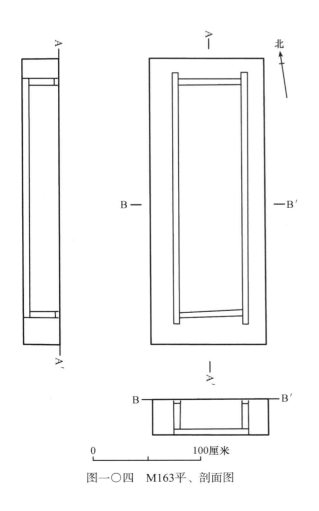

0   100厘米

图一〇四 M163平、剖面图

1. 墓葬形制

M163位于第Ⅱ区T3319东部，西南邻M162。开口于第③层下，南北向，方向6°。平面呈长方形，竖穴土圹单棺墓。墓口距地表深0.8米，墓底距地表深1.14米。墓圹南北长2.74、东西宽1.08、深0.34米。四壁整齐规整，底部较平，内填黄褐色花土，土质松软（图一〇四）。

葬具为木棺，已朽，棺四角出榫，棺痕长2.28、宽0.7、残高0.3米，板痕厚0.06米。未发现骨架。

2. 随葬品

未发现随葬品。

四八、M164

1. 墓葬形制

M164位于第Ⅱ区T2920东北部，东南邻M135。开口于第③层下，东西向，方向90°。平面呈梯形，竖穴土圹单棺墓。墓口距地表深0.8米，墓底距地表深1.4米。墓圹东西长3.5、南北宽1.16～1.24、深0.6米。东宽西窄，四壁整齐规整，底部较平，内填黄褐色花土，土质松软（图一〇五；彩版一一，4）。

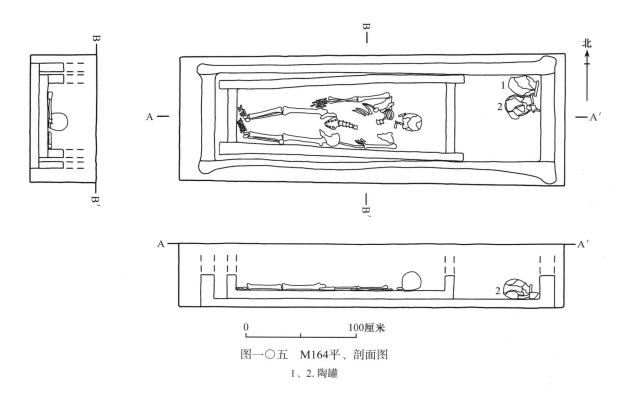

图一〇五　M164平、剖面图
1、2.陶罐

葬具为一椁一棺，木质，已朽，仅存朽痕。椁平面呈工字形，椁痕长3.2、宽0.98～1.08、残高0.3米，板痕厚0.06～0.12米；棺四角出榫，棺痕长2.06、宽0.7～0.82、残高0.22米，板痕厚0.08米。骨架保存稍差，头向东，面向上，仰身直肢，为男性。

2. 随葬品

棺外右前方出土陶罐2件。

陶罐　2件。标本M164：1，泥质灰陶，轮制。直口微敞，斜平沿，方唇，短束颈，斜肩，深弧腹，小平底。上腹部饰五周凹弦纹，下腹及底部饰交错细绳纹，肩部留有轮旋痕。口径16.2、腹径22、底径4.4、高29.6厘米（图一〇六，1；彩版四二，4）。标本M164：2，泥质灰陶，轮制。敞口，斜平沿，方唇，短束颈，斜肩，鼓腹，小平底。腹部饰一周凹弦纹，下腹部饰细绳纹及刻划纹。口径12、腹径22.2、底径4、高29厘米（图一○六，2）。

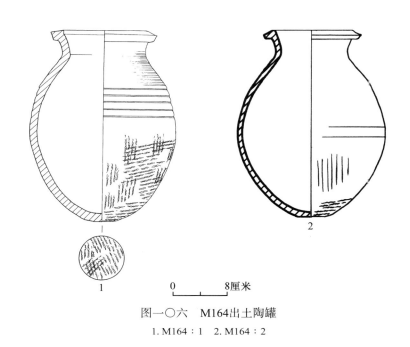

图一○六　M164出土陶罐

1. M164：1　2. M164：2

四九、M165

1. 墓葬形制

M165位于第Ⅱ区T3021西南部，东邻M166。开口于第③层下，南北向，方向10°。平面呈长方形，竖穴土圹单棺墓。墓口距地表深0.8米，墓底距地表深1.2米。墓圹南北长3.7、东西宽1.24、深0.4米。四壁整齐规整，底部较平，内填黄褐色花土，土质松软（图一○七；彩版一二，1）。

葬具为一椁一棺，木质，已朽，仅存朽痕。椁平面呈梯形，椁痕长3.6、宽0.96～1.04、残高0.36米，板痕厚0.06米；棺四角出榫，棺痕长2.2、宽0.74～0.8、残高0.3米，板痕厚0.04米。骨架保存稍差，头向北，面向上，仰身屈肢，为女性。

2. 随葬品

棺外前方出土陶壶2件、陶罐1件、陶鼎1件、陶盒1件；棺内右上肢骨内侧出土玛瑙珠2颗。

陶壶　1件。标本M165：1，泥质灰陶，轮制。浅盘口，平沿，尖圆唇，长束颈，溜肩，圆鼓腹，矮圈足。肩部饰一周凸线纹，中腹部饰三周凹弦纹，颈内外部留有轮旋痕。口径

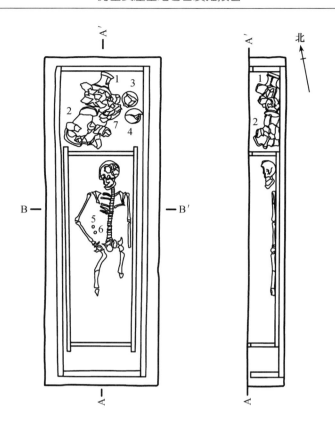

图一〇七　M165平、剖面图
1、7.陶壶　2.陶罐　3.陶鼎　4.陶盒　5、6.玛瑙珠

9.6、腹径16.6、底径8.4、高26.8厘米（图一〇八，4）。标本M165：7，残。泥质红陶，轮制。浅盘口，斜平沿，尖圆唇，长束颈。口径15.6、残高19.8厘米（图一〇八，3）。

　　陶罐　1件。标本M165：2，泥质灰陶，轮制。直口微敞，斜平沿，尖唇，短直颈，圆肩，圆鼓腹，圈底。中腹部饰三周凹弦纹，底部饰细绳纹。口径21.5、腹径40、高38.5厘米（图一〇八，5；彩版四三，2）。

　　陶鼎　1件。标本M165：3，泥质灰陶，手轮兼制。子母口，深鼓腹，圈底。底附圆柱形三足，肩部置对称斜直双耳。上腹部及内壁留有轮旋痕。覆钵式盖。口径15.2、腹径15.4、通高13.6厘米（图一〇八，2）。

　　陶盒　1件。标本M165：4，泥质灰陶，轮制。敛口，平沿，深斜腹，平底。上腹部饰三周凹弦纹，内壁留有轮旋痕。覆钵式形盖。口径16、底径6.2、盖口径15.8、通高12.2厘米（图一〇八，1）。

　　玛瑙珠　2颗。标本M165：5，深红褐色。扁圆形，平顶，中间有一圆形穿孔。直径0.9、孔径0.2、高0.7厘米（图一〇八，6）。标本M165：6，深红褐色。圆珱形，中间有一圆形穿孔。直径1、孔径0.1、高1厘米（图一〇八，7）。

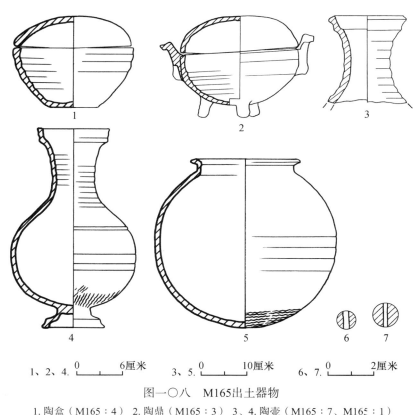

1、2、4.　0 ⊢——⊣ 6厘米　　3、5.　0 ⊢——⊣ 10厘米　　6、7.　0 ⊢——⊣ 2厘米

图一〇八　M165出土器物

1. 陶盒（M165：4）　2. 陶鼎（M165：3）　3、4. 陶壶（M165：7、M165：1）

5. 陶罐（M165：2）　6、7. 玛瑙珠（M165：5、M165：6）

五〇、M166

1. 墓葬形制

　　M166位于第Ⅱ区T3021西南部，西邻M165。开口于第③层下，南北向，方向8°。平面呈长方形，竖穴土圹单棺墓。墓口距地表深0.8米，墓底距地表深1.4米。墓圹南北长3.7、东西宽1.24、深0.6米。四壁整齐规整，底部较平，内填黄褐色花土，土质松软（图一〇九；彩版一二，2）。

　　葬具为一椁一棺，木质，已朽，仅存朽痕。椁平面呈长方形，椁痕长3.6、宽0.98、残高0.44米，板痕厚0.06米；棺四角出榫，棺痕长2.1、宽0.7～0.72、残高0.34米，板痕厚0.04米。骨架保存稍差，头向北，面向上，仰身直肢，为男性。

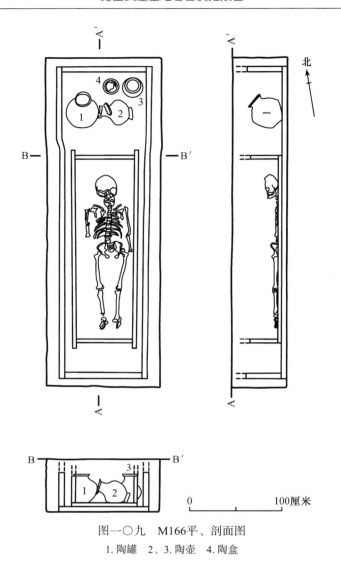

图一〇九　M166平、剖面图
1.陶罐　2、3.陶壶　4.陶盒

2. 随葬品

棺外前方出土陶罐1件、陶壶2件、陶盒1件。

陶罐　1件。标本M166：1，泥质灰陶，轮制。直口，平沿，方唇，短束颈，斜肩，扁鼓腹，平底。肩腹部饰数周凹弦纹，上面饰刻划近一米字纹，中腹部饰一道细绳纹，下腹及底部饰细绳纹。口径12、腹径36.6、底径14.8、高34厘米（图一一〇，3）。

陶壶　2件。标本M166：2，泥质灰陶，轮制。盘口，平沿，尖唇，长束颈，丰肩，圆鼓腹，矮圈足，足底外撇。肩颈部饰红白色彩绘纹，大部分已脱落。上腹部饰一周凹弦纹，下腹部饰细绳纹。口径16.4、腹径22.8、底径13.8、高34厘米（图一一〇，2；彩版四三，3）。标本M166：3，泥质灰陶，轮制。敞口，斜平沿，尖唇，短束颈，斜肩，扁鼓腹，矮圈足，足底外撇。颈及部腹饰红白色彩绘及三角纹，大部分已脱落。下腹部饰粗绳纹。口径15.6、腹径

22、底径13.6、高31.4厘米（图一一〇，4；彩版四三，4）。

陶盒　1件。标本M166：4，泥质灰陶。敛口，方圆唇，鼓腹，下腹弧收，平底。上腹部饰数周凹弦纹，附钵形盖。口径15.5、腹径17、底径7.5、盖口径15.7、通高13.6厘米（图一一〇，1）。

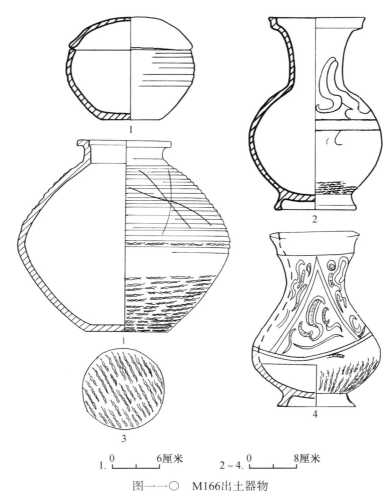

图一一〇　M166出土器物

1.陶盒（M166：4）　2、4.陶壶（M166：2、M166：3）　3.陶罐（M166：1）

五一、M169

1. 墓葬形制

M169位于第Ⅱ区T3120西南部，西邻M168。开口于第③层下，南北向，方向10°。平面呈不规则形，竖穴土圹单棺墓。墓口距地表深0.8米，墓底距地表深1.46米。墓圹南北长

2.16～2.24、东西宽1.16、深0.66米。四壁整齐规整，底部较平，内填黄褐色花土，土质松软（图一一一）。

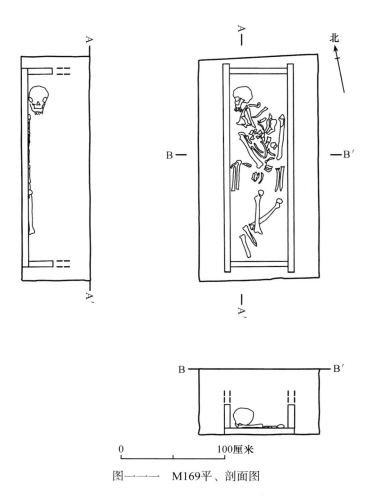

图一一一　M169平、剖面图

葬具为木棺，已朽，仅存棺痕。棺四角出榫，棺痕长1.98、宽0.68、残高0.3米，板痕厚0.06米。骨架保存较差，头向北，面向西，侧身屈肢，为男性。

2. 随葬品

未发现随葬品。

五二、M170

1. 墓葬形制

M170位于第Ⅱ区T3121东北部，南邻M168。开口于第③层下，南北向，方向0°。平面呈梯形，竖穴土圹单棺墓。墓口距地表深0.8米，墓底距地表深1.22米。墓圹南北长3、东西宽1.97～2.08、深0.42米。北宽南窄，四壁整齐规整，底部较平，内填黄褐色花土，土质松软（图一一二）。

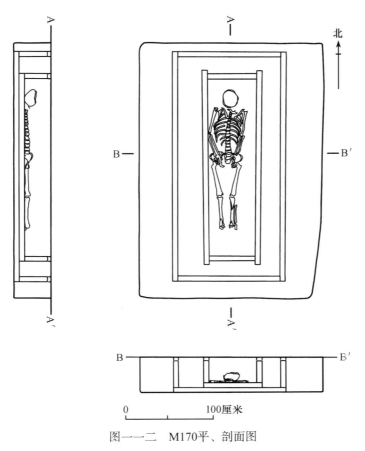

0　　　　　100厘米

图一一二　M170平、剖面图

葬具为一椁一棺，木质，已朽，仅存朽痕。椁平面呈工字形，椁痕长2.7、宽1.28、残高0.38米，板痕厚0.06米；棺四角出榫，棺痕长2.2、宽0.66、残高0.32米，板痕厚0.06米。骨架保存稍好，头向北，面向上，仰身直肢，为男性。

2. 随葬品

未发现随葬品。

五三、M171

1. 墓葬形制

M171位于第Ⅱ区T3321东南部，南邻M170。开口于第③层下，南北向，方向0°。平面呈长方形，竖穴土圹单棺墓。墓口距地表深0.8米，墓底距地表深1.5米。墓圹南北长2.7、东西宽1、深0.7米。四壁整齐规整，底部较平，内填黄褐色花土，土质松软（图一一三；彩版一二，3）。

葬具为一椁一棺，木质，已朽，仅存朽痕。椁平面呈工字形，椁痕长2.46、宽0.66～0.76、残高0.32米，板痕厚0.06米；棺四角出榫，棺痕长1.98、宽0.54～0.6、残高0.26米，板痕厚0.04米。骨架保存较好，头向北，面向上，仰身直肢，为男性。

2. 随葬品

棺外前方出土陶罐1件。

陶罐　1件。标本M171：1，泥质灰陶，轮制。直口微敞，斜平沿，方圆唇，短束颈，斜肩，鼓腹弧收，平底内凹。肩部饰数周凹弦纹，下腹及底部饰交错细绳纹。口径12.4、腹径20.8、底径7.2、高24.6厘米（图一一四；彩版四三，5）。

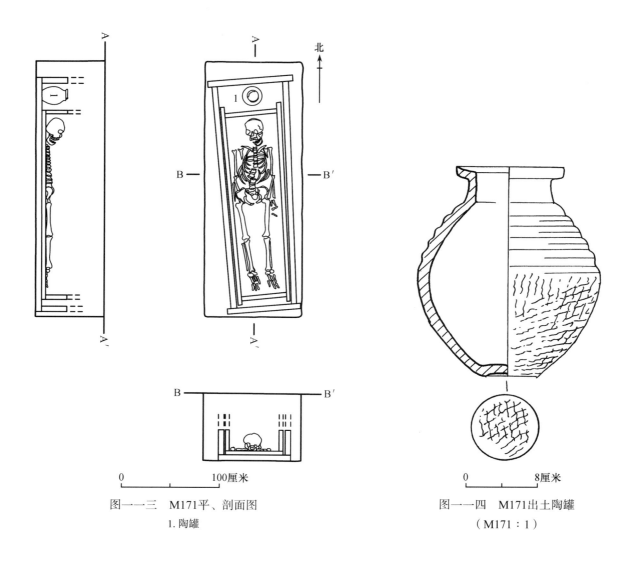

图一一三　M171平、剖面图
1.陶罐

图一一四　M171出土陶罐
（M171：1）

五四、M172

1. 墓葬形制

M172位于第Ⅱ区T2713东部，北邻M174。开口于第③层下，南北向，方向4°。平面呈长方形，竖穴土圹单棺墓。墓口距地表深0.8米，墓底距地表深3.2米。墓圹南北长2.4、东西宽1.08、深2.4米。四壁整齐规整，底部较平，内填黄褐色花土，土质松软（图一一五）。

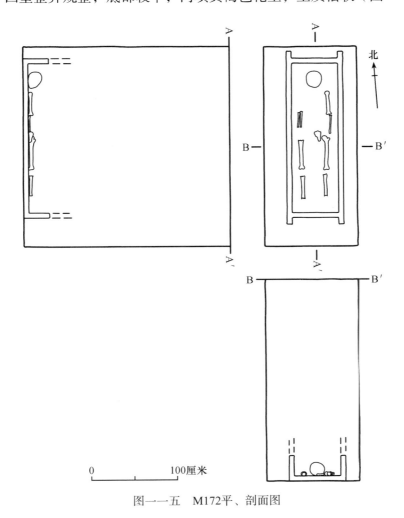

0   100厘米

图一一五　M172平、剖面图

葬具为木棺，已朽，仅存棺痕。棺四角出榫，棺痕长1.92、宽0.66、残高0.3米，板痕厚0.06米。骨架保存较差，头向北，面向上，仰身直肢，为男性。

2. 随葬品

未发现随葬品。

五五、M173

1. 墓葬形制

M173位于第Ⅱ区T2814东南部，南邻M139。开口于第③层下，南北向，方向8°。平面呈梯形，竖穴土圹双棺合葬墓。墓口距地表深0.8米，墓底距地表深3.14米。墓圹南北长4.6、东西宽2.5~2.7、深2.34米。北窄南宽，四壁整齐规整，底部较平，内填黄褐色花土，土质松软（图一一六；彩版一二，4）。

葬具为一椁二棺，木质，已朽，仅存朽痕。椁平面呈工字形，椁痕长4.3、宽1.86、残高

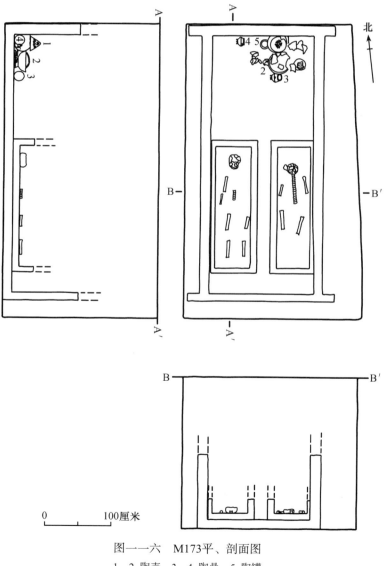

图一一六 M173平、剖面图

1、2. 陶壶 3、4. 陶鼎 5. 陶罐

1.14米，板痕厚0.12～0.18米。东棺痕长2.08、宽0.66、残高0.3米，板痕厚0.06～0.1米；骨架保存较差，头向北，面向上，仰身直肢，为男性。西棺痕长2.08、宽0.7、残高0.3米，板痕厚0.06～0.1米；骨架保存较差，头向北，面向上，仰身直肢，为女性。

2. 随葬品

棺外前方出土陶壶2件、陶鼎2件、陶罐1件。

陶壶　2件。标本M173：1，泥质灰陶，手轮兼制。深盘口，斜平沿，尖唇，短束颈，溜肩，圆鼓腹，矮圈足，足底外展。肩部饰一周凸弦纹，口沿饰两周凹弦纹，中腹部饰四周凹弦纹。博山式盖，顶部凸起呈圆珠状，饰四组层叠重山纹。口径18、腹径28.6、底径17.8、通高59.4厘米（图一一七，3）。标本M173：2，泥质灰陶，手轮兼制。深盘口，斜平沿，尖唇，短束颈，溜肩，圆鼓腹，矮圈足，足底外展。口沿、肩部及中腹各饰一周凸弦纹，下腹压印绳纹。博山式盖，顶部凸起呈圆珠状，饰三组层叠重山纹。口径19、腹径27.4、底径15、通高56.2厘米（图一一七，4）。

陶鼎　2件。标本M173：3，泥质灰陶，手轮兼制。侈口，平沿，短颈，斜肩，深弧腹，

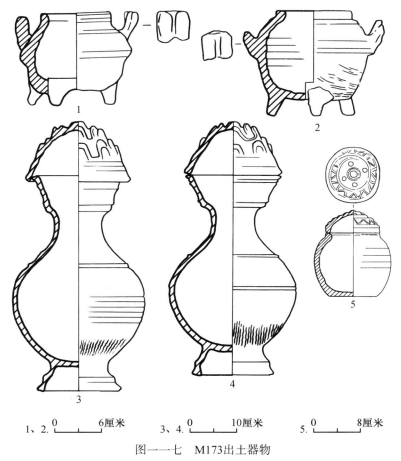

图一一七　M173出土器物

1、2. 陶鼎（M173：3、M173：4）　3、4. 陶壶（M173：1、M173：2）　5. 陶罐（M173：5）

近平底。肩腹部置对称斜直双耳，底附圆柱形三足。肩腹部及内壁留有轮旋痕。口径9.4、腹径14.8、高12.6厘米（图一一七，1）。标本M173：4，泥质灰陶，手轮兼制。直口，平沿，短颈，溜肩，深弧腹，平底。肩腹部置对称斜直双耳，底附圆柱形三足。肩腹部及内壁留有轮旋痕。口径9.5、腹径14、高14.3厘米（图一一七，2）。

陶罐　1件。标本M173：5，泥质灰陶，手轮兼制。直口，斜平沿，尖圆唇，矮颈，溜肩，鼓腹，上腹部饰三周凹弦纹，平底。博山式盖，顶部凸起呈圆珠状，围顶饰四乳钉纹，分布三层凸棱，饰一组重山纹。口径9、腹径13、底径8、盖口径9.6、通高15厘米（图一一七，5）。

五六、M175

1. 墓葬形制

M175位于第Ⅱ区T2814东北部，西南邻M173。开口于第③层下，南北向，方向8°。平面呈长方形，竖穴土圹单棺墓。墓口距地表深0.8米，墓底距地表深3.2米。墓圹南北长2.3、东西宽1.34、深2.4米。四壁整齐规整，底部较平，内填黄褐色花土，土质松软（图一一八）。

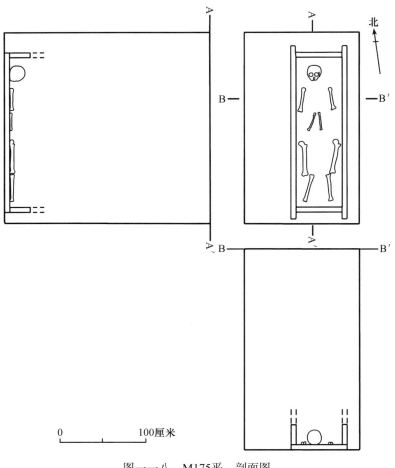

0　　　　　　　100厘米

图一一八　M175平、剖面图

葬具为木棺，已朽，仅存棺痕。棺四角出榫，棺痕长1.92、宽0.66、残高0.3米，板痕厚0.06米。骨架保存较差，头向北，面向上，仰身直肢，为男性。

2. 随葬品

未发现随葬品。

五七、M176

1. 墓葬形制

M176位于第Ⅱ区T2914西部，东邻M177。开口于第③层下，南北向，方向6°。平面呈长方形，竖穴土圹单棺墓。墓口距地表深0.8米，墓底距地表深2.6米。墓圹南北长2.66、东西宽1.2、深1.8米。四壁整齐规整，底部较平，内填黄褐色花土，土质松软（图一一九）。

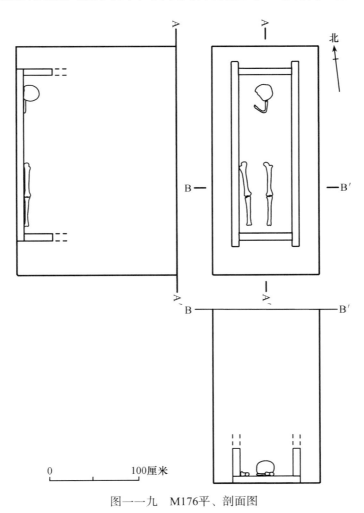

图一一九　M176平、剖面图

葬具为木棺，已朽，仅存棺痕。棺四角出榫，棺痕长2、宽0.76、残高0.4米，板痕厚0.08米。骨架保存较差，头向北，面向上，仰身直肢，为女性。

2. 随葬品

未发现随葬品。

五八、M177

1. 墓葬形制

M177位于第Ⅱ区T2914西部，西邻M176。开口于第③层下，南北向，方向6°。平面呈梯形，竖穴土圹单棺墓。墓口距地表深0.8米，墓底距地表深2.7米。墓圹南北长2.8、东西宽1.9～2.1、深1.9米。北宽南窄，四壁整齐规整，底部较平，内填黄褐色花土，土质松软（图一二〇）。

葬具为木棺，已朽，仅存棺痕。棺四角出榫，棺痕长1.84、宽0.74、残高0.3米，板痕厚

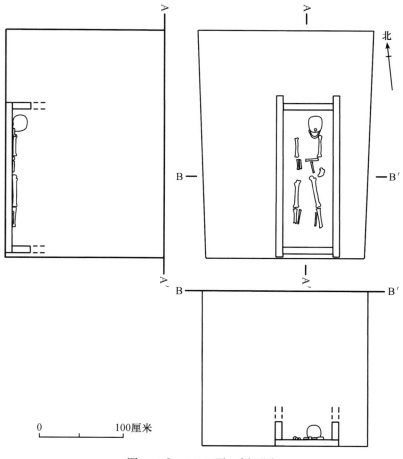

0　　　　　　100厘米

图一二〇　M177平、剖面图

0.08米。骨架保存稍差，头向北，面向上，仰身直肢，为男性。

2. 随葬品

未发现随葬品。

五九、M180

1. 墓葬形制

M180位于第Ⅱ区T3113南部，东邻M181。开口于第③层下，南北向，方向6°。平面呈长方形，竖穴土圹单棺墓。墓口距地表深0.8米，墓底距地表深3.4米。墓圹南北长3、东西宽1.6、深2.6米。四壁整齐规整，底部较平，内填黄褐色花土，土质松软（图一二一）。

葬具为木棺，已朽，仅存棺痕。棺四角出榫，棺痕长2、宽0.8、残高0.3米，板痕厚0.1米。骨架保存较差，头向北，面向上，仰身直肢，为男性。

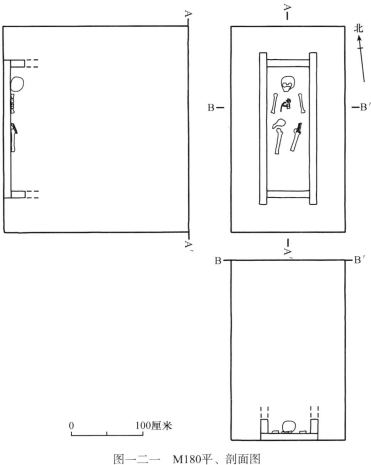

图一二一　M180平、剖面图

2. 随葬品

未发现随葬品。

六〇、M182

1. 墓葬形制

M182位于第Ⅱ区T3314西北部，北延伸至T3414，东邻M183。开口于第③层下，南北向，方向6°。平面呈梯形，竖穴土圹单棺墓。墓口距地表深0.8米，墓底距地表深1.4米。墓圹南北长2.6、东西宽1.22～1.3、深0.6米。北墓壁上部置有一壁龛，宽0.38、残高0.2、进深0.3米。北窄南宽，四壁整齐规整，底部较平，内填黄褐色花土，土质松软（图一二二；彩版一三，2）。

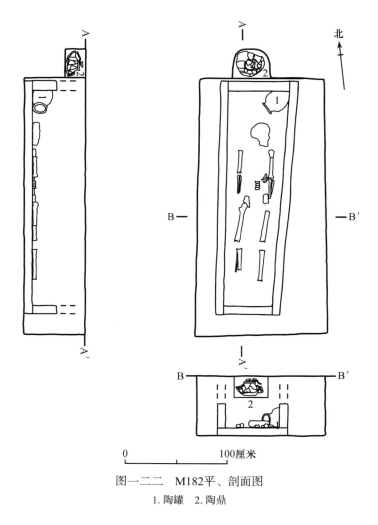

图一二二　M182平、剖面图

1. 陶罐　2. 陶鼎

葬具为木棺，已朽，仅存棺痕。棺平面呈工字形，棺痕长2.36、宽0.64～0.74、残高0.32米，板痕厚0.08米。骨架保存较差，头向北，面向东，仰身直肢，为男性。

2. 随葬品

棺内头骨左上方出土陶罐1件；棺外前方壁龛内出土陶鼎1件。

陶罐　1件。标本M182∶1，泥质灰陶，轮制。敞口，斜弧沿，方圆唇，束颈，溜肩，鼓腹，平底内凹。肩部饰一周凸弦纹，下腹及底部饰交错粗绳纹。口径16、腹径22、底径9.7、高26.8厘米（图一二三，1；彩版四三，6）。

陶鼎　1件。标本M182∶2，泥质灰陶，手轮兼制。敞口，平沿，深弧腹，圜底。底附圆柱形三足。口径18.6、通高9.4厘米（图一二三，2）。

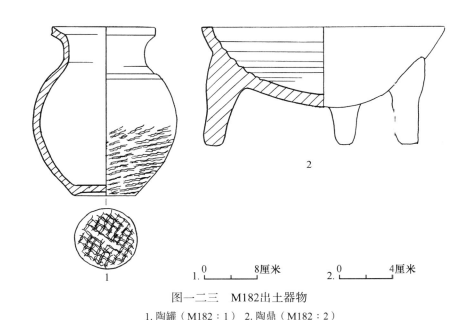

图一二三　M182出土器物
1. 陶罐（M182∶1）　2. 陶鼎（M182∶2）

六一、M184

1. 墓葬形制

M184位于第Ⅱ区T2615东北部，西邻M129。开口于第③层下，南北向，方向6°。平面呈梯形，竖穴土圹单棺墓。墓口距地表深0.8米，墓底距地表深3.2米。墓圹南北长2.7、东西宽1～1.2、深2.4米。北宽南窄，四壁整齐规整，底部较平，内填黄褐色花土，土质松软（图一二四）。

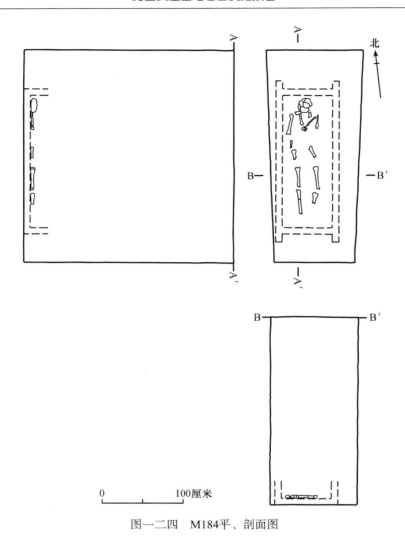

图一二四　M184平、剖面图

葬具为木棺，已朽，仅存棺痕。棺四角出榫，棺痕长1.84、宽0.78、残高0.3米，板痕厚0.08米。骨架保存较差，头向北，面向上，仰身直肢，为男性。

2. 随葬品

未发现随葬品。

第五章 东汉墓葬

东汉墓葬35座，分为竖穴土圹墓、竖穴土圹砖室墓、带墓道竖穴土圹砖室墓三个类型。其中竖穴土圹墓17座、竖穴土圹砖室墓9座、带墓道竖穴土圹砖室墓9座。编号依次为M14、M15、M27、M30、M31、M45～M49、M51、M53、M62、M77、M78、M84、M91、M93、M100、M104、M115、M129、M130、M131、M133、M142、M143、M162、M174、M178、M179、M181、M183、M185、M191。

第一节　竖穴土圹墓

竖穴土圹墓17座，编号依次为M14、M31、M47、M48、M51、M62、M78、M100、M115、M130、M131、M133、M142、M162、N178、M179、M185。

一、M14

1. 墓葬形制

M14位于第Ⅱ区T1014西部，南邻M15。开口于第③层下，东西向，方向92°。平面呈长方形，竖穴土圹单棺墓。墓口距地表深0.8米，墓底距地表深2.2米。墓圹东西长3.7、南北宽1.2、深1.4米。四壁整齐规整，底部较平，内填黄褐色花土，土质松软（图一二五；彩版一四，1）。

葬具为一椁一棺，木质，已朽，仅存朽痕。椁平面呈长方形，椁痕长3.46、宽0.92、残高0.5米，板痕厚0.08米；棺四角出榫，棺痕长2.02、宽0.52～0.56、残高0.38米，板痕厚0.06米。骨架保存稍好，头向东，面向北，仰身直肢，为男性。

2. 随葬品

棺外前方出土陶壶2件、陶罐1件、陶仓5件、陶盒1件。

陶壶　2件。标本M14：1，泥质灰陶，轮制。浅盘口，平沿，尖圆唇，短束颈，斜肩，鼓腹，矮圈足，足底外展。中腹饰一周细绳纹。口径16.2、腹径26.2、底径17.7、高40.7厘米（图一二六，7）。标本M14：2，泥质灰陶，轮制。敞口，平沿，尖圆唇，短束颈，斜肩，扁鼓腹，矮圈足，足底残。肩腹部饰两周凹弦纹，中腹部饰一周细绳纹。口径16.4、腹径26.8、

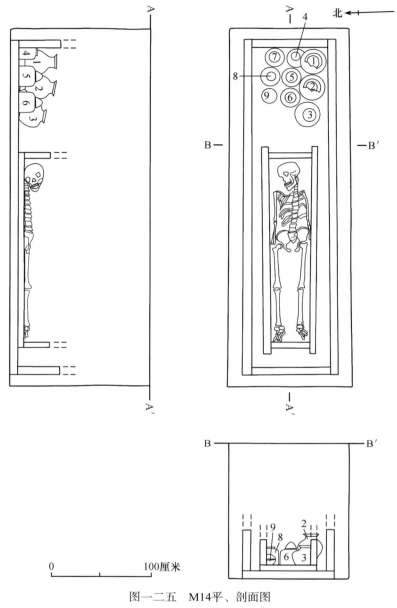

图一二五　M14平、剖面图

1、2. 陶壶　3. 陶罐　4～8. 陶仓　9. 陶盒

底径14.8、残高35.4厘米（图一二六，8；彩版四四，1）。

　　陶罐　1件。标本M14：3，泥质灰陶，轮制。敞口，方圆唇，短束颈，斜弧肩，扁鼓腹，下腹弧收，平底。肩腹部饰数周凹弦纹，下腹及底部饰交错细绳纹。口径13.6、腹径28.6、底径12.8、高28.6厘米（图一二六，9；彩版四四，2）。

　　陶仓　5件。标本M14：4，泥质灰陶，手轮兼制。直口，平沿，短颈，折肩，深直腹，平底。下腹部饰一周凹弦纹。博山式盖，顶部凸起呈圆珠状，分布一层凸棱，饰一组叠制重山纹。口径6.7、底径16.4、通高19.6厘米（图一二六，1）。M14：5、M14：6、M14：7，形制相同。泥质灰陶，手轮兼制。直口，平沿，短颈，折肩，深斜腹，平底。博山式盖，顶部凸起呈圆珠状，分布二层凸棱，饰一组叠制重山纹。中腹部留有轮旋痕。标本M14：5，口径7、腹径15.2、底径17.8、通高21厘米（图一二六，2；彩版四四，3）。标本M14：6，口径7.6、腹径17.8、底径18.6、通高23厘米（图一二六，3）。标本M14：7，口径7、腹径17、底径18.8、通高21.4厘米（图一二六，4；彩版四四，4）。标本M14：8，泥质灰陶，轮制。直口，平沿，短颈，丰肩，斜直腹，平底。肩腹部饰数周凹弦纹。口径7.1、腹径18.6、底径18.4、通高19.5厘米（图一二六，5）。

陶盒　1件。标本M14：9，泥质灰陶，手轮兼制。敛口，扁鼓腹，平底。弧形盖，顶中部附鸟形纽。口径10.9、腹径12.1、底径7.6、通高12厘米（图一二六，6）。

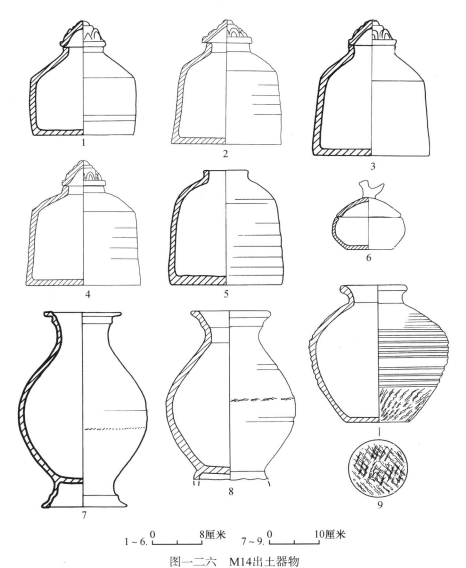

图一二六　M14出土器物

1～5.陶仓（M14：4、M14：5、M14：6、M14：7、M14：8）6.陶盒（M14：9）

7、8.陶壶（M14：1、M14：2）9.陶罐（M14：3）

二、M31

1. 墓葬形制

M31位于第Ⅱ区T1115东部，东邻M30。开口于第③层下，南北向，方向195°。平面呈长方形，竖穴土圹单棺墓。墓口距地表深0.8米，墓底距地表深2.26米。墓圹南北长2.76、东西宽1.12、深1.46米。四壁整齐规整，底部较平，内填黄褐色花土，土质松软（图一二七；彩版一四，2）。

葬具为一椁一棺，木质，已朽，仅存朽痕。椁平面呈长方形，椁痕长2.52、宽0.9、残高0.42米，板痕厚0.08米；棺南端两角出榫，棺痕长1.74、宽0.54、残高0.28米，板痕厚0.06米。

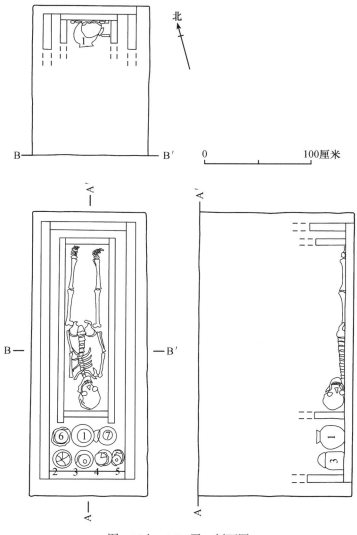

图一二七　M31平、剖面图

1. 陶罐　2、3. 陶仓　4 ~ 7. 陶器盖

骨架保存稍好，头向南，面向上，仰身直肢，为男性。

2. 随葬品

棺外前方出土陶罐1件、陶仓6件（其中4件陶仓损坏严重，无法复原）、陶器盖4件。

陶罐　1件。标本M31：1，泥质灰陶，轮制。敛口，凹沿，尖唇，短束颈，斜肩，圆鼓腹，平底。肩腹部饰数周凹弦纹，下腹及底部饰交错细绳纹。口径12、腹径24.8、底径12.7、高19.6厘米（图一二八，5；彩版四四，5）。

陶仓　2件。标本M31：2，泥质灰陶，手轮兼制。直口，平沿，短颈，折肩，深直腹，平底。腹部及内壁留有轮旋痕。博山式盖，顶部凸起呈圆珠状，分布三层凸棱，饰三组重山纹间隔圆珠纹。口径12.8、底径17.2、通高24.8厘米（图一二八，6；彩版四四，6）。标本M31：7，泥质灰陶，手轮兼制。直口，尖圆唇，短颈，折肩，深直腹，略弧，平底。腹部及内壁留有轮旋痕。博山式盖，顶部凸起呈圆珠状，分布三层凸棱，饰三组重山纹间隔圆珠纹。口径12.8、底径17.2、通高23.4厘米（图一二八，7；彩版四五，1）。

陶器盖　4件。形制相同。泥质灰陶，手轮兼制。博山式盖，敞口，平沿，顶部凸起呈圆

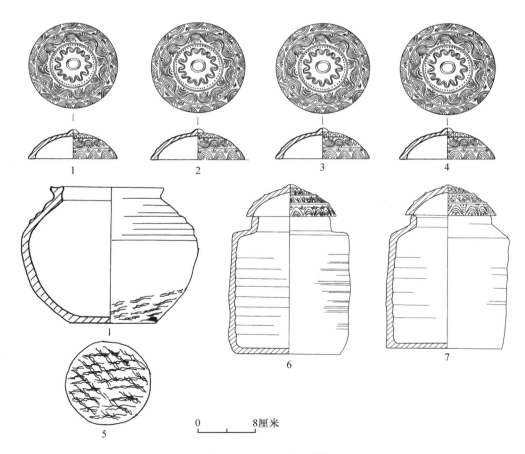

图一二八　M31出土器物

1～4. 陶器盖（M31：3、M31：4、M31：5、M31：6）5. 陶罐（M31：1）6、7. 陶仓（M31：2、M31：7）

珠状，分布三层凸棱，饰一周圆珠纹，三组重山纹间隔圆珠纹。标本M31：3，口径13、高4.4厘米（图一二八，1）。标本M31：4，口径13、高4.4厘米（图一二八，2）。标本M31：5，口径13、高4.4厘米（图一二八，3）。标本M31：6，口径13、高4.4厘米（图一二八，4）。

三、M47

1. 墓葬形制

M47位于第Ⅱ区T1315西部，东南邻M46。开口于第③层下，南北向，方向6°。平面呈梯形，竖穴土圹单棺墓。墓口距地表深0.8米，墓底距地表深1.74米。墓圹南北长2.68、东西宽1.12～1.2、深0.94米。北窄南宽，四壁整齐规整，底部较平，内填黄褐色花土，土质松软（图一二九；彩版一四，3）。

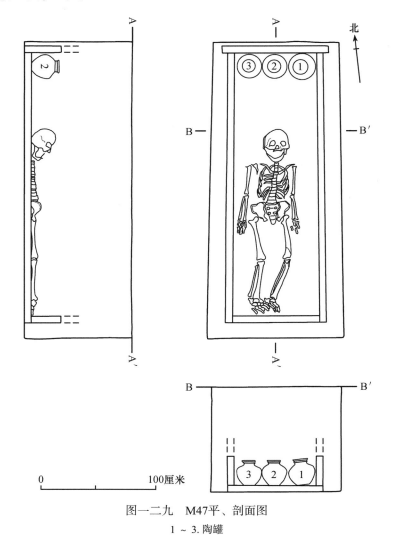

图一二九　M47平、剖面图

1～3.陶罐

葬具为单棺，已朽，仅存朽痕。棺北端两角出榫，棺痕长2.5、宽0.88、残高0.3米，板痕厚0.06米。骨架保存较好，头向北，面向上，仰身屈肢，为男性。

2. 随葬品

棺内头骨上方出土陶罐3件。

陶罐　3件。标本M47∶1，泥质夹砂灰陶，轮制。敞口，折沿，双唇，短束颈，斜肩，扁鼓腹，平底。肩腹部饰两组凹弦纹。口径12.8、腹径25.4、底径10.2、高24厘米（图一三〇，1彩版四五，2）。标本M47∶2，泥质夹砂红陶，轮制。敞口，折沿，双唇，短束颈，斜肩，扁鼓腹，平底。肩腹部饰四周凹弦纹。口径12.6、腹径23、底径9.6、高21.2厘米（图一三〇，2；彩版四五，3）。标本M47∶3，泥质灰陶，轮制。敞口，折沿，双唇，短束颈，溜肩，扁鼓腹，平底内凹。肩腹部饰两组凹弦纹。轮制。口径12.8、腹径22.8、底径8.8、高21～22厘米（图一三〇，3；彩版四五，4）。

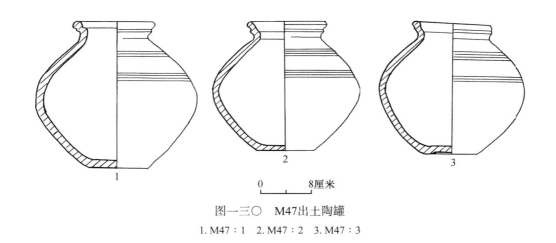

0　　　8厘米

图一三〇　M47出土陶罐
1. M47∶1　2. M47∶2　3. M47∶3

四、M48

1. 墓葬形制

M48位于第Ⅱ区T1116东南部，北邻M51。开口于第③层下，南北向，方向192°。平面呈长方形，竖穴土圹单棺墓。墓口距地表深0.8米，墓底距地表深1.6米。墓圹南北长3.7、东西宽1.4、深0.8米。四壁整齐规整，底部较平，内填黄褐色花土，土质松软（图一三一；彩版一四，4）。

葬具为一椁一棺，木质，已朽，仅存朽痕。椁平面呈长方形，椁痕长3.4、宽1.28、残高0.4米，板痕厚0.06米；棺四角出榫，棺痕长1.86、宽0.8、残高0.28、板痕厚0.04米。骨架保存

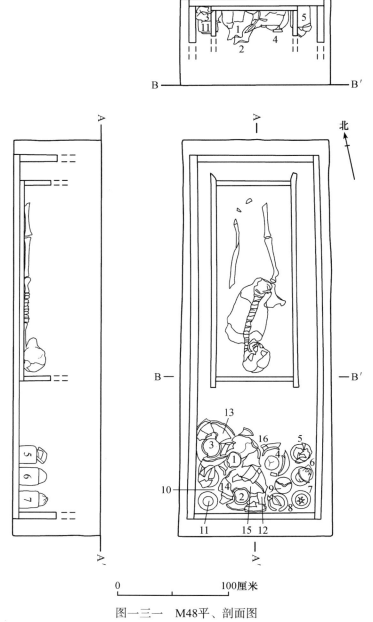

图一三一　M48平、剖面图

1、2、12.陶壶　3.陶罐　4.陶鼎　5～10.陶仓　11、14～16.陶器盖　13.陶盒

较差，头向南，面向东，仰身直肢，为男性。

2. 随葬品

棺外前方出土陶壶3件、陶罐1件、陶鼎1件、陶盒1件、陶仓6件、陶器盖4件。

陶壶　3件。标本M48：1，泥质灰陶，手轮兼制。浅盘口，平沿，尖唇，短束颈，斜肩，圆鼓腹，矮圈足，足底外展。下腹部饰细绳纹，肩腹部遗有轮旋痕。博山式盖，顶部凸起呈圆珠状，饰三组叠制重山纹，盖身饰两周凹弦纹。口径19.7、腹径28.6、底径16.5、盖口径21、通高61厘米（图一三二，3）。标本M48：2，泥质灰陶，轮制。浅盘口，斜平沿，尖唇，短束颈，溜肩，圆鼓腹，矮圈足，足底外展。肩部饰一周凸弦纹，上腹部饰两周凹弦纹，下腹部饰细绳纹。口径19.2、腹径29、底径18、高47.1厘米（图一三二，4）。标本M48：16，泥质红陶，轮制。腹残，浅盘口，斜平沿，尖圆唇，短束颈，矮圈足，足身饰一周凸棱。口径17.6、底径21.4、口残高9、底残高7.8厘米（图一三二，5）。

　　陶罐　1件。标本M48：3，泥质灰陶，轮制。直口，凹沿，尖唇，束颈，溜肩，圆鼓腹，平底。肩腹部饰数周凹弦纹，下腹部饰细绳纹。口径20、腹径32.8、底径15.5、高30.2厘米（图一三二，2）。

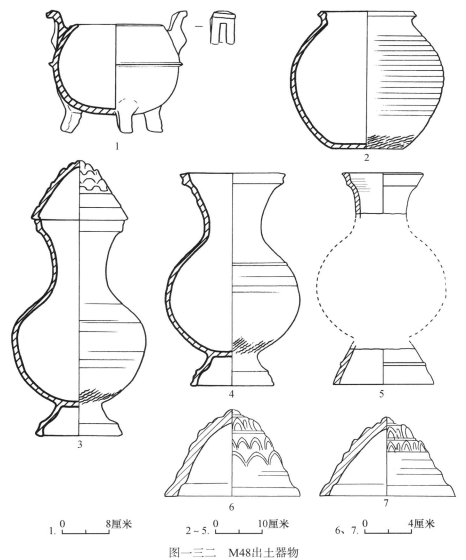

图一三二　M48出土器物

1.陶鼎（M48：4）　2.陶罐（M48：3）　3～5.陶壶（M48：1、M48：2、M48：16）

6、7.陶器盖（M48：14、M48：15）

陶鼎　1件。标本M48：4，泥质灰陶，手轮兼制。子母口，斜肩，圆鼓腹，圜底。肩部置对称斜直双耳，底附扁片蹄形三足。腹部饰一周凸弦纹。口径13.8、腹径21.6、通高21.4厘米（图一三二，1）。

陶仓　6件。标本M48：5，泥质灰陶，手轮兼制。敛口，平沿，短颈，丰肩，深斜腹，平底。腹部留有轮旋痕，底部留有刀削痕。博山式盖，顶部凸起呈圆珠状，分布三层凸棱，饰三组重山纹。口径9.4、底径16.4、盖口径12.6、通高26厘米（图一三三，4）。标本M48：6，泥质灰陶，手轮兼制。直口，平沿，短颈，折肩，深斜腹，平底。下腹部饰数周凹弦纹。博山式盖，顶部凸起呈圆珠状，分布三层凸棱，饰三组重山纹。口径9.5、底径18、盖口径11.2、通高27.5厘米（图一三三，7）。标本M48：7，泥质灰陶，手轮兼制。直口，平沿，短颈，折肩，深斜腹，平底。腹部饰三周凹弦纹，底部留有刀削痕。博山式盖，顶部凸起呈圆珠状，分布三

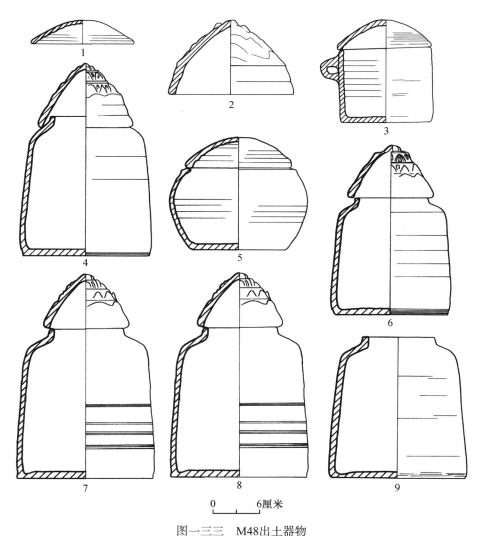

0　　　6厘米

图一三三　M48出土器物

1、2.陶器盖（M48：13、M48：12）　3、4、6～9.陶仓（M48：10、M48：5、
M48：7、M48：6、M48：9、M48：8）　5.陶盒（M48：11）

层凸棱，饰三组重山纹。口径9.6、底径15、盖口径11.4、通高23厘米（图一三三，6）。标本M48：8，泥质灰陶，轮制。直口，平沿，短颈，折肩，深斜腹，平底。腹部留有轮旋痕。口径9.4、底径17.6、高19厘米（图一三三，9）。标本M48：9，泥质灰陶，手轮兼制。直口，平沿，短颈，折肩，深斜腹，平底。底部留有刀削痕。博山式盖，顶部凸起呈圆珠状，分布三层凸棱，饰三组重山纹。口径9.3、底径17.8、盖口径11.6、通高26.5厘米（图一三三，8）。标本M48：10，泥质灰陶，手轮兼制。直口，尖圆唇，深直腹，平底。上腹部置有一半圆形单耳。腹部及内壁留有轮旋痕。弧形顶盖，盖身留有轮旋痕。口径12.2、腹径12.4、底径12、通高14厘米（图一三三，3）。

陶盒　1件。标本M48：11，泥质灰陶，手轮兼制。子母口，尖圆唇，斜肩，鼓腹，平底。覆钵式盖。下腹及盖身饰三周凹弦纹，内壁留有轮旋痕。口径13.4、腹径18、底径12.4、盖口径14、通高15.2厘米（图一三三，5）。

陶器盖　4件。标本M48：12，泥质灰陶，轮制。博山式盖，敞口，平沿，顶部凸起呈圆珠状，分布三层凸棱，饰三组重山纹。口径15.8、高9.8厘米（图一三三，2）。标本M48：13，泥质灰陶，轮制。弧形盖，敞口，平沿，近平顶。盖身及内壁留有轮旋痕。口径13.4、高3.2厘米（图一三三，1）。M48：14、M48：15，形制相同。泥质红陶，轮制。博山式盖，敞口，平沿，顶部凸起呈圆珠状，分布三层凸棱，饰三组重山纹。标本M48：14，口径11.6、高7.6厘米（图一三二，6）。标本M48：15，口径11.6、高7厘米（图一三二，7）。

五、M51

1. 墓葬形制

M51位于第Ⅱ区T1216北部，北延伸至T1316，南邻M48。开口于第③层下，南北向，方向10°。平面呈梯形，竖穴土圹单棺墓。墓口距地表深0.8米，墓底距地表深2.1米。墓圹南北长3.6、东西宽1～1.12、深1.3米。北宽南窄，四壁平整较直，底部较平，内填黄褐色花土，土质松软（图一三四；彩版一五，1）。

葬具为一椁一棺，木质，已朽，仅存朽痕。椁平面呈梯形，椁痕长3.22、宽0.72～0.96、残高0.46米，板痕厚0.04米；棺四角出榫，棺痕长1.68、宽0.56、残高0.28米，板痕厚0.04米。骨架保存较差，头向北，面向西，仰身直肢，为男性。

2. 随葬品

棺外前方出土陶壶3件、陶罐1件、陶鼎1件、陶盒1件、陶仓6件、陶器盖1件。

陶壶　3件。标本M51：1，泥质灰陶，手轮兼制，浅盘口，斜平沿，尖圆唇，短束颈，溜肩，圆鼓腹，矮圈足，足底外展。肩腹部饰一周凸弦纹，下腹部饰细绳纹。中腹及内颈部

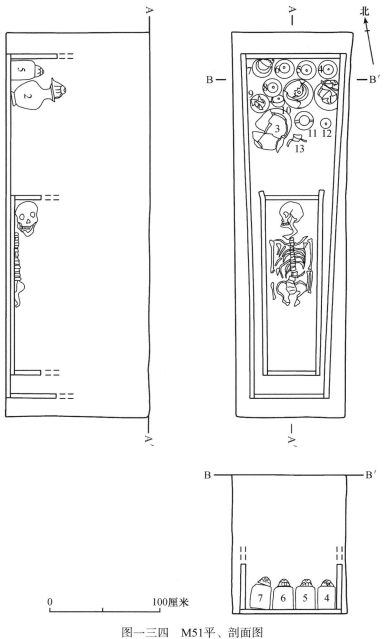

图一三四　M51平、剖面图

1、2、13.陶壶　3.陶罐　4～9.陶仓　10.陶盒　11.陶鼎　12.陶器盖

留有轮旋痕。博山式盖，顶部凸起呈圆珠状，分布二层凸棱，饰三组叠制重山纹，盖身饰一周凹弦纹。口径17.7、腹径28.6、底径17.5、盖口径18、通高58.7厘米（图一三五，1）。标本M51：2，泥质灰陶，手轮兼制，浅盘口，斜平沿，尖圆唇，短束颈，溜肩，圆鼓腹，矮圈足，足底外展。肩腹部饰两周凸弦纹，下腹部饰细绳纹。博山式盖，顶部凸起呈圆珠状，分布两层凸棱，饰三组叠制重山纹，盖身饰一周凹弦纹，内壁留有轮旋痕。口径18.2、腹径28、

底径18、盖口径18.2、通高56.4厘米（图一三五，2）。标本M51：13，泥质灰陶，轮制。腹残，浅盘口，平沿，尖唇，矮圈足。足上部饰一周凸棱，下部饰一周凹弦纹。口径17.8、底径17.6、口残高6.6、底残高5.4厘米（图一三五，4）。

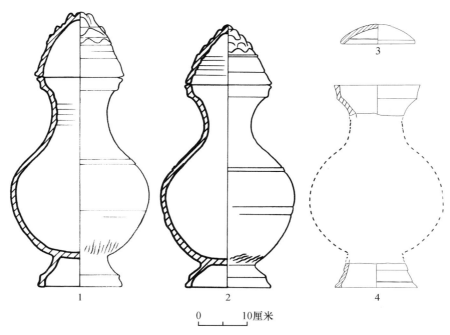

图一三五　M51出土器物

1、2、4.陶壶（M51：1、M51：2、M51：13）　3.陶器盖（M51：12）

陶鼎　1件。标本M51：9，泥质灰陶，手轮兼制。敛口，平沿，斜肩，深鼓腹，圜底。肩腹部置对称斜直双耳，底部附圆柱形三足。上腹部饰一周凸弦纹。弧形顶盖，盖身饰一周凹弦纹，内壁留有轮旋痕。口径14、腹径20.4、盖口径15.2、通高19.9厘米（图一三六，9）。

陶盒　1件。标本M51：10，泥质灰陶，手轮兼制。子母口，尖圆唇，斜肩，圆鼓腹，平底。覆钵式盖，盖身饰一周凹弦纹，内壁留有轮旋痕。口径13.6、腹径18.3、底径13、盖口径16、通高14.3厘米（图一三六，7）。

陶罐　1件。标本M51：3，泥质灰陶，轮制。直口，凹沿，尖唇，短束颈，溜肩，扁鼓腹，平底。肩腹部饰数周凹弦纹，下腹部饰细绳纹，内壁留有轮旋痕。口径17、腹径28.7、底径12、高25厘米（图一三六，8）。

陶仓　6件。标本M51：4，泥质灰陶，手轮兼制。直口，方圆唇，短颈，折肩，深斜腹，平底。博山式盖，顶部凸起呈圆珠状，分布一层凸棱，饰两组叠制重山纹。上腹部留有轮旋痕。口径12.4、底径20.8、通高29厘米（图一三六，1；彩版四五，5）。标本M51：5，泥质灰陶，手轮兼制。直口，方圆唇，短颈，折肩，深斜腹，平底。博山式盖，顶部凸起呈圆珠状，分布三层凸棱，饰两组重山纹。口径13.2、底径20.6、通高30厘米（图一三六，2）。标本M51：6，泥质灰陶，手轮兼制。直口，平沿，短颈，折肩，深弧腹，平底。博山式盖，顶部凸起呈圆珠状，分布两层凸棱，饰两组叠制重山纹。口径15.2、肩径16.3、底径18、通高28.6厘米（图一三六，3；彩版四五，6）。标本M51：7，泥质灰陶，手轮兼制。侈口，方圆唇，短颈，折肩，深斜腹，平底。博山式盖，顶部凸起呈圆珠状，分布三层凸棱，饰一组重山纹。口径7.4、底径19、通高29.84厘米（图一三六，4）。标本M51：8，泥质灰陶，手轮兼制。直口，尖圆唇，短颈，折肩，深斜弧，平底。内壁留有轮旋痕。博山式盖，顶部凸起呈圆珠状，分布三层凸棱，饰两组重山纹。口径12、底径20.2、通高29.6厘米（图一三六，5）。M51：11，泥质灰陶，手轮兼制。直口，尖圆唇，短颈，折肩，深斜腹，略弧，平底。博山式盖，顶部凸起呈圆珠状，分布两层凸棱，饰两组叠制重山纹。口径12.1、底径20.4、通高29.4厘米（图一三六，6；彩版四六，1）。

陶器盖　1件。标本M51：12，泥质灰陶，轮制。敞口，尖圆唇，圆形圜顶。内壁留有轮旋痕。口径15.2、高4.2厘米（图一三五，3）。

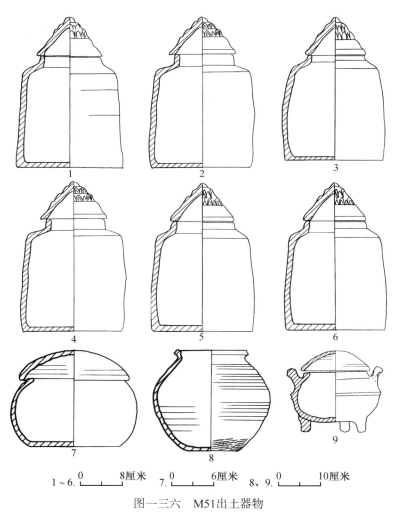

图一三六　M51出土器物

1～6.陶仓（M51：4、M51：5、M51：6、M51：7、M51：8、M51：11）

7.陶盒（M51：10）8.陶罐（M51：3）9.陶鼎（M51：9）

六、M62

1. 墓葬形制

M62位于第Ⅱ区T1514西北部，南邻M61。开口于第③层下，南北向，方向5°。平面呈靴形，竖穴土圹单棺墓。墓口距地表深0.8米，墓底距地表深2.1米。墓圹南北长2.6～2.85、东西宽1.3～2.1、深1.3米。北宽南窄，四壁整齐规整，底部较平，内填黄褐色花土，土质松软（图一三七；彩版一五，2）。

葬具为木棺，已朽，仅存朽痕。棺四角出榫，棺痕长2.08、宽0.72～0.76、残高0.26米，棺板厚0.08米。骨架保存稍好，头向北，面向西，仰身屈肢，为男性。

2. 随葬品

棺外左前方出土陶罐3件，左上肢骨内侧中部出土铜钱4枚。

陶罐　3件。标本M62:2，泥质灰陶，轮制。直口，平沿，方圆唇，短颈，溜肩，扁鼓

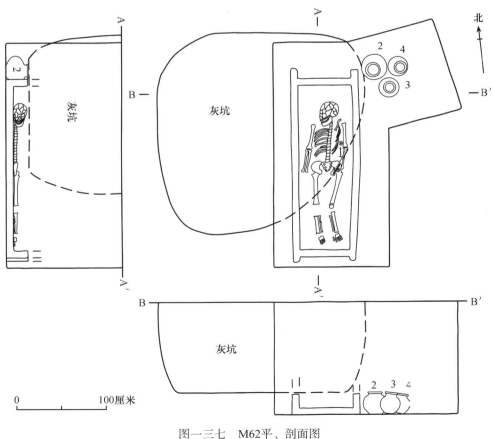

图一三七　M62平、剖面图

1.铜钱　2～4.陶罐

腹，平底。上腹及底部饰粗绳纹。下腹部饰一周凹弦纹，肩部留有轮旋痕。口径14.4、腹径29、底径13.2、高25.4厘米（图一三八，3）。标本M62：3，泥质灰陶，轮制。直口，平沿，方唇，短束颈，溜肩，圆鼓腹，平底。肩腹部饰数周凹弦纹，下腹及底部饰交错粗绳纹，内壁留有轮旋痕。口径11.6、腹径20.4、底径8、高22厘米（图一三八，2）。标本M62：4，泥质灰陶，轮制。直口，平沿，方唇，短束颈，溜肩，斜弧腹，平底。肩腹部饰数周凹弦纹，内壁留有轮旋痕。口径15.2、腹径22、底径14.8、高23.6厘米（图一三八，1）。

　　货泉　4枚。圆形，方穿，正背面郭缘较窄，正面悬针篆书"货泉"二字，顺读。标本M62：1-1，钱径2.32、穿宽0.72、郭厚0.15厘米（图一三八，4）。标本M62：1-2，钱径2.25、穿宽0.68、郭厚0.13厘米（图一三八，5）。标本M62：1-3，钱径2.3、穿宽0.62、郭厚0.18厘米（图一三八，6）。标本M62：1-4，钱径2.31、穿宽0.63、郭厚0.2厘米（图一三八，7）。

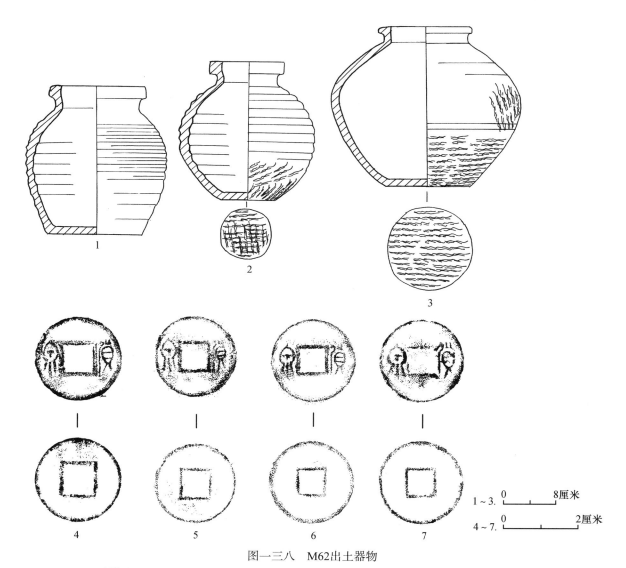

图一三八　M62出土器物

1～3.陶罐（M62：4、M62：3、M62：2）　4～7.货泉（M62：1-1、M62：1-2、M62：1-3、M62：1-4）

七、M78

1. 墓葬形制

M78位于第Ⅱ区T1915西南部，西延伸至T1916，东北邻M79。开口于第③层下，南北向，方向5°。平面呈梯形，竖穴土圹单棺墓。墓口距地表深0.8米，墓底距地表深1.9米。墓圹南北长3.7、宽1.12～1.2、深1.1米。北宽南窄，四壁整齐规整，底部较平，内填黄褐色花土，土质较硬（图一三九；彩版一五，3）。

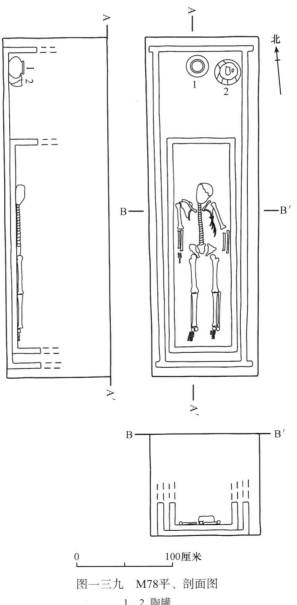

图一三九　M78平、剖面图
1、2. 陶罐

葬具为一椁一棺，木质，已朽，仅存朽痕。椁平面呈工字形，椁痕长3.5、宽0.94～1、残高0.36米，板痕厚0.08米；棺痕长2.36、宽0.66～0.72、残高0.3米，板痕厚0.06米。骨架保存较差，头向北，面向上，仰身直肢，为男性。

2. 随葬品

棺外左前方出土陶罐2件。

陶罐　2件。标本M78：1，泥质灰陶。侈口，斜平沿，方圆唇，短束颈，丰肩，扁鼓腹，下腹斜收，平底内凹。肩部饰一周凹弦纹，凹弦纹上部饰一周三角纹，内侧饰短斜线纹，中腹部饰S形纹，下腹及底部饰交错细绳纹。轮制，下腹部留有轮旋痕。口径12、腹径22.6、底径12.8、高18厘米（图一四〇，1）。标本M78：2，泥质灰陶。敛口，平沿，斜颈，溜肩，圆鼓腹，平底。肩部置对称双系。颈部及肩腹部各饰两周凹弦纹。口径9.8、腹径26、底径9、通高26厘米（图一四〇，2）。

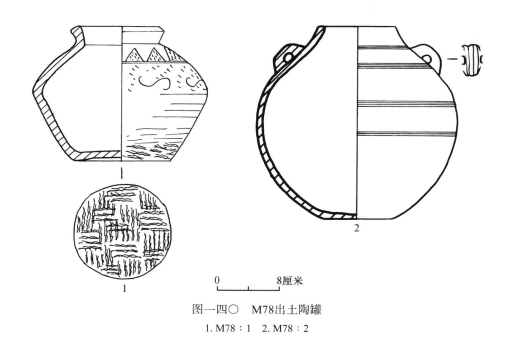

图一四〇　M78出土陶罐
1. M78：1　2. M78：2

八、M100

1. 墓葬形制

M100位于第Ⅱ区T2216南部，东北邻M102。开口于第③层下，南北向，方向8°。平面呈长方形，竖穴土圹单棺墓。墓口距地表深0.8米，墓底距地表深2米。墓圹南北长3.08、宽1.2、深1.2米。四壁整齐规整，底部较平，内填黄褐色花土，土质稍硬（图一四一；彩版一五，4）。

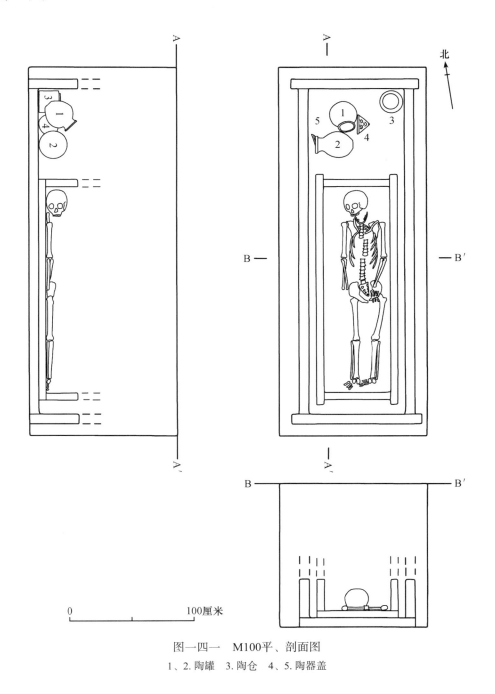

图一四一 M100平、剖面图
1、2.陶罐 3.陶仓 4、5.陶器盖

　　葬具为一椁一棺，木质，已朽，仅存朽痕。椁平面呈工字形，椁痕长2.9、宽1.04、残高0.48米，板痕厚0.08米；棺四角出榫，棺痕长1.94、宽0.66、残高0.4米，板痕厚0.06米。骨架保存较好，头向北，面向上，仰身直肢，为男性。

2. 随葬品

棺外前方出土陶罐2件、陶仓1件、陶器盖2件。

陶罐　2件。标本M100：1，泥质灰陶，轮制。敞口，凹沿，方圆唇，束颈，斜肩，扁鼓腹，平底。肩腹部饰数周凹弦纹，下腹及底部饰交错细绳纹，内壁留有轮旋痕。口径12.8、腹径22、底径7.2、高27.6厘米（图一四二，1）。标本M100：2，泥质灰陶，轮制。敞口，斜平沿，尖圆唇，束颈，斜肩，深鼓腹，平底。肩腹部饰数周凹弦纹，下腹及底部饰交错细绳纹，内壁留有轮旋痕。口径13.6、腹径22、底径7.2、高28.4厘米（图一四二，2）。

陶仓　1件。标本M100：3，泥质红陶，手轮兼制。直口，平沿，短颈，折肩略弧，深直腹，平底。博山式盖，顶部凸起呈圆珠状，分布一层凸棱，饰两组叠制重山纹。口径12.7、底径14.6、通高21.4厘米（图一四二，3）。

陶器盖　2件。标本M100：4，泥质灰陶，手轮兼制。博山式盖，敞口，平沿，尖唇，斜弧壁，顶部凸起呈圆珠状，分布五层凸棱，饰三组重山纹。内壁留有轮旋痕。口径17、高9.4厘米（图一四二，4）。标本M100：5，泥质红陶，手轮兼制。博山式盖，敞口，斜平沿，尖圆唇，呈盔帽形，顶部凸起呈圆珠状，分布两层凸棱，饰两组叠制重山纹。内壁留有轮旋痕。口径13、高6厘米（图一四二，5）。

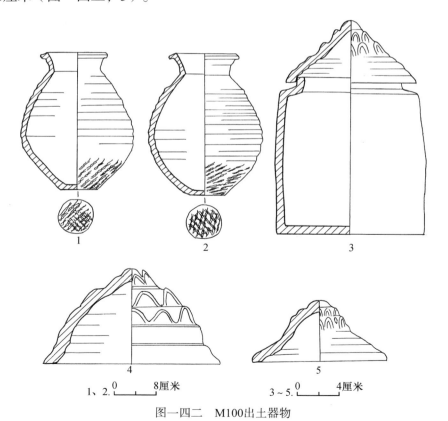

图一四二　M100出土器物

1、2.陶罐（M100：1、M100：2）3.陶仓（M100：3）4、5.陶器盖（M100：4、M100：5）

九、M115

1. 墓葬形制

M115位于第Ⅱ区T2320北部，西邻M116。开口于第③层下，南北向，方向354°。平面呈梯形，竖穴土圹单棺墓。墓口距地表深0.8米，墓底距地表深1.06米。墓圹南北长3.33、东西宽1.78~1.94、深0.26米。北宽南窄，四壁整齐规整，底部较平，内填黄褐色花土，土质松软（图一四三）。

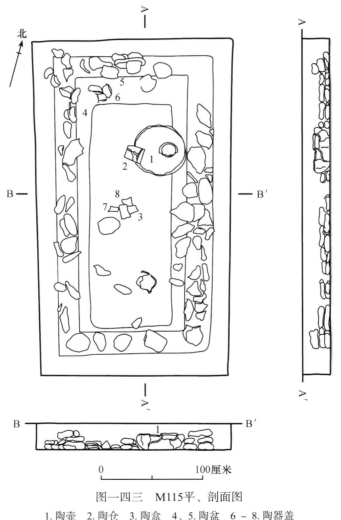

图一四三　M115平、剖面图
1. 陶壶　2. 陶仓　3. 陶盒　4、5. 陶盆　6~8. 陶器盖

葬具为一椁一棺，木质，已朽，仅存朽痕。椁平面呈梯形，四壁�店大小不等的鹅卵石块垒砌，墓底用鹅卵石块平铺，椁痕长3、宽1.44~1.54、残高0.26米，板痕厚0.24米；棺痕长

2.22、宽0.8、残高0.1米。骨架保存较差，仅存零散碎骨，葬式、性别不明。

2. 随葬品

棺内右侧中部、左侧下部及棺外出土陶仓1件、陶器盖3件、陶壶1件、陶盒1件、陶盆2件。

陶仓　1件。标本M115：1，泥质灰陶，手轮兼制。直口，方圆唇，短颈，折肩略弧，深斜腹，平底。腹部饰两周凸弦纹。博山式盖，顶部凸起呈圆珠状，分布一层凸棱，饰一组叠制重山纹。口径10、底径21.2、通高27.6厘米（图一四四，8；彩版四六，2）。

陶器盖　3件。标本M115：2，泥质灰陶，轮制。博山式盖，敞口，平沿，斜弧壁，顶部凸起呈圆珠状，饰一组重山纹。口径10、高5.8厘米（图一四四，4；彩版四六，3）。标本M115：3，泥质灰陶，轮制。敞口，平沿，斜弧壁。内壁留有轮旋痕。口径14.4、高3.4厘米（图一四四，2；彩版四六，4）。标本M115：6，泥质灰陶，轮制。敞口，平沿，圆形，顶部略鼓，饰两组

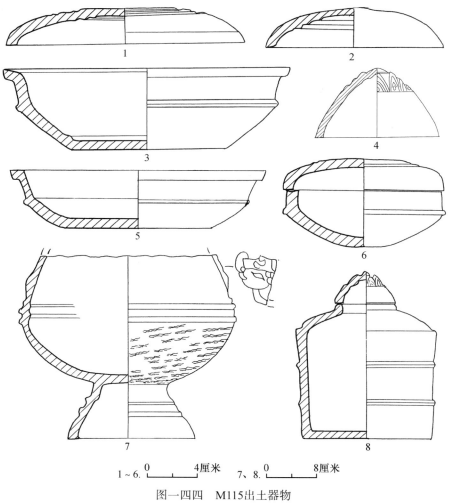

图一四四　M115出土器物

1、2、4. 陶器盖（M115：6、M115：3、M115：2）　3、5. 陶盆（M115：7、M115：8）

6. 陶盒（M115：5）　7. 陶壶（M115：4）　8. 陶仓（M115：1）

凹弦纹。内壁留有轮旋痕。口径19.6、高3厘米（图一四四，1）。

陶壶 1件。标本M115：4，泥质灰陶，手轮兼制。口残，鼓腹，斜弧收，中腹饰两周凸弦纹，上腹附对称衔环兽面铺首，下腹饰细绳纹。高圈足，足底外展，足身饰两周凸弦纹。腹径35.4、底径20.5、残高30.4厘米（图一四四，7）。

陶盒 1件。标本M115：5，泥质灰陶，轮制。子母扣，弧腹，圜底。口沿下部饰一周凸棱。圆形顶盖，顶部略鼓，饰一周凸弦纹。口径12.6、高4.8厘米，盖径13、通高7.4厘米（图一四四，6）。

陶盆 2件。标本M115：7，泥质灰陶，轮制。敞口，斜平沿，浅弧腹，平底。外口沿下部饰一周凸棱，内壁下部饰一周凸弦纹。口径23.2、底径12.6、高6.8厘米（图一四五，3）。标本M115：8，泥质灰陶，轮制。敞口，平沿，浅弧腹，平底。外口沿下部饰一周凸棱。口径21.6、底径12.2、高4.8厘米（图一四四，5）。

一〇、M130

1. 墓葬形制

M130位于第Ⅱ区T2819中部，西南邻M134。开口于第③层下，南北向，方向8°。平面呈长方形，竖穴土圹单棺墓。墓口距地表深0.8米，墓底距地表深1.4米。墓圹南北3.8、宽1.3、深0.6米。四壁整齐规整，底部较平，内填土为黄褐色花土，土质稍硬（图一四五；彩版一六，1）。

葬具为一椁一棺，木质，已朽，仅存朽痕。椁平面呈长方形，椁痕长3.3、宽0.92、残高0.4米。板痕厚0.06米；棺北端两角出榫，棺痕长2.1、宽0.76、残高0.34米，板痕厚0.06米。骨架保存稍好，头向北，面向上，仰身直肢，为男性。

2. 随葬品

棺外前方出土陶壶2件、陶罐1件、陶盆1件、陶仓5件、陶盒1件，棺内出土铜钱1枚。

陶壶 2件。标本M130：1，泥质灰陶，手轮兼制。浅盘口，斜平沿，尖唇，短束颈，斜肩，圆鼓腹，高圈足，足底外撇。外口沿下部饰两周凹弦纹，肩部饰一周凸弦纹，中腹部饰两周凹弦纹，下腹部饰细绳纹。内颈部留有轮旋痕。博山式盖，顶部凸起呈圆珠状，分布两层凸棱，饰五组重山纹。口径20.8、腹径28.4、底径20、通高58厘米（图一四六，1；彩版四六，5）。标本M130：2，泥质灰陶，手轮兼制。深盘口，斜平沿，尖唇，长束颈，斜肩，圆鼓腹，高圈足，足底外撇。肩部饰一周凸弦纹，下腹部饰细绳纹。下腹部遗有轮旋痕。博山式盖，分布两层凸棱，饰四组叠制重山纹。口径18、腹径28.4、底径17、通高57.4厘米（图一四六，2）。

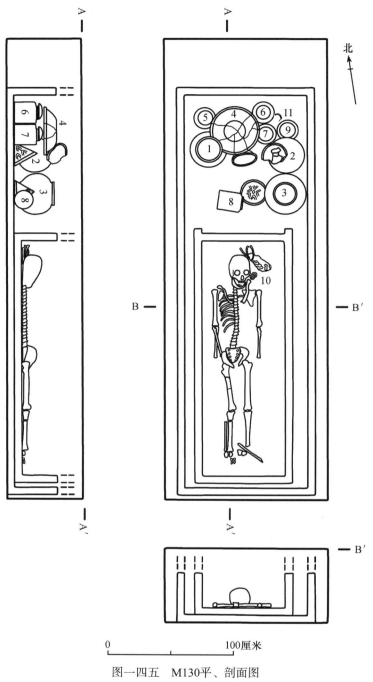

图一四五　M130平、剖面图

1、2.陶壶　3.陶罐　4.陶盆　5～9.陶仓　10.铜钱　11.陶盒

　　陶罐　1件。M130∶3，泥质灰陶，轮制。敛口，尖唇，束颈，鼓腹，弧收，小平底。器表饰凹弦纹。口径18.3、腹径26.3、底径16.2、通高29.2厘米（图一四六，3；彩版四六，6）。

　　陶盆　1件。标本M130∶4，泥质灰陶，轮制。直口微敞，斜平沿，方唇，浅弧腹，平底。上腹部饰一周凹弦纹，下腹部饰细绳纹。口径38.4、底径17.6、高9.6厘米（图一四七，7）。

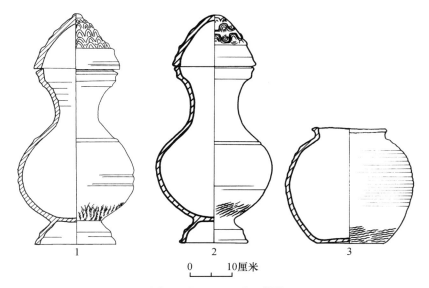

图一四六 M130出土器物

1、2. 陶壶（M130：1、M130：2） 3. 陶罐（M130：3）

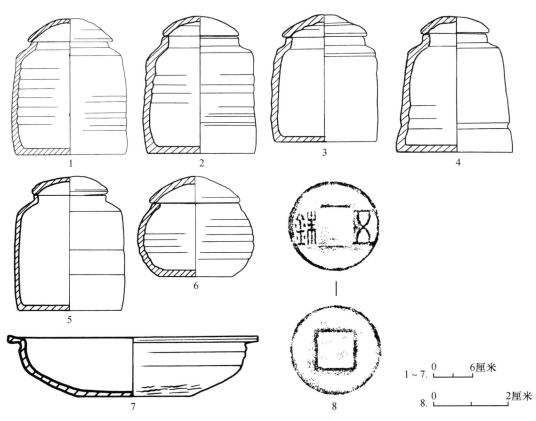

图一四七 M130出土器物

1～5. 陶仓（M130：5、M130：6、M130：7、M130：8、M130：9）

6. 陶盒（M130：11） 7. 陶盆（M130：4） 8. 五铢（M130：10）

陶仓 5件。标本M130：5，泥质灰陶，轮制。敛口，平沿，短颈，折肩，深直腹，略弧，平底，弧形顶盖。下腹部饰三周凹弦纹，内壁留有轮旋痕。口径12、底径17.8、通高21.6厘米（图一四七，1；彩版四七，1）。标本M130：6，泥质灰陶，轮制。直口，尖圆唇，短颈，折肩，深斜腹，略弧，平底，弧形顶盖。中腹部饰数周凹弦纹，通体内壁留有轮旋痕。口径12、底径18、通高22.4厘米（图一四七，2）。标本M130：7，泥质灰陶，轮制。敛口，平沿，短颈，折肩，深斜腹，略弧，平底。上腹部饰一周凹弦纹。弧形顶盖，平沿，尖圆唇，斜弧壁，盖身中部饰一周凹弦纹。盖内壁留有轮旋痕。口径13.2、底径16.6、通高20.4厘米（图一四七，3）。标本M130：8，泥质灰陶，轮制。直口，平沿，短颈，折肩，深斜腹，下腹部饰一周凹弦纹，平底外展。弧形顶盖。口径10.4、底径18.2、通高22厘米（图一四七，4；彩版四七，2）。标本M130：9，泥质灰陶，轮制。直口，平沿，短颈，折肩，深直腹，腹部饰两周细凹弦纹，平底。覆钵式盖，外口沿饰一周凹弦纹。口径11、腹径17、底径16、盖口径11.8、通高21.4厘米（图一四七，5）。

陶盒 1件。标本M130：11，泥质灰陶，轮制。敛口，平沿，短颈，斜肩，鼓腹，平底。中腹部饰数周凹弦纹。弧形顶盖。内壁留有轮旋痕。口径13.4、腹径18、底径11.8、通高15.5厘米（图一四七，6）。

五铢 1枚。标本M130：10，圆形，方穿，正背面郭缘较窄，正面篆书"五铢"二字，顺读。"五"字两股交笔弯曲，上下两横笔对称齐平。"铢"字金字旁上部三角形，下部四点竖笔较短，"朱"字旁上下均圆折，中部竖笔细长齐平，横笔略粗。钱径2.53、穿宽1、郭厚0.15厘米（图一四七，8）。

一一、M131

1. 墓葬形制

M131位于第Ⅱ区T2821东北部，东南邻M134。开口于第③层下，南北向，方向5°。平面呈长方形，竖穴土圹单棺墓。墓口距地表深0.8米，墓底距地表深1.16米。墓圹南北长2.5、东西宽1.32、深0.36米。四壁整齐规整，底部较平，内填黄褐色花土，土质松软（图一四八）。

葬具为木棺，已朽，仅存棺痕。棺四角出榫，棺痕长1.86、宽0.8、残高0.28米，板痕厚0.04米。骨架保存稍差，头向北，面向上，仰身直肢，为男性。

2. 随葬品

未发现随葬品。

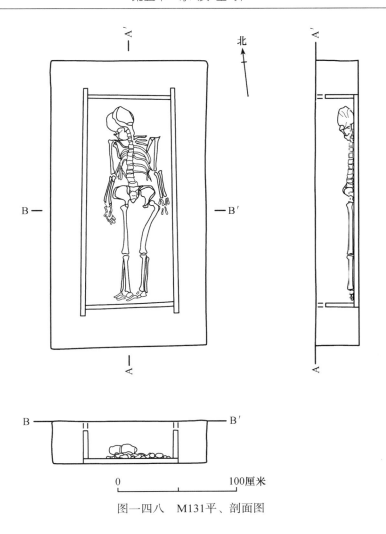

图一四八 M131平、剖面图

一二、M133

1. 墓葬形制

M133位于第Ⅱ区T2520北部，西北邻M132。开口于第③层下，东西向，方向88°。平面呈梯形，竖穴土圹单棺墓。墓口距地表深0.8米，墓底距地表深1.72米。墓圹东西长3.9、南北宽1.32～1.4、深0.92米。东宽西窄，四壁整齐规整，底部较平，内填黄褐色花土，土质松软（图一四九；彩版一六，2）。

葬具为一椁一棺，木质，已朽，仅存朽痕。椁平面呈长方形，椁痕长3.64、宽1、残高0.88米，板痕厚0.08米；棺四角出榫，棺痕长2、宽0.62～0.64、残高0.3米，板痕厚0.06米。骨架保存稍差，头向北，面向上，仰身直肢，为男性。

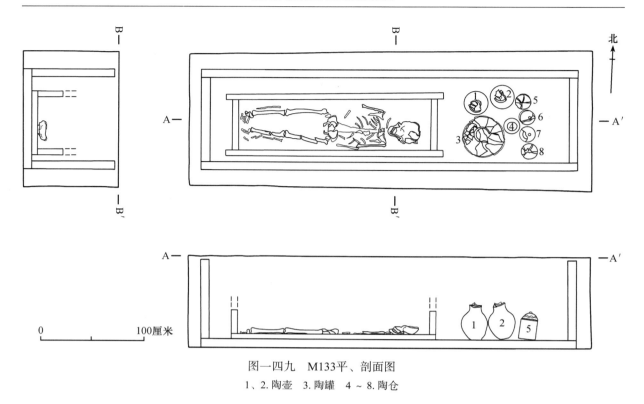

图一四九　M133平、剖面图
1、2.陶壶　3.陶罐　4～8.陶仓

2. 随葬品

棺外前方出土陶壶2件、陶罐1件、陶仓5件。

陶壶　2件。标本M133：1，泥质灰陶，手轮兼制。盘口，尖圆唇，短束颈，斜肩，鼓腹，高圈足，足底外展。上腹部饰一周凹弦纹，中腹部饰一周S形纹，下腹部遗有轮旋痕。博山式盖，顶部凸起呈圆珠状，分布两层凸棱，饰两组重山纹间隔圆珠纹。口径15.8、腹径23.3、底径15.7、盖口径15.8、通高43厘米（图一五〇，1）。标本M133：2，泥质灰陶，手轮兼制。盘口，尖圆唇，短束颈，斜肩，圆鼓腹，高圈足，足底外展。内壁留有轮旋痕。博山式盖，顶部凸起呈圆珠状，分布两层凸棱，饰两组重山纹间隔圆珠纹。口径14.5、腹径23、底径14.4、盖口径14.5、通高42.2厘米（图一五〇，2）。

陶罐　1件。标本M133：3，泥质灰陶，轮制。直口，凹沿，尖圆唇，短束颈，丰肩，圆鼓腹，平底。肩腹部饰数周凹弦纹。口径15.2、腹径30.2、底径16.5、高26.8厘米（图一五〇，3）。

陶仓　5件。标本M133：4，泥质灰陶，手轮兼制。直口，平沿，短颈，折肩，深直腹，平底。博山式盖，顶部凸起呈圆珠状，分布三层凸棱，饰三组重山纹间隔乳钉纹。上腹、底部及内壁留有轮旋痕。口径9.4、腹径14.7、底径12、盖口径13.2、通高16.9厘米（图一五一，1）。标本M133：5，泥质灰陶，手轮兼制。直口，平沿，短颈，折肩，深直腹，略弧，平底。博山式盖，顶部凸起呈圆珠状，分布两层凸棱，饰三组重山纹间隔乳钉纹。肩及中腹部

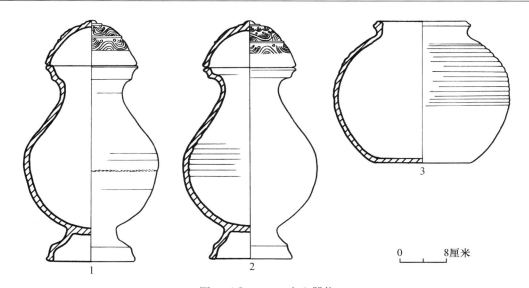

图一五〇 M133出土器物

1、2.陶壶（M133：1、M133：2） 3.陶罐（M133：3）

留有轮旋痕。口径10、底径13.6、盖径13.6、通高18厘米（图一五一，2；彩版四七，3）。标本M133：6，泥质灰陶，手轮兼制。直口，平沿，短颈，折肩，深斜腹，略弧，平底。博山式盖，顶部凸起呈圆珠状，分布两层凸棱，饰三组重山纹间隔乳钉纹。中腹部及内壁口沿留有轮旋痕。口径10.8、底径12.8、盖口径13.4、通高18.2厘米（图一五一，3；彩版四七，4）。标本

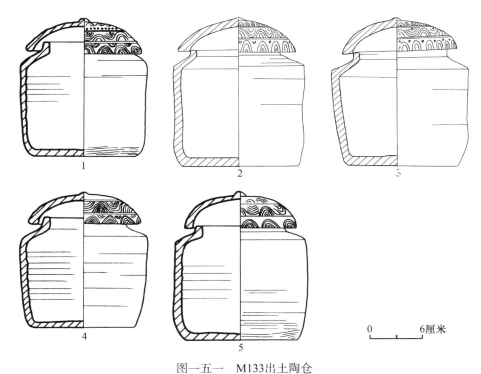

图一五一 M133出土陶仓

1.M133：4 2.M133：5 3.M133：6 4.M133：7 5.M133：8

M133：7，泥质灰陶，手轮兼制。直口，平沿，短颈，折肩，深斜腹，平底。博山式盖，顶部凸起呈圆珠状，分布三层凸棱，饰三组重山纹。腹部及内壁留有轮旋痕。口径9.7、腹径14.8、底径12.4、盖口径12.8、通高16.6厘米（图一五一，4）。标本M133：8，泥质灰陶，手轮兼制。直口，平沿，短颈，折肩，深直腹，平底。博山式盖，顶部凸起呈圆珠状，分布三层凸棱，饰三组重山纹。下腹部及内壁留有轮旋痕。口径10.2、腹径15.3、底径13、盖口径12.8、通高18厘米（图一五一，5）。

一三、M142

1. 墓葬形制

M142位于第Ⅱ区T3016南部，东邻M143。开口于第③层下，南北向，方向12°。平面呈梯形，竖穴土圹单棺墓。墓口距地表深0.8米，墓底距地表深1.4米。墓圹南北长3.14、宽1.1～1.2、深0.6米。北窄南宽，四壁平整较直，底部较平，内填黄褐色花土，土质稍硬（图一五二；彩版一六，3）。

葬具为一椁一棺，木质，已朽，仅存朽痕。椁平面呈工字形，椁痕长3.06、宽0.96～1.1、残高0.3米，板痕厚0.08米；棺痕长2.18、宽0.8～0.9、残高0.3米，板痕厚0.06米。骨架保存稍好，头向北，面向西，仰身直肢，为女性。

2. 随葬品

棺外前方出土陶罐2件、陶仓5件、陶器盖2件。

陶罐 2件。标本M142：1，泥质灰陶，轮制。敞口，斜平沿，尖唇，短束颈，斜肩，扁鼓腹，平底。肩部饰一周水波纹纹带，上腹部饰刻划斜线纹，中腹至底部饰交错粗绳纹，内壁留有轮旋痕。口径14.4、腹径25.8、底径11.6、高22厘米（图一五三，5）。标本M142：2，泥质灰陶，轮制。直口，尖圆唇，短颈，双折肩，斜直腹，略弧，大平底。内壁留有轮旋痕。口径10.4、腹径17、底径14.4、高13.2厘米（图一五三，6）。

陶仓 5件。M142：3、M142：4，形制相同。泥质灰陶，轮制。直口，斜平沿，尖唇，短颈，折肩，深斜腹，略弧，平底。腹部饰三周凹弦纹，内壁留有轮旋痕。标本M142：3，口径10.8、底径16.6、高18.2厘米（图一五三，1）。标本M142：4，口径10.4、底径16.4、高17.8厘米（图一五三，2）。标本M142：5，泥质灰陶，轮制。直口，平沿，短颈，折肩，深直腹，略弧，平底。腹部饰四周凹弦纹，内壁留有轮旋痕。口径11.6、底径16.6、高17.4厘米（图一五三，3）。M142：6、M142：7，形制相同。泥质灰陶，手轮兼制。直口，尖圆唇，短颈，折肩，深直腹，略弧，平底。博山式盖，顶部凸起呈圆珠状，分布三层凸棱，饰三组重山纹间隔圆珠纹，内壁留有轮旋痕。标本M142：6，口径13.9、底径

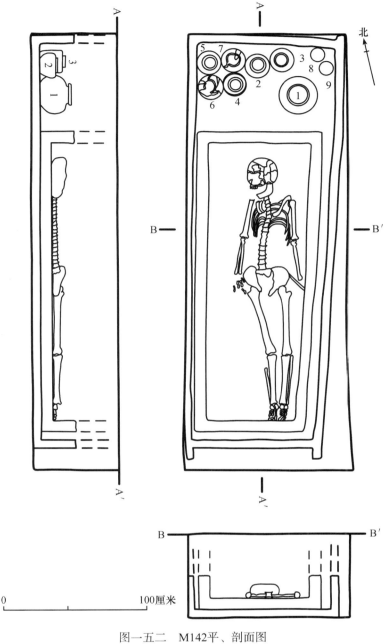

图一五二　M142平、剖面图

1、2.陶罐　3～7.陶仓　8、9.陶器盖

17、通高21.4厘米（图一五三，4；彩版四七，5）。标本M142：7，口径13.3、底径14、通高21.6厘米（图一五三，7；彩版四七，6）。

陶器盖　2件。形制相同。泥质灰陶，轮制。博山式盖，敞口，平沿，斜弧壁，顶部凸起呈圆珠状，分布三层凸棱，饰三组重山纹间隔圆珠纹。标本M142：8，口径12.6、高4.2厘米（图一五三，8）。标本M142：9，口径12.6、高3.8厘米（图一五三，9；彩版四八，1）。

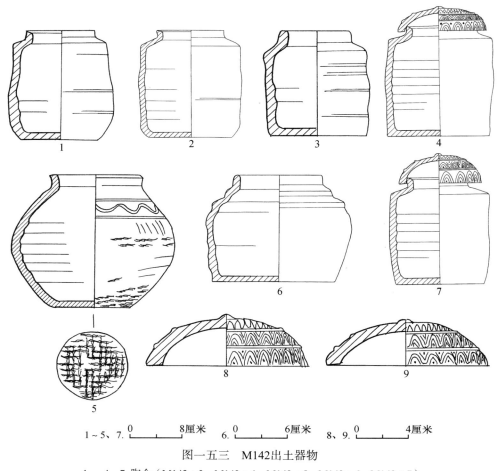

1 ~ 5、7.　　0　　　8厘米　　　6.　0　　　6厘米　　　8、9.　0　　　4厘米

图一五三　M142出土器物

1 ~ 4、7. 陶仓（M142：3、M142：4、M142：5、M142：6、M142：7）

5、6. 陶罐（M142：1、M142：2）　8、9. 陶器盖（M142：8、M142：9）

一四、M162

1. 墓葬形制

M162位于第Ⅱ区T3219、T3319中部，南邻M138。开口于第③层下，南北向，方向0°。平面呈梯形，竖穴土圹单棺墓。墓口距地表深0.8米，墓底距地表深1.68米。墓圹南北长3.5、东西宽1.4 ~ 1.48、深0.88米。北宽南窄，四壁整齐规整，底部较平，内填黄褐色花土，土质松软（图一五四；彩版一六，4）。

葬具为一椁一棺，木质，已朽，仅存朽痕。椁平面呈工字形，椁痕长3.16、宽1.06 ~ 1.14、残高0.36米，板痕厚0.08米；棺四角出榫，棺痕长1.86、宽0.72 ~ 0.74、残高0.28米，板痕厚0.06米。骨架保存稍好，头向北，面向西，仰身屈肢，为男性。

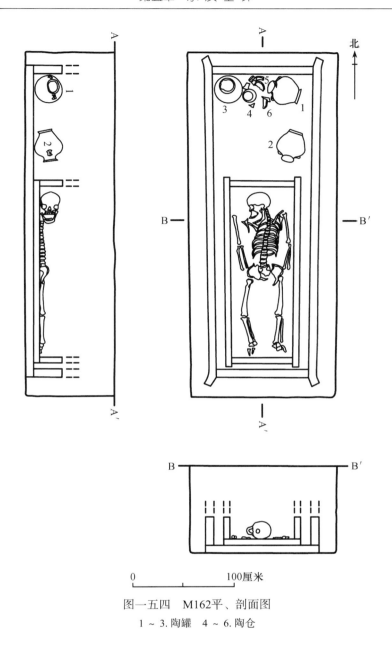

图一五四 M162平、剖面图
1~3.陶罐 4~6.陶仓

2. 随葬品

棺外前方出土陶罐3件、陶仓3件。

陶罐 3件。标本M162：1，泥质灰陶，轮制。直口，斜平沿，尖圆唇，束颈，丰肩，鼓腹，下腹弧收，饼足内凹。肩部置对称双系。上腹部饰一周凸弦纹。口径12、腹径27、底径14.8、高25厘米（图一五五，1）。标本M162：2，泥质灰陶，轮制。直口微敛，斜平沿，尖圆唇，束颈，斜肩，扁鼓腹，饼足。肩部置对称双系。肩部饰两组仰、覆莲纹间隔斑点纹，中腹部饰两周凹弦纹。口径12.4、腹径26.8、底径15.6、通高25.6厘米（图一五五，2）。标本

M162:3，泥质灰陶，轮制。敞口，凹沿，短束颈，溜肩，圆鼓腹，平底。肩部饰四周凹弦纹。口径13.2、腹径26.6、底径6、高24.3厘米（图一五五，3）。

陶仓　3件。标本M162:4，泥质灰陶，轮制。敛口，尖圆唇，短颈，短折肩，深斜腹，平底。口径9.8、底径10、高11.2厘米（图一五五，4；彩版四八，2）。标本M162:5，泥质灰陶，手轮兼制。敛口，尖圆唇，短颈，短折肩，深直腹，平底。腹部饰数周凹弦纹，内壁留有轮旋痕。弧形顶盖，敞口，斜平沿，尖唇。口径10.2、底径12.4、盖口径12.4、通高13.2厘米（图一五五，5）。标本M162:6，泥质灰陶，轮制。敛口，尖圆唇，短颈，短折肩，深直腹，略弧，平底。下腹部饰四周凹弦纹。口径9、底径11.6、高11.8厘米（图一五五，6；彩版四八，3）。

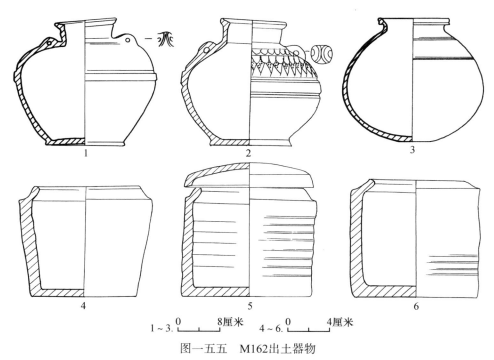

图一五五　M162出土器物

1～3.陶罐（M162:1、M162:2、M162:3）　4～6.陶仓（M162:4、M162:5、M162:6）

一五、M178

1. 墓葬形制

M178位于第Ⅱ区T2914北部，北延伸至T3014，东邻M179。开口于第③层下，南北向，方向4°。平面呈长方形，竖穴土圹单棺墓。墓口距地表深0.8米，墓底距地表深2.6米。墓圹南北长3.7、东西宽1.1、深1.8米。四壁整齐规整，底部较平，内填黄褐色花土，土质松软（图一五六）。

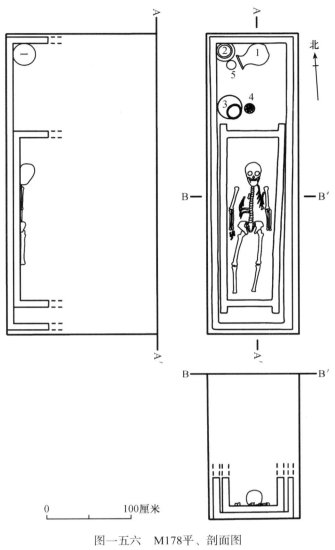

图一五六　M178平、剖面图

1、2.陶壶　3.陶罐　4、5.陶器盖

葬具为一椁一棺，木质，已朽，仅存朽痕。椁平面呈长方形，椁痕长3.6、宽0.98、残高0.5米，板痕厚0.08米；棺四角出榫，棺痕长2.16、宽0.7~0.78、残高0.42米，板痕厚0.08米。骨架保存稍好，头向北，面向上，仰身直肢，为女性。

2. 随葬品

棺外前方出土陶壶2件、陶罐1件、陶器盖2件。

陶壶　2件。标本M178：1，泥质灰陶，手轮兼制。浅盘口，斜平沿，尖唇，短束颈，斜肩，圆鼓腹，矮圈足，足底外撇。圈足饰一周凸弦纹，口沿下部有一周凸棱，肩腹部各饰两周凹弦纹，下腹部饰交错细绳纹。口径18.4、腹径27.8、底径16、高40厘米（图一五七，4；

彩版四八，4）。标本M178：2，泥质灰陶，手轮兼制。敞口，斜平沿，尖圆唇，短束颈，溜肩，扁鼓腹，矮圈足，足底外撇。唇颈之间有一周凸棱，下腹部饰粗绳纹。肩部留有轮旋痕。口径15.6、腹径25.6、底径16、高34.4厘米（图一五七，5；彩版四八，5）。

　　陶罐　　1件。标本M178：3，泥质灰陶，轮制。敞口微敛，斜平沿，方圆唇，短束颈，溜肩，圆鼓腹，平底。肩腹部饰数周凹弦纹，中腹部饰一道细绳纹，下腹及底部饰交错细绳纹，内壁留有轮旋痕。口径20.8、腹径32.4、底径16.2、高28厘米（图一五七，3；彩版四八，6）。

　　陶器盖　　2件。标本M178：4，泥质灰陶，轮制。弧形顶盖，敞口，尖圆唇，斜弧壁。内壁留有轮旋痕。口径9、高2.5厘米（图一五七，1；彩版四九，2）。标本M178：5，泥质灰陶，手轮兼制。博山式盖，斜沿，尖圆唇，斜弧壁，顶部凸起呈圆珠状，分布三层凸棱，饰两组重山纹。口径11.2、高6.2厘米（图一五七，2；彩版四九，1）。

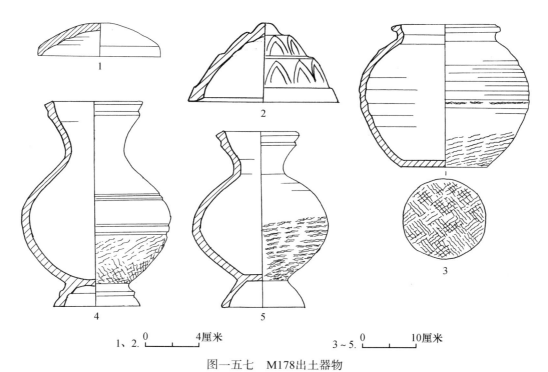

图一五七　M178出土器物
1、2.陶器盖（M178：4、M178：5）　3.陶罐（M178：3）　4、5.陶壶（M178：1、M178：2）

一六、M179

1. 墓葬形制

M179位于第Ⅱ区T2914东北部，北延伸至T3014，西邻M178。开口于第③层下，南北向，方向8°。平面呈长方形，竖穴土圹单棺墓。墓口距地表深0.8米，墓底距地表深3.4米。

墓圹南北长3.7、东西宽1、深2.6米。四壁整齐规整，底部较平，内填黄褐色花土，土质松软（图一五八；彩版一七，1）。

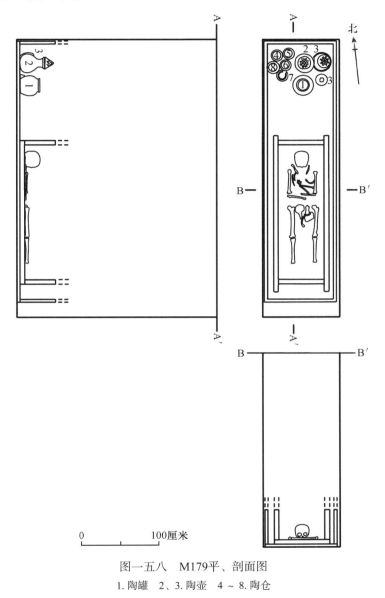

0   100厘米

图一五八 M179平、剖面图
1.陶罐 2、3.陶壶 4~8.陶仓

　　葬具为一椁一棺，木质，已朽，仅存朽痕。椁平面呈长方形，椁痕长3.48、宽0.94、残高0.5米，板痕厚0.04米；棺四角出榫，棺痕长1.92、宽0.72、残高0.46米，板痕厚0.06米。骨架保存稍好，头向北，面向上，仰身直肢，为男性。

　　因水位较高，墓葬内形成积水。

2. 随葬品

　　棺外前方出土陶罐1件、陶壶2件、陶仓5件。

陶罐　1件。标本M179:1，泥质灰陶，轮制。直口，凹沿，尖唇，短束颈，溜肩，扁鼓腹，下腹斜收，平底。上肩部饰一周组合三角纹间隔斜线纹，下肩部饰竖排倒人字纹及短斜线纹，下腹部饰斜线纹及细绳纹，底部饰交错细绳纹。口径19.6、腹径29、底径16.4、高25厘米（图一五九，6；彩版四九，3）。

陶壶　2件。标本M179:2，泥质灰陶，手轮兼制。浅盘口，斜平沿，尖唇，短束颈，溜肩，扁鼓腹，下腹弧收，矮圈足，足底外展。腹部饰三周凹弦纹，下腹部饰交错细纹。博山式盖，斜平沿，尖唇，顶部凸起呈圆珠状，分布六层凸棱，饰两组重山纹。口径18.8、腹径25、底径13.6、通高44厘米（图一六〇，1；彩版四九，4）。标本M179:3，泥质灰陶，手轮兼制。浅盘口，平沿，尖圆唇，短束颈，斜肩，扁鼓腹，矮圈足，足底外展。中腹部饰一周凹弦纹，下腹部交错细绳纹。博山式盖，顶部凸起呈圆珠状，饰两组重山纹。盖身饰两周凹弦纹，内壁留有轮旋痕。口径17.8、腹径29、底径14、盖口径17.8、通高52厘米（图一六〇，2）。

陶仓　5件。标本M179:4，泥质灰陶，轮制。直口，平沿，短颈，折肩，深直腹，略弧，平底。通体留有轮旋痕。弧形顶盖，平沿，方圆唇，斜弧壁。口径9.8、肩径12.8、底径

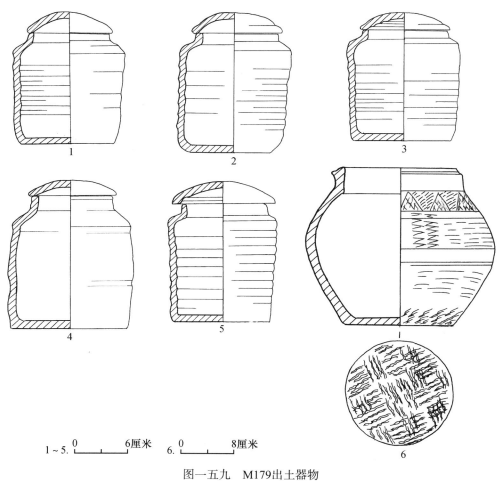

1 ～ 5. $\underline{\quad}^0\underline{\qquad}$6厘米　6. $\underline{\quad}^0\underline{\qquad}$8厘米

图一五九　M179出土器物

1 ～ 5.陶仓（M179:4、M179:5、M179:6、M179:7、M179:8）6.陶罐（M179:1）

11、通高15.6厘米（图一五九，1；彩版四九，5）。标本M179：5，泥质灰陶，轮制。直口，平沿，短颈，折肩，深直腹，略弧，平底。腹部饰数周凹弦纹，内壁留有轮旋痕。帽形盖，宽平沿，尖圆唇，斜弧壁。口径10.2、底径11、通高16.6厘米（图一五九，2；彩版四九，6）。标本M179：6，泥质灰陶，轮制。直口，平沿，短颈，折肩，深斜腹，略弧，平底。腹部饰数周凹弦纹，内壁留有轮旋痕。盔帽式盖，宽平沿，尖圆唇，斜弧壁，内壁留有轮旋痕。口径10.2、底径12、通高15.2厘米（图一五九，3；彩版五〇，1）。标本M179：7，泥质灰陶，手轮兼制。直口，平沿，尖圆唇，短颈，折肩，深斜腹，略弧，平底。下腹部饰一周凹弦纹。上腹部及内壁留有轮旋痕。弧形顶盖，平沿，尖圆唇，斜弧壁。口径9.8、底径14.4、通高17.6厘米（图一五九，4；彩版五〇，2）。标本M179：8，泥质灰陶，手轮兼制。直口，方唇，短颈，折肩，深直腹斜收，平底。腹部饰数周凹弦纹，内壁留有轮旋痕。弧形顶盖，平沿，尖圆唇。口径12、底径11.4、通高16.5厘米（图一六〇，5）。

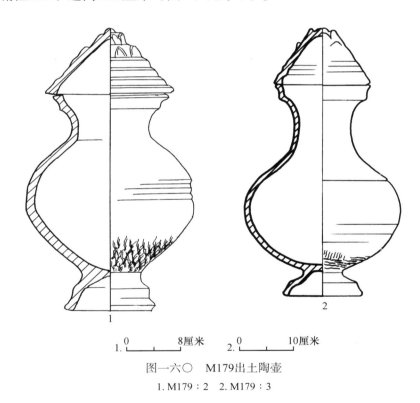

1. ⊢——⊣ 0   8厘米   2. ⊢——⊣ 0   10厘米

图一六〇　M179出土陶壶
1. M179：2　2. M179：3

一七、M185

1. 墓葬形制

M185位于第Ⅱ区T2619东部，西南邻M133。开口于第③层下，南北向，方向4°。平面呈梯形，竖穴土圹单棺墓。墓口距地表深0.8米，墓底距地表深1.6米。墓圹南北长4.2、东西宽1.84~2.2、深0.8米。北宽南窄，四壁整齐规整，底部较平，内填黄褐色花土，土质松软（图一六一；彩版一七，2）。

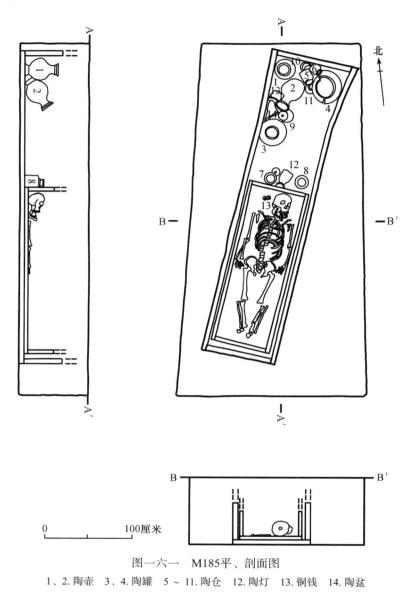

图一六一　M185平、剖面图

1、2. 陶壶　3、4. 陶罐　5~11. 陶仓　12. 陶灯　13. 铜钱　14. 陶盆

葬具为一椁一棺，木质，已朽，仅存朽痕。椁平面呈梯形，椁痕长3.64、宽0.86~0.98、残高0.5米，板痕厚0.06米；棺痕长1.96、宽0.7、残高0.34米，板痕厚0.04米。骨架保存较好，头向北，面向上，仰身直肢，为男性。

2. 随葬品

棺外前方出土陶壶2件、陶罐2件、陶仓7件、陶灯1件、陶盆1件，棺内出土铜钱2枚。

陶壶 2件。标本M185：1，泥质灰陶，手轮兼制。深盘口，斜平沿，尖唇，短束颈，溜肩，圆鼓腹，矮圈足，足底外展。圈足中部饰一周凸弦纹，外口沿饰两周凸弦纹，下腹部饰细绳纹。博山式盖，顶部凸起呈圆珠状，分布三层凸棱，饰三组重山纹。口径19.6、腹径26、底径14、通高51厘米（图一六二，4；彩版五○，3）。标本M185：2，泥质灰陶，手轮兼制。盘口，斜平沿，尖圆唇，短束颈，溜肩，圆鼓腹，矮圈足，足底外展。口沿及肩腹部饰数周凹弦纹，下腹部饰细绳纹。博山式盖，顶部凸起呈圆珠状，分布三层凸棱，饰三组重山纹。盖内壁留有轮旋痕。口径15.8、腹径26、底径11.8、通高49.6厘米（图一六二，5）。

陶罐 2件。标本M185：3，泥质夹砂红陶，轮制。敞口，尖唇，短束颈，斜肩，扁鼓腹，平底。肩腹部饰三组凹弦纹纹带。口径14、腹径30.4、底径10.4、高26厘米（图一六二，3；彩版五○，4）。标本M185：4，泥质灰陶，轮制。侈口，尖圆唇，短束颈，圆肩，圆鼓腹，圜底。肩腹部饰一周凸弦纹，腹及底部饰细绳纹。口径26、腹径40.4、高36.8厘米（图一六二，6）。

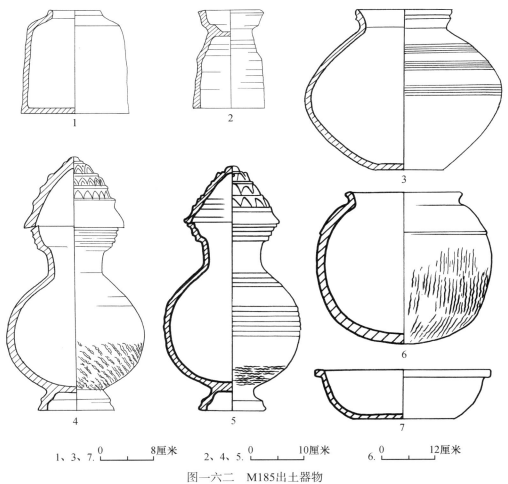

1、3、7. ⊢0——8厘米   2、4、5. ⊢0——10厘米   6. ⊢0——12厘米

图一六二　M185出土器物

1.陶仓（M185：6）2.陶灯（M185：12）3、6.陶罐（M185：3、M185：4）
4、5.陶壶（M185：1、M185：2）7.陶盆（M185：13）

陶仓　7件。标本M185：5，泥质灰陶，手轮兼制。敞口，凹沿，短颈，折肩，深直腹，略弧，平底。博山式盖，顶部凸起呈圆珠状，分布两层凸棱，饰两组重山纹。内壁留有轮旋痕。口径8.8、底径15、通高21厘米（图一六三，1；彩版五〇，5）。标本M185：6，泥质灰陶，轮制。直口，尖圆唇，短颈，折肩，深斜腹，平底外展。口径8、底径16.2、高16.4厘米（图一六二，1；彩版五一，2）。标本M185：7，泥质灰陶，手轮兼制。直口微敞，斜平沿。尖圆唇，短颈，折肩，深斜腹，平底外展。博山式盖，顶部凸起呈圆珠状，分布两层凸棱，饰两组重山纹间隔圆珠纹。腹部留有轮旋痕。口径8.5、肩径14.8、底径15.6、高21.2厘米（图一六三，2）。标本M185：8，泥质灰陶，手轮兼制。直口，平沿，短颈，折肩，深斜

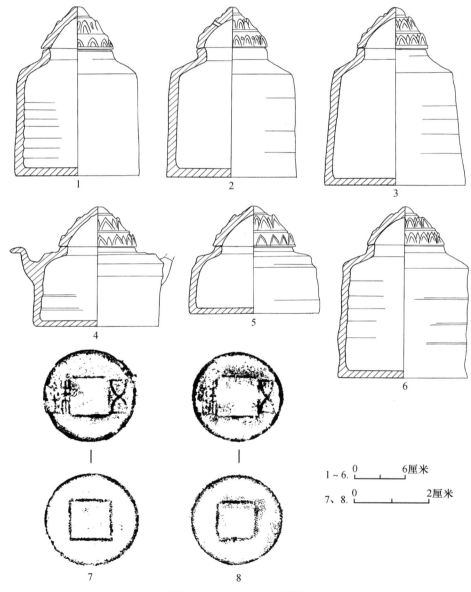

图一六三　M185出土器物

1～6.陶仓（M185：5、M185：7、M185：8、M185：10、M185：11、M185：9）7、8.五铢（M185：14-1、M185：14-2）

腹，平底外展。博山式盖，顶部凸起呈圆珠状，分布两层凸棱，饰两组重山纹。中腹部留有轮旋痕。口径8.8、底径17、高22厘米（图一六三，3；彩版五一，1）。标本M185：9，泥质灰陶，手轮兼制。直口，斜平沿，短颈，折肩，深直腹，平底。中腹部饰三周凹弦纹，内壁留有轮旋痕。博山式盖，顶部凸起呈圆珠状，分布两层凸棱，饰两组叠制重山纹。口径9.2、底径15.6、通高21.4厘米（图一六三，6；彩版五〇，6）。标本M185：10，泥质灰陶，手轮兼制。直口，平沿，短颈，双肩折，斜直腹，平底。肩腹部饰对称双錾，外撇。上腹部饰一周凹弦纹。博山式盖，顶部凸起呈圆珠状，分布两层凸棱，饰两组重山纹。内壁留有轮旋痕。口径9.2、底径19.4、通高15厘米（图一六三，4）。标本M185：11，泥质灰陶，手轮兼制。直口，平沿，短颈，折肩，斜腹，略弧，平底。博山式盖，顶部凸起呈圆珠状，分布两层凸棱，饰两组重山纹。下腹部留有轮旋痕。口径10、底径15.8、通高13.6厘米（图一六三，5）。

陶灯 1件。标本M185：12，泥质灰陶。浅盘口，斜平沿，尖唇，斜肩，高足内空。轮制，通体留有轮旋痕。口径10、底径11.4、高15.8厘米（图一六二，2）。

陶盆 1件。标本M185：13，泥质灰陶，轮制。敞口，平沿，方唇，深弧腹，平底。口径27.2、底径15.4、高8.2厘米（图一六二，7）。

五铢 2枚。圆形，方穿，正背面郭缘较窄，正面篆书"五铢"二字，顺读。"五"字两股交笔弯曲，上下两横笔对称齐平。"铢"字金字旁上部三角形，下部四点竖笔较短，"朱"字旁上下均圆折，中部竖笔细长齐平，横笔略粗。标本M185：14-1，钱径2.6、穿宽1、郭厚0.2厘米（图一六三，7）。标本M185：14-2，钱径2.5、穿宽1、郭厚0.2厘米（图一六三，8）。

第二节 竖穴土圹砖室墓

竖穴土圹砖室墓9座，编号依次为M15、M27、M30、M49、M91、M93、M129、M143、M174。

一、M15

1. 墓葬形制

M15位于第Ⅱ区T1014西南部，西部延伸至T1015，北邻M14。开口于第③层下，东西向，方向96°。平面呈长方形，竖穴土圹砖室墓。墓口距地表深0.8米，墓底距地表深2.2米。墓圹东西长3.7、南北宽1.2、深1.4米。四壁整齐规整，底部较平，内填黄褐色花土，土质松软（图一六四；彩版一八，1）。

墓室平面呈梯形，顶部拱券结构已毁，南北两侧墙挤压变形为内弧状，现存四壁残墙，用长0.28、宽0.14、厚0.05米青砖错缝向上平砌，长3.04、宽1.16～1.2、残高0.55米。未发现葬具，骨架保存较好，头向东，面向北，仰身直肢，为女性。

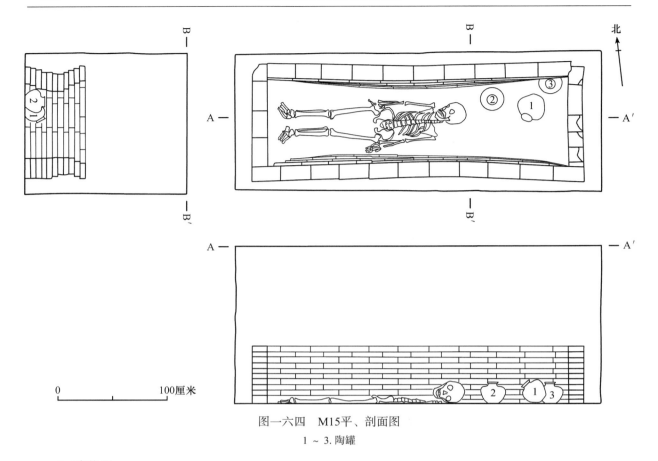

图一六四　M15平、剖面图

1~3.陶罐

2. 随葬品

墓室内头骨右上方出土陶罐3件。

陶罐　3件。标本M15：1，泥质灰陶，轮制。直口，斜弧沿，方圆唇，短束颈，溜肩，扁鼓腹，饼足。肩部附对称双系。外口沿下部饰一周凸棱，肩部饰一周仰、覆莲纹间隔斑点纹，中腹饰两周凹弦纹。口径10.6、腹径24.6、底径12.8、高20.8~23厘米（图一六五，1；彩版五一，3）。M15：2、M15：3，形制相同。泥质灰陶，轮制。敞口微敛，折沿，尖圆

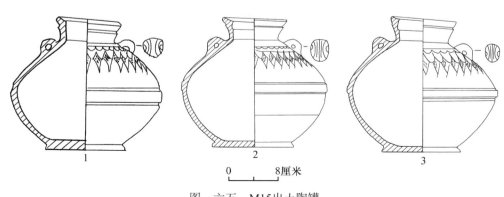

图一六五　M15出土陶罐

1.M15：1　2.M15：2　3.M15：3

唇，短束颈，斜肩，扁鼓腹，饼足。肩部附对称双系。外口沿下部饰一周凸棱，肩部饰三周仰、覆莲纹间隔，短斜线纹，中腹部饰两周凹弦纹。标本M15：2，口径10.5、腹径23.6、底径13.2、高22厘米（图一六五，2；彩版五一，4）。标本M15：3，口径10.4、腹径24、底径12.4、高22.8厘米（图一六五，3；彩版五一，5）。

二、M27

1. 墓葬形制

M27位于第Ⅱ区T1913西部，西延伸至T1914，北邻M77。开口于第③层下，东西向，方向88°。平面呈长方形，竖穴土圹砖室墓。墓口距地表深0.8米，墓底距地表深2.9米。墓圹东西长3.6、东西宽1.46、深2.1米。四壁整齐规整，底部较平，内填黄褐色花土，土质松软（图一六六；彩版一八，2）。

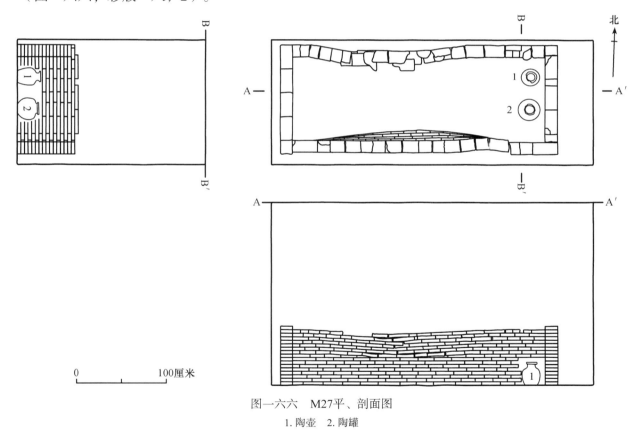

图一六六　M27平、剖面图
1.陶壶　2.陶罐

墓室平面呈长方形，顶部拱券结构已毁，南北两侧墙挤压变形为内弧状，现存四壁残墙，用长0.28、宽0.14、厚0.04米青砖错缝向上平砌，长3.1、宽1.28、残高0.64～0.68米。未发现葬具及骨架。

2. 随葬品

墓室内右上方出土陶壶1件、陶罐1件。

陶壶　1件。标本M27：1，泥质灰陶，轮制。敞口，折沿，尖圆唇，短束颈，溜肩，鼓腹，饼足。颈部饰一周凹弦纹，中腹部饰一周凸弦纹，内侧及下腹部饰粗绳纹。口径11.6、腹径19.2、底径12、高26.2厘米（图一六七，1；彩版五一，6）。

陶罐　1件。标本M27：2，泥质灰陶，轮制。敞口，平沿，凹唇，短束颈，丰肩，圆鼓腹，平底。肩腹部饰三组凹弦纹。口径13.3、腹径25、底径7.8、高23.8厘米（图一六七，2）。

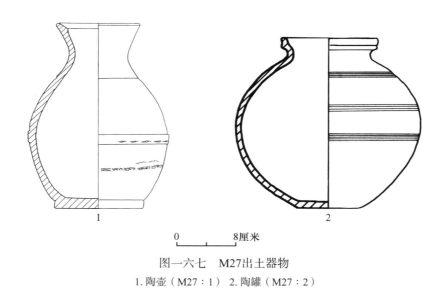

0　　　　8厘米

图一六七　M27出土器物
1. 陶壶（M27：1）　2. 陶罐（M27：2）

三、M30

1. 墓葬形制

M30位于第Ⅱ区T1114西部，西邻M31。开口于第③层下，南北向，方向192°。平面呈长方形，竖穴土圹砖室墓。墓口距地表深0.8米，墓底距地表深2.06米。墓圹南北长3.5、东西宽1.36、深1.26米。四壁整齐规整，底部较平，内填黄褐色花土，土质松软（图一六八；彩版一八，3）。

墓室平面呈梯形，顶部拱券结构已毁，东西两侧墙挤压变形为内弧状，现存四壁残墙，用长0.28、宽0.14、厚0.05米青砖在铺地砖上错缝向上平砌，长3.34、宽1.1～1.24、残高0.18～0.56米。铺地砖用青砖呈人字形无序平铺。未发现葬具，骨架保存稍好，头向南，面向西，仰身直肢，为男性。

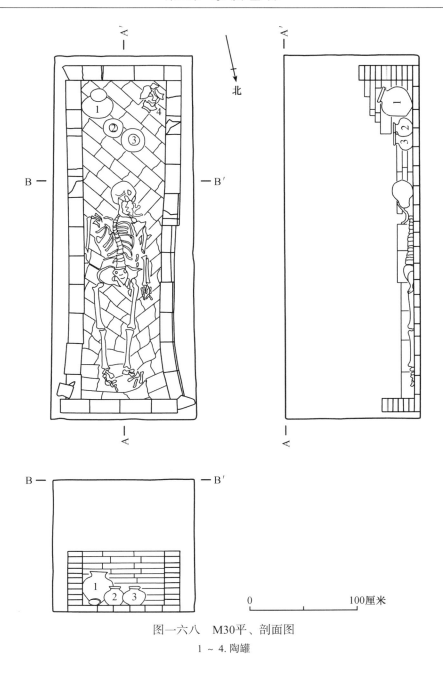

图一六八　M30平、剖面图
1 ～ 4. 陶罐

2. 随葬品

墓室内头骨前方出土陶罐4件。

陶罐　4件。标本M30：1，泥质灰陶，轮制。直口微敛，短颈，溜肩，鼓腹，平底。肩饰一周方格纹纹带。口径10.22、腹径18.1、底径10.8、高14.9厘米（图一六九，1；彩版五二，1）。标本M30：2，泥质灰陶，轮制。直口微敞，斜平沿，方圆唇，短束颈，溜肩，扁鼓腹，下腹弧收，平底。肩部饰一周方格纹纹带。口径10.2、腹径17.4、底径10.6、高14.4厘米

（图一六九，2）。标本M30：3，泥质灰陶。轮制。直口微敞，斜平沿，短束颈，溜肩，扁鼓腹，平底。肩部饰一组方格纹，腹部饰三周凸弦纹。口径8.2、腹径17.2、底径7.2、高15.6厘米（图一六九，3；彩版五二，2）。标本M30：4，泥质灰陶。轮制。直口微敛，斜平沿，尖唇，短束颈，圆肩，圆鼓腹，平底。上腹部饰数周凹弦纹，下腹部饰细绳纹。口径18、腹径31、底径16、高28.5厘米（图一六九，4）。

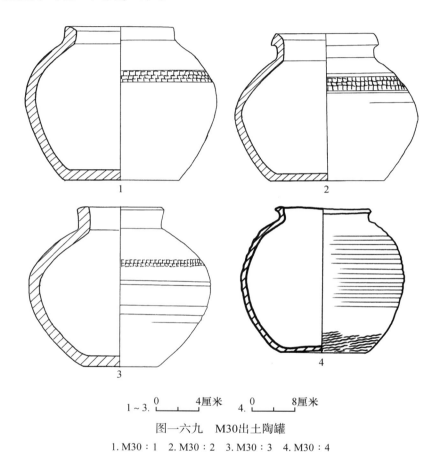

图一六九　M30出土陶罐

1. M30：1　2. M30：2　3. M30：3　4. M30：4

四、M49

1. 墓葬形制

M49位于第Ⅱ区T1117北部，北延伸至T1217，东南邻M48。开口于第③层下，南北向，方向190°。平面呈长方形，竖穴土圹砖室墓。墓口距地表深0.8米，墓底距地表深1.7米。墓圹南北长3.34、东西宽1.3、深0.9米。四壁整齐规整，底部较平，内填黄褐色花土，土质松软（图一七○；彩版一八，4）。

墓室平面呈梯形，顶部拱券结构已毁，现存四壁残墙，西壁墙挤压变形为内弧状，东西两

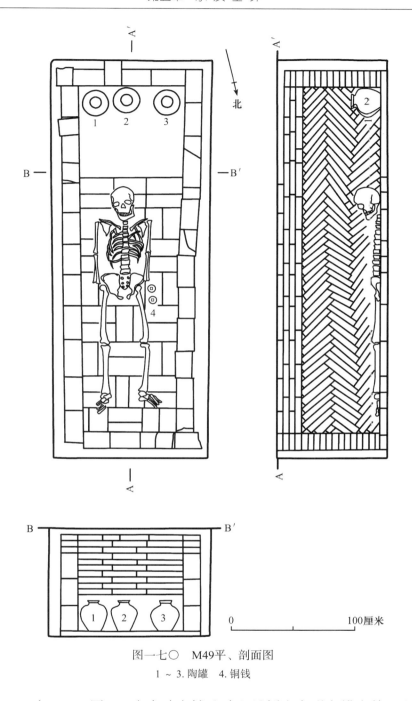

图一七〇　M49平、剖面图
1～3.陶罐　4.铜钱

侧墙下部用长0.28、宽0.14、厚0.05米青砖在铺地砖上呈倒人字形交错砌筑，上部用青砖错缝向上平砌，南北墙用青砖错缝向上平砌，长3.2米，宽1.12～1.18、残高0.9米。铺地砖用青砖二横二竖交错无序平铺。未发现葬具，骨架保存较好，头向南，面向上，仰身直肢，为男性。

2. 随葬品

墓室内头骨前方出土陶罐3件，左上肢骨下部出土铜钱2枚。

陶罐 3件。标本M49：1，泥质灰陶，轮制。敞口，方唇，短束颈，斜肩，扁鼓腹，平底。上腹部饰四周凹弦纹，中腹部饰横向粗绳纹，下腹及底部饰交错粗绳纹。口径12.8、腹径24.2、底径9.6、高24厘米（图一七一，1；彩版五二，3）。标本M49：2，泥质灰陶，轮制。直口微敞，方圆唇，短束颈，溜肩，扁鼓腹，平底。上腹部饰一周菱形纹纹带，中腹及下腹至底部饰交错粗绳纹。口径12.8、腹径25.6、底径10.8、高22.6厘米（图一七一，2；彩版五二，4）。标本M49：3，泥质灰陶，轮制。敞口，方圆唇，短束颈，溜肩，扁鼓腹，平底。肩腹部饰数周凹弦纹，下腹及底部饰交错粗绳纹。口径12.8、腹径24.4、底径10.4、高23.6厘米（图一七一，3；彩版五二，5）。

五铢 2枚。圆形，方穿，正背面郭缘较窄，正面篆书"五铢"二字，顺读。"五"字两股交笔弯曲，上下两横笔对称齐平。"铢"字金字旁上部三角形，下部四点竖笔较短，"朱"字旁上下均圆折，中部竖笔细长齐平，横笔略粗。标本M49：4-1，钱径2.6、穿宽0.95、郭厚0.15厘米（图一七一，4）。标本M49：4-2，钱径2.6、穿宽1、郭厚0.15厘米（图一七一，5）。

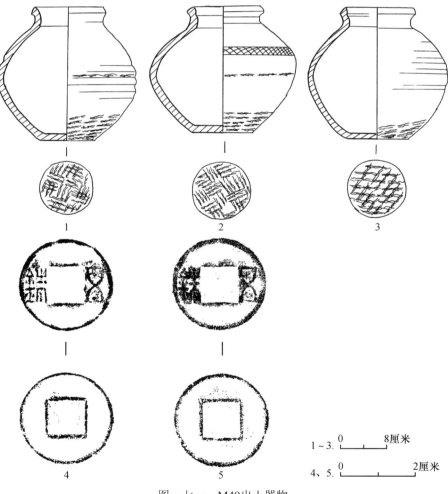

1~3. 8厘米

4、5. 2厘米

图一七一 M49出土器物

1~3.陶罐（M49：1、M49：2、M49：3） 4、5.五铢（M49：4-1、M49：4-2）

五、M91

1. 墓葬形制

M91位于第Ⅱ区T2415西部，西南邻M107。开口于第③层下，南北向，方向14°。平面呈长方形，竖穴土圹砖室墓。墓口距地表深0.8米，墓底距地表深1.78米。墓圹南北长2.6、东西宽1.08、深0.98米。四壁整齐规整，底部较平，内填黄褐色花土，土质松软（图一七二；彩版一九，1）。

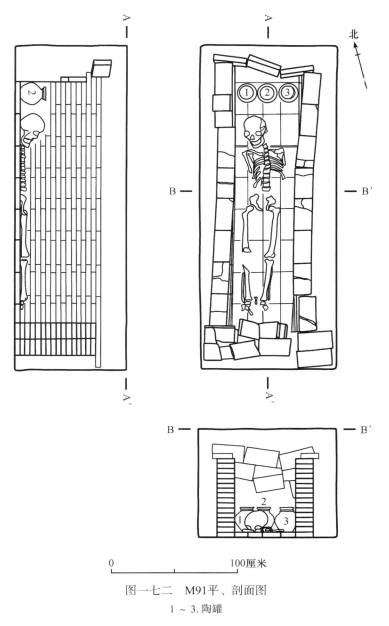

图一七二 M91平、剖面图

1～3.陶罐

墓室平面呈梯形，顶部拱券结构已毁，现存四壁残墙，东墙挤压变形为内弧状，东西及南壁墙用长0.28、宽0.14、厚0.05米青砖在铺地砖上错缝向上平砌，北壁墙用立砖错缝向上砌筑，长2.5、宽0.86~1.02、残高0.7~0.76米。铺地砖用竖砖并列无序平铺。未发现葬具，骨架保存稍差，头向北，面向上，仰身直肢，为男性。

2. 随葬品

墓室内头骨前方出土陶罐3件。

陶罐　3件。标本M91：1，泥质灰陶，轮制。敞口，方圆唇，短束颈，溜肩，鼓腹，平底。外口沿下部饰一周凸棱，肩腹部饰数周凹弦纹，内壁留有轮旋痕。口径10.6、腹径16.8、底径10、高18.8厘米（图一七三，1；彩版五二，6）。标本M91：2，泥质灰陶，轮制。敞口，尖圆唇，束颈，斜肩，鼓腹，平底。外口沿下部饰一周凸棱，腹部饰数周凹弦纹。口径10.4、腹径16.4、底径9.8、高18厘米（图一七三，2；彩版五三，1）。标本M91：3，泥质灰陶，轮制。敞口，圆唇，短束颈，斜肩，鼓腹，弧收，平底。外口沿饰一周凸棱，肩腹部饰数周凹弦纹。口径11.6、腹径17.4、底径9.6、高19.4厘米（图一七三，3；彩版五三，2）。

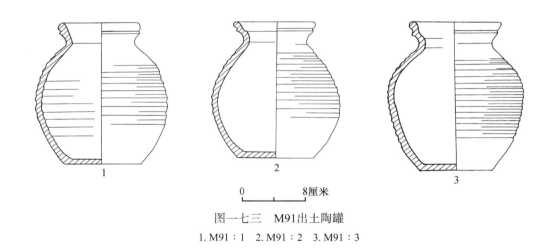

图一七三　M91出土陶罐
1. M91：1　2. M91：2　3. M91：3

六、M93

1. 墓葬形制

M93位于第Ⅱ区T2513中部，南邻M94。开口于第③层下，南北向，方向12°。平面呈长方形，竖穴土圹砖室墓。墓口距地表深0.8米，墓底距地表深3.38米。墓圹南北长3.56、东西宽1.32、深2.58米。四壁整齐规整，底部较平，内填黄褐色花土，土质松软（图一七四）。

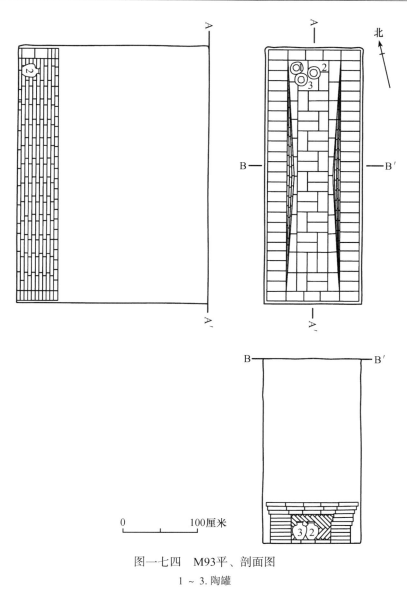

图一七四 M93平、剖面图

1 ~ 3.陶罐

墓室平面呈长方形，顶部拱券结构已毁，现存四壁残墙，东西墙挤压变形为内弧状，两侧墙及南壁用长0.28、宽0.14、厚0.05米青砖在铺地砖上错缝向上平砌，北壁墙下部用青砖呈倒人字形交错砌筑，上部用青砖错缝向上平砌。长3.48、宽1.24、残高0.54米。铺地砖用青砖二横二竖交错无序平铺。未发现葬具及骨架。

2. 随葬品

墓室内右前方出土陶罐3件。

陶罐　3件。标本M93：1，泥质灰陶，轮制。直口微敛，斜弧沿，尖圆唇，短束颈，斜弧肩，扁鼓腹，饼足。颈肩部置对称双系。颈部饰两周凹棱，上肩部饰一周斜线纹，下部饰一周仰、覆莲纹间隔短斜线纹，中腹部饰两周凹弦纹，下腹部留有轮旋痕。口径11.7、腹径27.8、底径14、高26厘米（图一七五，1；彩版五三，3）。标本M93：2，泥质灰陶，轮制。直口微敞，斜平沿，尖唇，短束颈，丰肩，扁鼓腹，饼足。肩部置对称双系。颈部饰一周凸棱，肩部饰一周仰、覆莲纹，中腹部饰两周凹弦纹。口径12.4、腹径28.4、底径17.6、高26.8厘米（图一七五，2；彩版五三，4）。标本M93：3，泥质灰陶，轮制。敞口，斜平沿，尖圆唇，束颈，斜肩，扁鼓腹，饼足。肩部置对称双系。外口沿下部饰一周凸棱，肩部饰一周仰、覆莲纹，中腹部饰两周凹弦纹。口径12、腹径27.4、底径15.8、高25.6厘米（图一七五，3）。

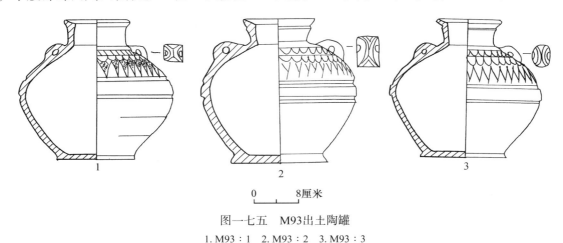

0　　　8厘米

图一七五　M93出土陶罐
1. M93：1　2. M93：2　3. M93：3

七、M129

1. 墓葬形制

M129位于第Ⅱ区T2616东北部，西南邻M128。开口于第③层下，南北向，方向12°。平面呈长方形，竖穴土圹砖室墓。墓口距地表深0.8米，墓底距地表深2.36米。墓圹南北长3.28、东西宽1.2、深1.56米。四壁整齐规整，底部较平，内填黄褐色花土，土质松软（图一七六；彩版一九，2）。

墓室平面呈长方形，顶部拱券结构已毁，东西及南壁墙挤压变形为内弧状，现存四壁残墙，用长0.28、宽0.14、厚0.05米青砖在铺地砖上错缝向上平砌，长3.2、宽1.14、残高0.76米。铺地砖东西两侧用青砖竖砖无序平铺，中部呈人字形交错铺置。未发现葬具，骨架保存稍好，头向北，面向上，仰身直肢，为男性。

2. 随葬品

墓室内头骨前方出土陶壶2件、陶罐1件、陶仓5件。

陶壶　2件。标本M129：1，泥质灰陶，轮制。浅盘口，平沿，尖唇，短束颈，溜肩，圆鼓腹，矮圈足，足底外展。肩腹部饰数周凹弦纹，足饰一周凸弦纹，内壁留有轮旋痕。口径

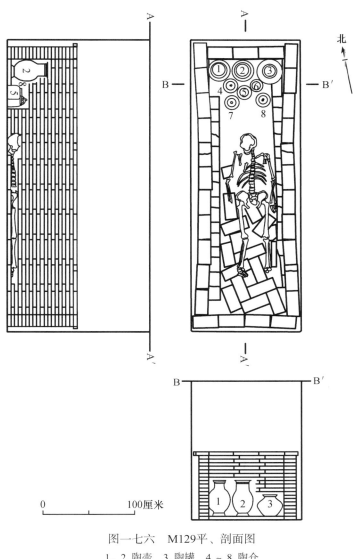

图一七六　M129平、剖面图
1、2.陶壶　3.陶罐　4～8.陶仓

18、腹径24.8、底径13.6、高38.8厘米（图一七七，7）。标本M129：2，泥质灰陶，轮制。浅
盘口，斜平沿，尖唇，短束颈，溜肩，鼓腹，矮圈足，足底外撇。肩腹部饰数周凹弦纹，足饰
一周凸弦纹，内壁留有轮旋痕。口径17.6、腹径24、底径14.8、高35.4～36.4厘米（图一七七，
8；彩版五三，5）。

　　陶罐　1件。标本M129：3，泥质灰陶，轮制。直口，平沿，尖唇，短束颈，溜肩，扁鼓
腹，平底内凹。中腹部饰一周凹弦纹，下腹及底部饰交错粗绳纹。口径16.4、腹径27.6、底径
15.2、高24厘米（图一七七，6；彩版五三，6）。

　　陶仓　5件。标本M129：4，泥质灰陶。手轮兼制。敛口，斜弧沿，尖唇，矮颈，折肩
上翘，深直腹，略弧，平底。下腹部饰两周凹弦纹，内壁留有轮旋痕。博山式盖，顶部凸起
呈圆珠状，分布四层凸棱，饰三组重山纹间隔圆珠纹。口径10.4、底径13.6、通高17.8厘米

（图一七七，1）。标本M129：5，泥质灰陶。敛口，方圆唇，矮颈，折肩，深斜腹，平底。轮制，内壁留有轮旋痕。口径8.9、肩径13、底径13.6、高14.4厘米（图一七七，4；彩版五四，1）。标本M129：6，泥质灰陶。手轮兼制。直口，平沿，矮颈，折肩上翘，深直腹，略弧，平底。腹部饰数周凹弦纹，内壁留有轮旋痕。博山式盖，顶部凸起呈圆珠状，分布三层凸棱，饰三组重山纹间隔圆珠纹。口径10、底径14.2、通高18.8厘米（图一七七，2；彩版五四，3）。标本M129：7，泥质灰陶，手轮兼制。敛口，斜平沿，尖唇，矮颈，折肩，深直腹，略弧，平底。上腹部饰一周凹弦纹。博山式盖，顶部凸起呈圆珠状，分布三层凸棱，饰三组重山纹间隔圆珠纹。口径9.3、底径14.4、通高19厘米（图一七七，3）。标本M129：8，泥质灰陶，直口，平沿，矮颈，折肩，深斜腹，略弧，平底。腹部饰数周凹弦纹。轮制，内壁遗有轮旋痕。口径9.4、肩径13、底径14、高15厘米（图一七七，5；彩版五四，2）。

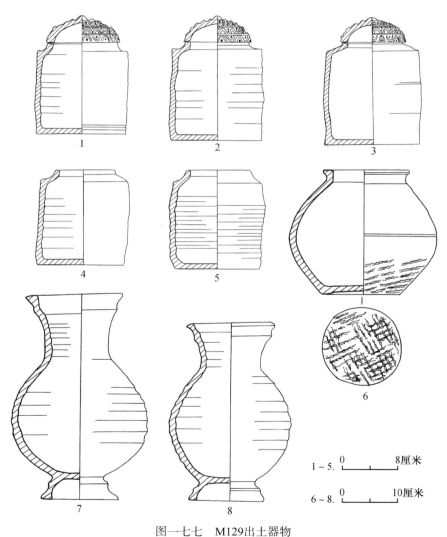

图一七七　M129出土器物

1～5.陶仓（M129：4、M129：6、M129：7、M129：5、M129：8）

6.陶罐（M129：3）　7、8.陶壶（M129：1、M129：2）

八、M143

1. 墓葬形制

M143位于第Ⅱ区T3016东南部，西邻M142。开口于第③层下，南北向，方向8°。平面呈长方形，竖穴土圹砖室墓。墓口距地表深0.8米，墓底距地表深1.5米。墓圹南北长3、宽1.24、深0.7米。四壁整齐规整，底部较平，内填黄褐色花土，土质稍硬（图一七八；彩版一九，3）。

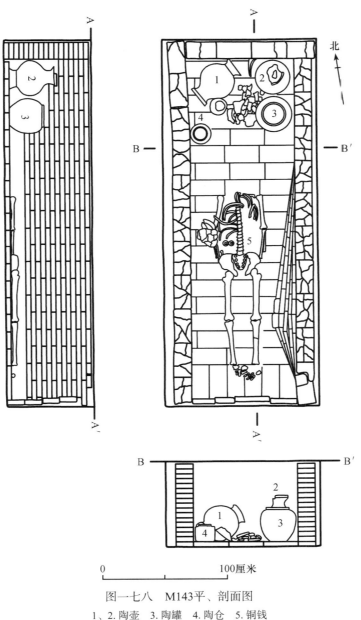

图一七八 M143平、剖面图
1、2.陶壶 3.陶罐 4.陶仓 5.铜钱

墓室平面呈梯形，顶部拱券结构已毁，现存四壁残墙，东墙挤压变形为内弧状，东西及北壁墙用长0.28、宽0.14、厚0.04米青砖在铺地砖上错缝向上平砌，南壁墙用青砖立砖错缝砌筑，长3、宽1.14～1.18、残高0.64～0.68米。铺地砖用青砖横竖错缝无序平铺。未发现葬具，骨架保存稍差，头骨移位，头向北，面向上，仰身直肢，为男性。

2. 随葬品

墓室内前方出土陶壶2件、陶罐1件、陶仓1件，右上肢骨内侧下部出土铜钱2枚。

陶壶　2件。标本M143：1，泥质灰陶，手轮兼制。浅盘口，平沿，尖唇，溜肩，短束颈，圆鼓腹，矮圈足，足底外展，中足部饰一周凸弦纹。颈部饰一周凹弦纹，肩部及腹部各饰两周凹弦纹，内壁遗有轮旋痕。博山式盖，顶部凸起呈圆珠状，饰五组叠制重山纹。口径17.8、腹径26.8、底径13.7、通高49厘米（图一七九，1）。标本M143：2，泥质灰陶，轮制。

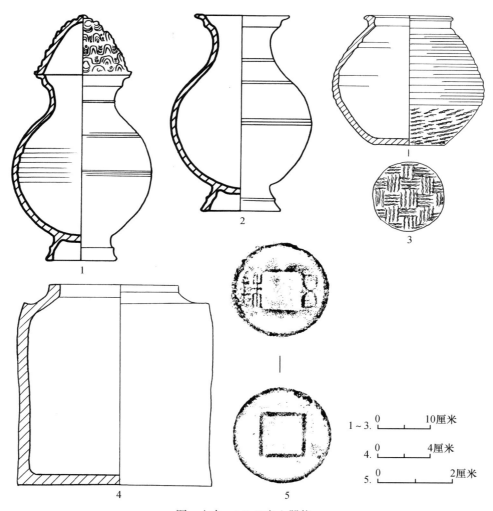

图一七九　M143出土器物

1、2. 陶壶（M143：1、M143：2）3. 陶罐（M143：3）4. 陶仓（M143：4）5. 五铢（M143：5-1）

浅盘口，平沿，尖唇，短束颈，溜肩，圆鼓腹，矮圈足，足底外展，中足部饰一周凸弦纹。颈及肩部各饰一周凹弦纹，中腹部饰两周凹弦纹。口径18.4、腹径27、底径15.4、高39厘米（图一八〇，2）。

陶罐　1件。标本M143：3，泥质灰陶，轮制。直口内凹，斜弧沿，尖圆唇，短颈，斜肩，扁鼓腹，平底。肩腹部饰数周凹弦纹，下腹及底部饰交错粗绳纹，内壁留有轮旋痕。口径17.2、腹径29.2、底径13.6、高25.8厘米（图一七九，3）。

陶仓　1件。标本M143：4，泥质灰陶，轮制。直口，折肩内凹，深直腹，平底。内壁留有轮旋痕。口径10、底径15、高15.8厘米（图一七九，4）

五铢　2枚。形制相同。标本M143：5-1，圆形，方穿，正背面郭缘较窄，正面篆书"五铢"二字，顺读。"五"字两股交笔弯曲，上下两横笔对称齐平。"铢"字"金"字旁上部三角形，下部四点竖笔较短，"朱"字旁上下均圆折，中部竖笔细长齐平，横笔略粗。钱径2.69、穿宽0.8、郭厚0.21厘米（图一七九，5）。

九、M174

1. 墓葬形制

M174位于第Ⅱ区T2813东南部，南邻M172。开口于第③层下，南北向，方向6°。平面呈长方形，竖穴土圹砖室墓。墓口距地表深0.8米，墓底距地表深2.7米。墓圹南北长2.94、东西宽1.1、深1.9米。四壁整齐规整，底部较平，内填黄褐色花土，土质疏松（图一八〇；彩版一九，4）。

墓室平面呈长方形，顶部拱券结构已毁，东西墙挤压变形为内弧状，现存四壁残墙，用长0.28、宽0.14、厚0.04米青砖在铺地砖上错缝向上平砌，长2.6、宽0.76、残高0.58～0.8米。铺地砖用青砖呈人字形交错无序平铺。未发现葬具，骨架保存稍差，头向北，面向东，仰身直肢，为男性。

2. 随葬品

墓室内头骨前方出土陶罐3件。

陶罐　3件。形制相同。泥质灰陶，轮制。敞口，斜弧沿，尖唇，短束颈，丰肩，扁鼓腹，饼足。肩部置对称双系。颈部饰一周凸棱，肩部饰一周仰、覆莲纹，中腹部饰两周凹弦纹。标本M174：1，口径7、腹径15、底径8、高13.6厘米（图一八一，1）。标本M174：2，口径7、腹径14.8、底径8.2、高14厘米（图一八一，2）。标本M174：3，口径7、腹径15.2、底径8.4、高14.4厘米（图一八一，3）。

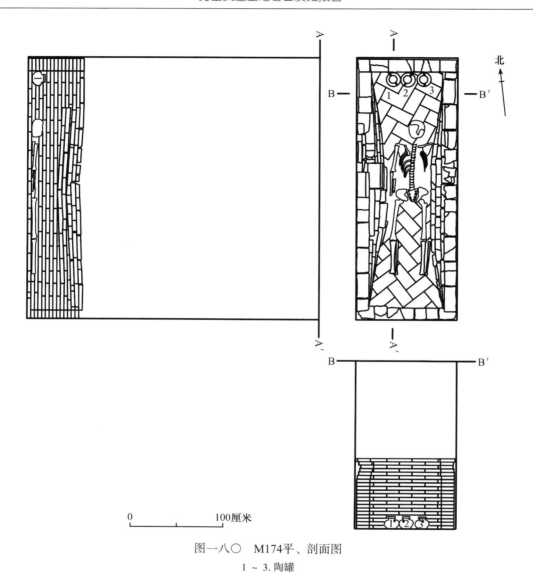

图一八〇　M174平、剖面图

1 ~ 3. 陶罐

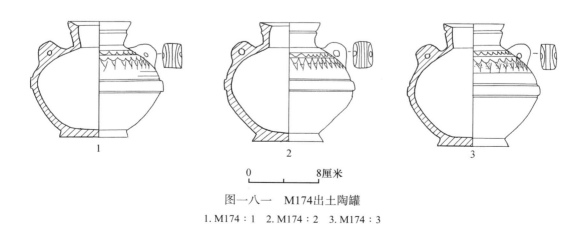

图一八一　M174出土陶罐

1. M174：1　2. M174：2　3. M174：3

第三节　带墓道竖穴土圹砖室墓

带墓道竖穴土圹砖室墓9座，编号依次为M45、M46、M53、M77、M84、M104、M181、M183、M191。依据墓道及墓室的多寡分为三个亚型。

壹　刀把形砖室墓

刀把形砖室墓5座，编号为M45、M53、M84、M104、M183，由墓道、墓门、墓室三部分组成，墓道呈斜坡状，偏于墓室一侧，墓门与墓室用砖券筑，整体平面呈刀把形。

一、M45

1. 墓葬形制

M45位于第Ⅱ区T1214东北部，北延伸至T1314，南邻M44。开口于第③层下，南北向，方向185°。平面呈刀把形，竖穴土圹砖室墓。由于破坏严重，券顶已不存。墓口距地表深0.8米，墓底距地表深1~2.6米。墓圹南北长9、东西宽0.96~2.56、深0.2~1.8米。由墓道、墓门、墓室三部分组成（图一八二；彩版二〇，1）。

墓道　位于墓门南部。平面呈长方形，南北长5.2、东西宽0.9米，东西两壁垂直平整。墓道呈斜坡状，坡度19°、坡长5.1、深0.2~1.8米。内填黄褐色花土，土质松软。

墓门　位于墓道北部。东西宽0.88、南北进深0.28米，顶部拱券式砖已毁，两壁墙用青砖立砖向上砌筑，墙残高1.5米。封门用青砖依次向上平砌，现存4层，残高0.2米。

墓室　位于墓门北部。平面呈长方形，土圹南北长3.78、东西宽2.4、深1.8米。砖室内长2.84、宽1.55米，墙宽0.34米。顶部拱券结构已毁，现存二层。四壁墙用长0.28、宽0.14、厚0.05米青砖立砖在铺地砖上依次向上砌筑八层起券，残高1.52米。铺地砖用青砖二横二竖无序平铺。未发现葬具及骨架。

2. 随葬品

墓室内北部出土陶壶3件、陶盆1件、铜钱7枚。

陶壶　3件。标本M45：1，泥质灰陶，轮制。浅盘口，方圆唇，短束颈，溜肩，鼓腹，平底。下腹部饰斜线纹，肩腹部留有轮旋痕。口径11.6、腹径19、底径13.2、高24厘米（图一八三，5；彩版五四，4）。标本M45：2，泥质灰陶，轮制。浅盘口，尖圆唇，短束颈，斜肩，鼓腹，平底。口径10.4、腹径19、底径14、高23.4厘米（图一八三，6；彩版五四，5）。标本M45：3，泥质灰陶，轮制。敞口，方圆唇，短束颈，溜肩，鼓腹，平底。底部饰三周弦纹。口径12、腹径19.2、底径14、高23.4厘米（图一八三，7；彩版五四，6）。

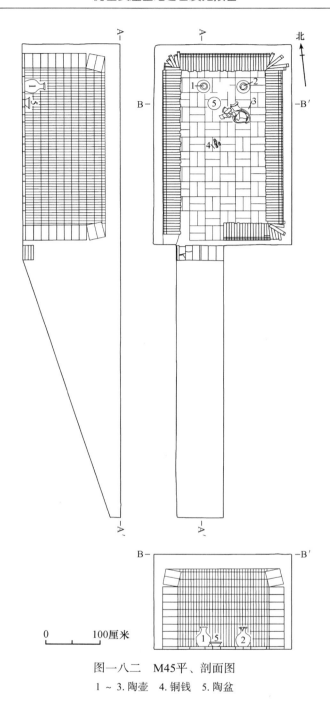

图一八二　M45平、剖面图

1～3.陶壶　4.铜钱　5.陶盆

　　陶盆　1件。标本M45：5，泥质灰陶，轮制。敞口，平沿，方圆唇，斜弧腹，平底。口径20.6、底径14.7、高5.6厘米（图一八三，8；彩版五五，1）。

　　货泉　7枚。圆形，方穿，正背面郭缘较窄，正面悬针篆书"货泉"二字，顺读。标本M45：4-1，钱径2.2、穿宽0.7、郭厚0.18厘米（图一八三，1）。标本M45：4-2，钱径2.1、穿宽0.7、郭厚0.15厘米（图一八三，2）。标本M45：4-3，钱径2.1、穿宽0.62、郭厚0.12厘米

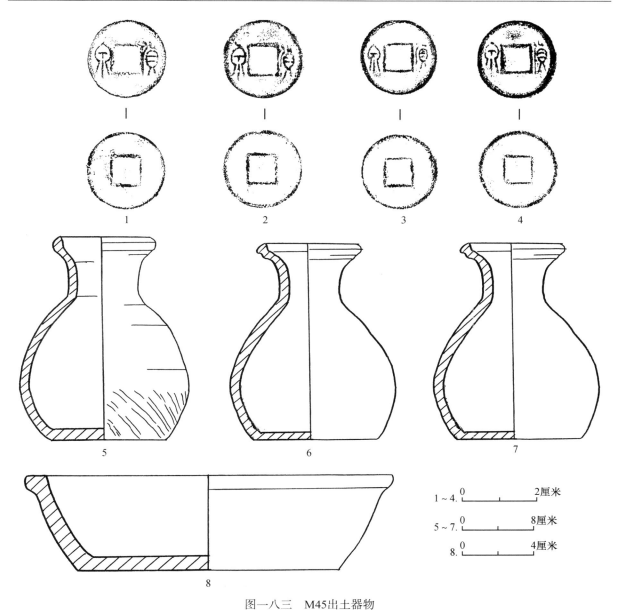

图一八三　M45出土器物

1～4.货泉（M45∶4-1、M45∶4-2、M45∶4-3、M45∶4-4）　5～7.陶壶（M45∶1、M45∶2、M45∶3）　8.陶盆（M45∶5）

（图一八三，3）。标本M45∶4-4，钱径2.1、穿宽0.65、郭厚0.15厘米（图一八三，4）。

二、M53

1. 墓葬形制

M53位于第Ⅱ区T1414、T1514东中部，东南部被M52打破。开口于第③层下，南北向，方向190°。平面呈刀把形，竖穴土圹砖室墓。墓口距地表深0.8米，墓底距地表深1～2.14米。墓圹南北长8.2、东西宽0.64～2.3、深0.2～1.34米。由墓道、墓门、墓室三部分组成（图一八四；彩版二〇，2）。

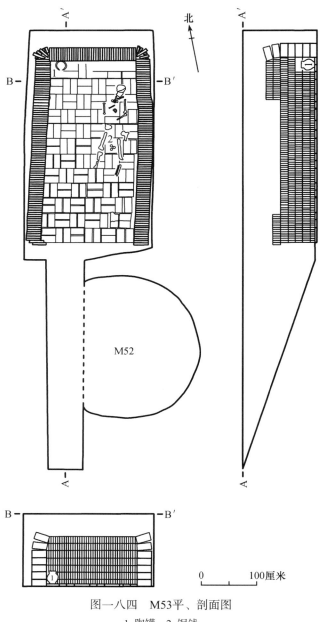

图一八四　M53平、剖面图
1. 陶罐　2. 铜钱

　　墓道　位于墓门南部。平面呈长方形，南北长3.94、东西宽0.9米，东西两壁垂直平整。墓道呈斜坡状，坡度17°，坡长4.1、深0.2～1.34米。内填黄褐色花土，土质稍硬。
　　墓门　位于墓道北部。顶部拱券式砖及两壁墙已毁，东西宽1.7米，进深0.28米。
　　墓室　位于墓门北部。平面呈梯形，南北长3.66、东西宽2.06～2.2、现深1.34米。顶部拱券结构已毁，现存北部东西券二层。三壁墙用长0.28、宽0.14、厚0.04米青砖立砖依次向上砌筑五层起券，残高0.66~0.98米。铺地砖用青砖二横二竖交错无序平铺。未发现葬具，骨架保存较差，头向北，面向上，仰身直肢，为男性。

2. 随葬品

墓室内北部出土陶罐1件，下肢骨内侧中部出土铜钱3枚。

陶罐 1件。标本M53：1，泥质灰陶，轮制。敞口，斜平沿，方圆唇，短束颈，斜肩，深鼓腹曲收，平底内凹。肩腹部饰数周凹弦纹，下腹及底部饰粗绳纹。口径13.6、腹径20.6、底径6.8、高26厘米（图一八五，1）。

大泉五十 3枚。圆形，方穿，正背面郭缘较宽，正面篆书"大泉五十"四字，对读。标本M53：2-1，钱径2.78、穿宽0.7、郭厚0.25厘米（图一八五，2）。标本M53：2-2，钱径2.62、穿宽0.8、郭厚0.22厘米（图一八五，3）。

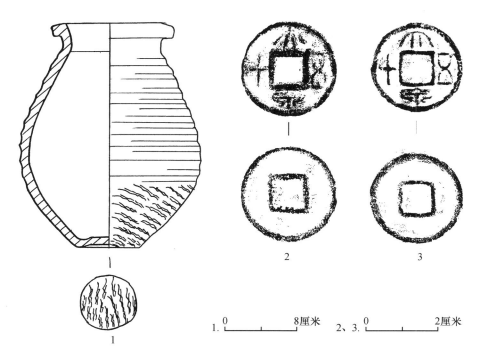

图一八五 M53出土器物
1.陶罐（M53：1） 2、3.大泉五十（M53：2-1、M53：2-2）

三、M84

1. 墓葬形制

M84位于第Ⅱ区T2115东南部，东南延伸至T2015，东南邻M82。开口于第③层下，南北向，方向193°。平面呈刀把形，竖穴土圹砖室墓。由于破坏严重，券顶已不存。墓口距地表深0.8米，墓底距地表深0.84~2.18米。墓圹南北长8.6、宽0.8~2.14、深0.04~1.38米。由墓道、墓门、墓室三部分组成（图一八六；彩版二〇，3）。

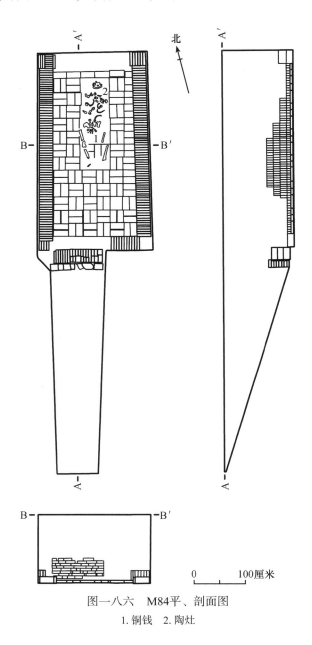

图一八六　M84平、剖面图
1. 铜钱　2. 陶灶

墓道　位于墓门南部。平面呈梯形，南北长4.56、宽0.8~1.1米，东西两壁垂直平整。墓道呈斜坡状，坡度20°，底坡长4.74、深0.04~1.38米。内填黄褐色花土，土质稍硬。

墓门　位于墓道北部。东西宽1.1、进深0.28米。顶部拱券式砖及两壁墙已毁，现深1.34米。封门内侧用青砖立砖向上砌筑，外侧用青砖错缝依次向上平砌，残高0.4~0.42米。

墓室 位于墓门北部。平面呈长方形，南北长3.94、宽2.14、现深1.38米。顶部拱券结构已毁，四壁墙用长0.28、宽0.14、厚0.04米青砖立砖依次向上砌筑，墙残高0.14～0.52米。铺地砖用青砖二横二竖交错无序平铺。未发现葬具，骨架保存较差，头向北，面向上，仰身直肢，为男性。

2. 随葬品

墓室内北部出土陶灶1件，盆骨上下部出土铜钱8枚。

陶灶 1件，标本M84：2，泥质灰陶，手轮兼制。残，平面呈近马蹄形，灶面内凹，椭圆形釜眼呈五孔分布，体饰粗绳纹。残长13.8、残高4、孔径3.7厘米（图一八七，1）。

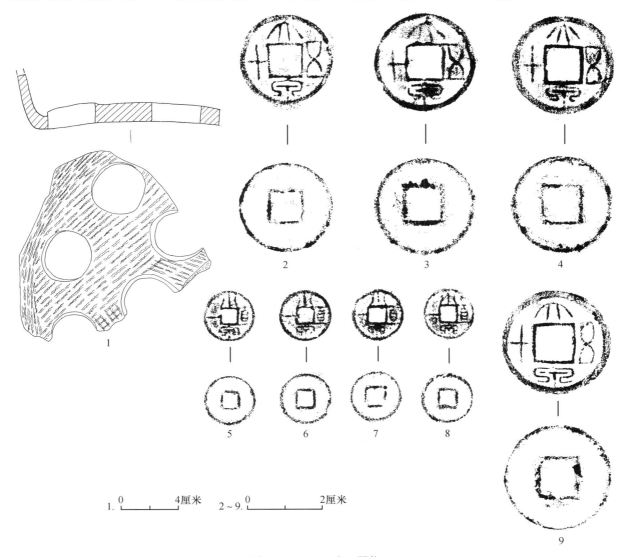

图一八七 M84出土器物

1. 陶灶（M84：2） 2～4、9. 大泉五十（M84：1-1、M84：1-2、M84：1-3、M84：1-4）

5～8. 小泉直一（M84：1-5、M84：1-6、M84：1-7、M84：1-8）

大泉五十　4枚。圆形，方穿，正背面郭缘较宽，正面篆书"大泉五十"四字，对读。标本M84：1-1，钱径2.52、穿宽0.82、郭厚0.15厘米（图一八七，2）。标本M84：1-2，钱径2.75、穿宽0.82、郭厚0.28厘米（图一八七，3）。标本M84：1-3，钱径2.8、穿宽0.82、郭厚0.25厘米（图一八七，4）。标本M84：1-4，钱径2.95、穿宽0.82、郭厚0.3厘米（图一八七，9）。

小泉直一　4枚。圆形，方穿，正背面郭缘较窄，正面篆书"小泉直一"四字，对读。标本M84：1-5，钱径1.4、穿宽0.4、郭厚0.15厘米（图一八七，5）。标本M84：1-6，钱径1.42、穿宽0.41、郭厚0.13厘米（图一八七，6）。标本M84：1-7，钱径1.41、穿宽0.4、郭厚0.18厘米（图一八七，7）。标本M84：1-8，钱径1.42、穿宽0.38、郭厚0.18厘米（图一八七，8）。

四、M104

1. 墓葬形制

M104位于第Ⅱ区T2314西南部，南延伸至T2214，东南邻M103。开口于第③层下，南北向，方向190°。平面呈刀把形，竖穴土圹砖室墓。墓口距地表深0.8米，墓底距地表深0.9～2.74米。墓圹南北长9.2、南北宽0.96～2.8、深0.1～1.94米。由墓道、墓门、墓室三部分组成（图一八八）。

墓道　位于墓门南部。平面呈梯形，南北长4.7、宽0.96～1.06米，东西两壁垂直平整。墓道呈斜坡状，坡度22°，坡长5.04、深0.1～1.94米。内填黄褐色花土，土质松软。

墓门　位于墓道北部。东西宽0.78、进深0.28米，顶部拱券式砖已毁，东西墙壁用青砖立砖依次向上砌筑，墙残高1.2米。

墓室　位于墓门北部。平面呈长方形，南北长3.94、宽2.2、现深1.94米。顶部拱券结构已毁，现存二层。四壁墙用长0.28、宽0.14、厚0.04米青砖立砖在铺地砖上依次向上砌筑九层起券，残高1.36～1.64米。铺地砖用青砖二横二竖交错无序平铺。未发现葬具及骨架。

2. 随葬品

墓室内东北部出土陶罐6件、铜钱4枚。

陶罐　6件。标本M104：1，泥质灰陶，轮制。敞口，斜平沿，方唇，短束颈，溜肩，弧腹，平底。肩腹部饰数周凹弦纹，下腹部饰细绳纹，内壁遗有轮旋痕。口径12.6、腹径20.4、底径6.8、高25.6厘米（图一八九，1）。标本M104：2，泥质灰陶，轮制。直口，平沿，方圆唇，束颈，斜肩，鼓腹，下腹弧收，平底内凹。肩腹部饰数周凹弦纹，下腹及底部饰交错粗绳纹，内壁留有轮旋痕。口径14、腹径21.4、底径6.4、高26.4厘米（图一八九，2）。标本

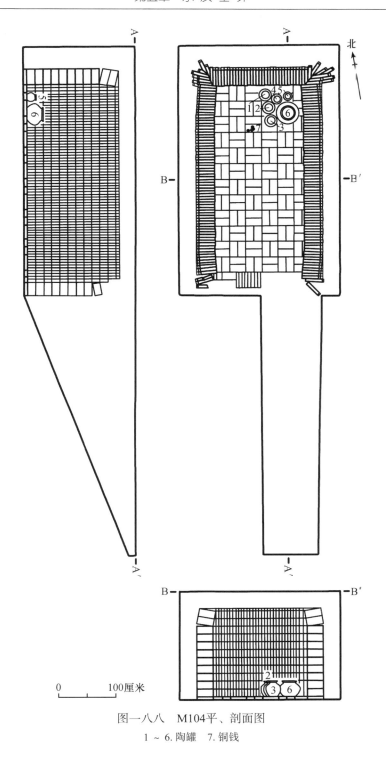

图一八八　M104平、剖面图

1～6.陶罐　7.铜钱

M104：3，泥质灰陶，轮制。敞口，斜平沿，尖圆唇，短束颈，斜肩，鼓腹，下腹弧收，平底内凹。肩腹部饰数周凹弦纹，下腹及底部饰交错粗绳纹，内壁留有轮旋痕。口径13.6、腹径21.2、底径7.6、高26.2厘米（图一八九，3）。标本M104：4，泥质灰陶，轮制。直口微敞，尖

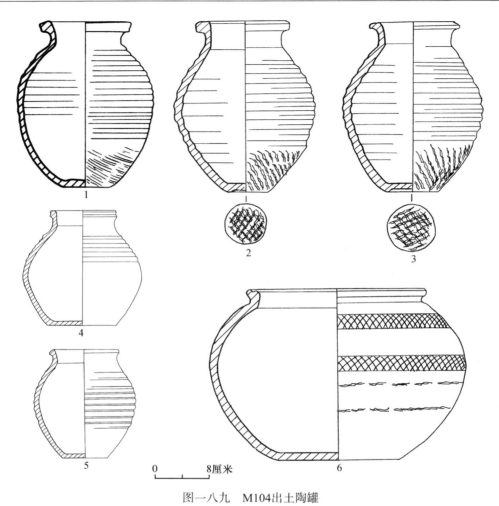

图一八九　M104出土陶罐

1. M104：1　2. M104：2　3. M104：3　4. M104：4　5. M104：5　6. M104：6

圆唇，口沿内凹，束颈，斜肩，扁鼓腹，下腹斜收，平底。肩腹部饰数周凹弦纹。口径9.8、腹径18、底径10、高18厘米（图一八九，4；彩版五五，2）。标本M104：5，泥质灰陶，轮制。敞口，斜平沿，尖圆唇，短束颈，斜肩，鼓腹，下腹弧收，平底。肩腹部饰数周凹弦纹。口径10.1、腹径15.2、底径6.8、高16.8厘米（图一八九，5；彩版五五，3）。标本M104：6，泥质夹砂红陶，轮制。敛口，凹沿，尖圆唇，短束颈，圆肩，圆鼓腹，平底。肩腹部饰两周菱形纹纹带，下腹部饰两道粗绳纹。口径26.4、腹径38.2、底径18、高26.4厘米（图一八九，6；彩版五五，4）。

　　大泉五十　4枚。圆形，方穿，正背面郭缘较宽，正面篆书"大泉五十"四字，对读。标本M104：7-1，钱径2.71、穿宽0.79、郭厚0.28厘米（图一九〇，1）。标本M104：7-2，钱径2.81、穿宽0.7、郭厚0.31厘米（图一九〇，2）。标本M104：7-3，钱径2.81、穿宽0.71、郭厚0.3厘米（图一九〇，3）。标本M104：7-4，钱径2.78、穿宽0.75、郭厚0.22厘米（图一九〇，4）。

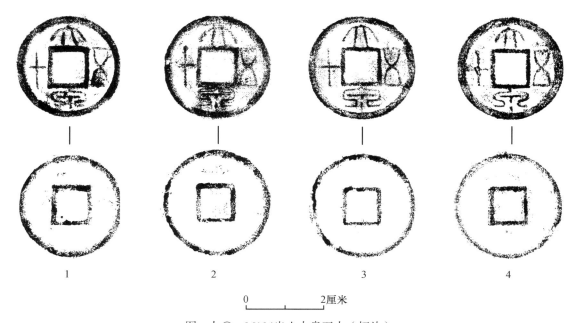

图一九〇 M104出土大泉五十（拓片）

1. M104：7-1　2. M104：7-2　3. M104：7-3　4. M104：7-4

五、M183

1. 墓葬形制

M183位于第Ⅱ区T3413东南部，延伸至T3312、T3412两个探方，西南邻M182。开口于第③层下，南北向，方向188°。平面呈刀把形，竖穴土圹砖室墓。由于破坏严重，券顶已不存。墓口距地表深0.8米，墓底距地表深0.84～2.18米。墓圹南北长7.8、东西宽0.76～2.38、深0.04～1.38米。由墓道、墓门、墓室三部分组成（图一九一；彩版二〇，4）。

墓道　位于墓门南部。平面呈梯形，南北长3.3、东西宽0.76～0.84米，东西两壁垂直平整。墓道呈斜坡状，坡度22°，坡长3.6、深0.04～1.38米。内填黄褐色花土，土质松软。

墓门　位于墓道北部。东西宽1.2、进深0.28米，顶部拱券式砖已毁，东西墙壁用青砖一横两竖交错依次向上砌筑，墙残高1.28米。

墓室　位于墓门北部。平面呈长方形，南北长4.2、东西宽2.26、现深1.38米。顶部拱券结构已毁，东西、南壁墙用长0.28、宽0.14、厚0.04米青砖一横两竖错缝依次向上砌筑，北壁墙下部用青砖呈倒人字形交错依次向上砌筑，上部用青砖一横两竖错缝向上平砌，墙残高1.28米。铺地砖用青砖呈人字形交错无序平铺。未发现葬具及头骨，骨架保存较差，足朝南，仰身屈肢，为男性。

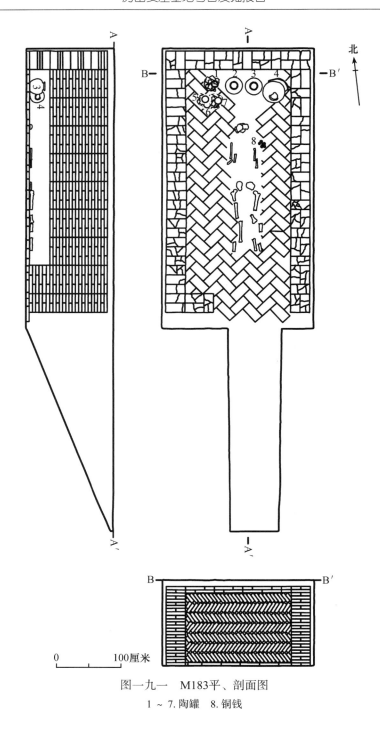

图一九一　M183平、剖面图

1～7.陶罐　8.铜钱

因水位较高，墓葬内形成积水。

2. 随葬品

墓室内北部出土陶罐7件，左上肢骨上部出土铜钱6枚。

陶罐　7件。标本M183：1，泥质灰陶，轮制。残。敞口，斜平沿，方圆唇，短束颈，圆肩，圆鼓腹，底残。肩腹部饰数周凹弦纹。口径13.9、残高23厘米（图一九二，1）。标本M183：2，泥质夹砂红陶，轮制。敞口，尖圆唇，短束颈，溜肩，圆鼓腹，平底。外口沿中部饰一周凸棱，肩腹部各饰两周凹弦纹，内壁留有轮旋痕。口径12.8、腹径26.8、底径10、高24.6厘米（图一九二，4；彩版五五，5）。标本M183：3，泥质夹砂红陶，轮制。敞口，外口沿中部饰一周凸棱，短束颈，溜肩，圆鼓腹，圜底。肩腹部饰四周凹弦纹。口径11.8、腹径26.4、高25.2厘米（图一九二，5；彩版五五，6）。标本M183：4，泥质灰陶，轮制。敞口，凹沿，尖圆唇，短束颈，丰肩，圆鼓腹，平底。肩腹部饰数周凹弦纹，下腹部饰细绳纹。口径10.8、腹径32、底径14、高34厘米（图一九二，6）。标本M183：5，泥质灰陶，轮制。残，敞口，斜平沿，方唇，短束颈，圆肩。口径13.4、残高9.4厘米（图一九二，3）。标本M183：6，泥质灰陶，轮制。残。敞口，平沿，尖圆唇，短束颈，圆肩，圆鼓腹，圜底。上腹部饰三周凹弦纹。腹径36、残高32.5厘米（图一九二，2）。标本M183：7，泥质夹砂红陶，轮制。侈口，平沿。方圆唇，短束颈，溜肩，鼓腹，下腹略弧收，小平底。肩部饰两组凹弦纹，内壁留有轮旋痕。口径22.4、腹径36.8、底径10、高31.8厘米（图一九三，1）。

五铢　6枚。圆形，方穿，正背面郭缘较窄，正面篆书"五铢"二字，顺读。"五"字两股交笔弯曲，上下两横笔对称齐平。"铢"字"金"字旁上部三角形，下部四点竖笔较短，"朱"字旁上下均圆折，中部竖笔细长齐平，横笔略粗。标本M183：8-1，钱径2.6、穿宽1、郭厚0.2厘米（图一九三，2）。标本M183：8-2，钱径2.45、穿宽0.92、郭厚0.16厘米（图一九三，3）。标本M183：8-3，钱径2.5、穿宽0.99、郭厚0.16厘米（图一九三，4）。

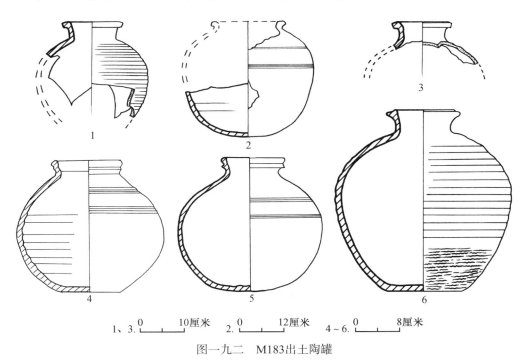

图一九二　M183出土陶罐

1. M183：1　2. M183：6　3. M183：5　4. M183：2　5. M183：3　6. M183：4

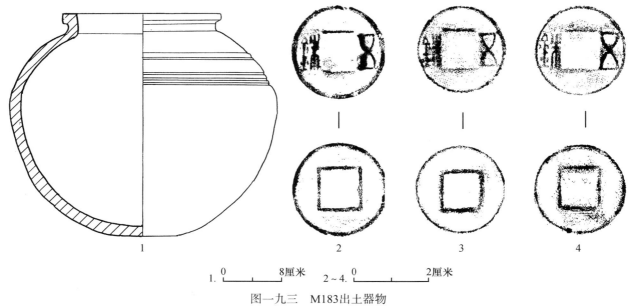

图一九三　M183出土器物

1. 陶罐（M183：7）　2 ~ 4. 五铢（M183：8-1、M183：8-2、M183：8-3）

贰　甲字形砖室墓

甲字形砖室墓3座，编号为M46、M77、M181，由墓道、墓门、墓室三部分组成，墓道位于墓室一端的中部，呈斜坡状，墓门与墓室用砖券筑，整体形状呈甲字形。

一、M46

1. 墓葬形制

M46位于第Ⅱ区T1215东中部，西北邻M47。开口于第③层下，南北向，方向190°。平面呈甲字形，竖穴土圹砖室墓。由于破坏严重，券顶已不存。墓口距地表深0.8米，墓底距地表深1 ~ 2米。墓圹南北长8.6、东西宽0.96 ~ 1.88、深0.2 ~ 1.2米。由墓道、墓门、墓室三部分组成（图一九四；彩版二一，1）。

墓道　位于墓门南部。平面呈长方形，南北长4.6、东西宽0.96米，东西两壁垂直平整。墓道呈斜坡状，坡度12°，坡长4.7、深0.2 ~ 1.2米。内填黄褐色花土，土质松软。

墓门　位于墓道北部。东西宽0.92、进深0.28米，顶部拱券式砖已毁，两壁墙用青砖错缝向上平砌，墙残高0.92米。封门内侧用青砖错缝平砌，外侧用青砖呈倒人字形交错向上依次砌筑，残高0.86米。

墓室　位于墓门北部。平面呈梯形，南北长3.46、宽1.2 ~ 1.5、现深1.2米。顶部拱券结构已毁，东、北两壁墙下部用长0.28、宽0.14、厚0.05米青砖在铺地砖上呈倒人字形交错向上砌

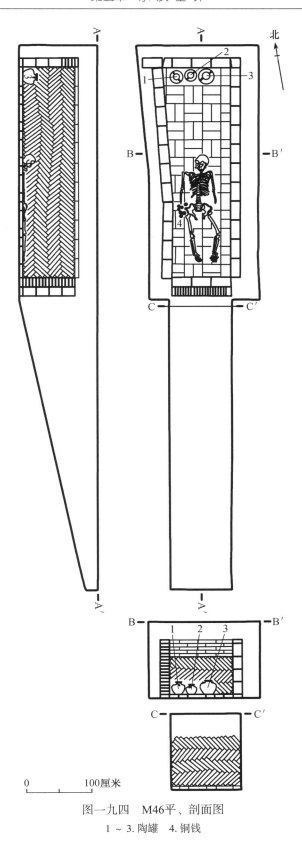

图一九四　M46平、剖面图

1～3.陶罐　4.铜钱

筑，上部用青砖错缝向上平砌，西壁墙用青砖错缝依次向上平砌。铺地砖用青砖一横二竖、二横二竖不等无序平铺。未发现葬具，骨架保存稍好，头向北，面向上，仰身屈肢，为男性。

2. 随葬品

墓室内北部出土陶罐3件，右上肢骨下方出土铜钱7枚。

陶罐　3件。标本M46：1，泥质灰陶，轮制。敞口，平沿，尖唇，短束颈，斜肩，扁鼓腹，下腹弧收，饼足。肩部置对称双系。外口沿下部饰一周凸棱，肩部饰一周仰、覆莲纹间隔斑点纹，中腹部饰两周凹弦纹及叶片纹，下腹部饰刻划斜线纹。口径8.2、腹径20.6、底径12、高19.4厘米（图一九五，1；彩版五六，1）。标本M46：2，泥质灰陶，轮制。敞口，平沿，尖圆唇，短束颈，斜肩，扁鼓腹，饼足。肩部置对称双系。外口沿下部饰一周凸棱，肩部饰一周仰、覆莲纹间隔斑点纹，中腹部饰两周凹弦纹，下腹部饰刻划斜线纹。口径8.7、腹径18.8、底径11.5、高16.2厘米（图一九五，2；彩版五六，2）。标本M46：3，泥质灰陶，轮制。敞口，斜平沿，尖唇，短束颈，斜肩，扁鼓腹，下腹斜收，饼足。肩部置对称双系。外口沿下部饰一周凸棱，肩部饰一周仰、覆莲纹间隔斑点纹，中腹部饰两周凹弦纹，下腹部饰刻划斜线纹。口径10.2、腹径24、底径16、高22.4厘米（图一九五，3；彩版五六，3）。

五铢　7枚。圆形，方穿，正背面郭缘较窄，正面篆书"五铢"二字，顺读。"五"字

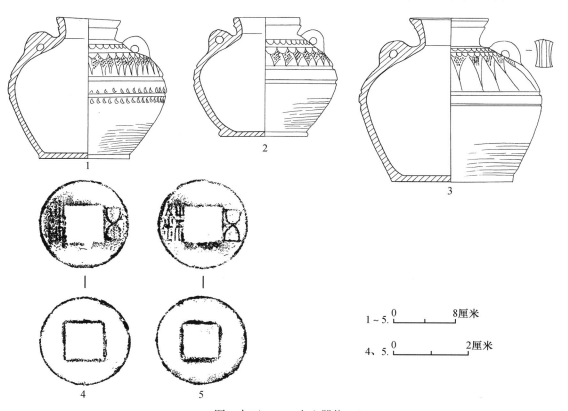

图一九五　M46出土器物

1～3.陶罐（M46：1、M46：2、M46：3）　4、5.五铢（M46：4-1、M46：4-2）

两股交笔弯曲，上下两横笔对称齐平。"鉄"字"金"字旁上部三角形，下部四点竖笔较短，"朱"字旁上下均圆折，中部竖笔细长齐平，横笔略粗。标本M46：4-1，钱径2.5、穿宽0.8、郭厚0.2厘米（图一九五，4）。标本M46：4-2，钱径2.5、穿宽0.72、郭厚0.18厘米（图一九五，5）。

二、M77

1. 墓葬形制

M77位于第Ⅱ区T1914北中部，东延伸至T1913，南邻M27。开口于第③层下，东西向，方向270°。平面呈甲字形，竖穴土圹砖室墓。由于破坏严重，券顶已不存。墓口距地表深0.8米，墓底距地表深0.9～2.9米。墓圹南北长9.4、东西宽0.7～1.6、深0.1～2.1米。由墓道、墓门、墓室三部分组成（图一九六；彩版二一，2）。

墓道　位于墓门西部。平面呈梯形，东西长5.4、宽0.7～0.96米，东西两壁垂直平整。墓道呈斜坡状，坡度20°，坡长5.74、深0.1～2.1米。内填黄褐色花土，土质松软。

墓门　位于墓道东部。平面呈长方形，东西宽0.96、进深0.28米，顶部拱券式砖已毁，两壁墙用青砖依次向上平砌，墙残高0.92米。

墓室　位于墓门东部。平面呈长方形，南北长3.84、东西宽1.34、现深2.1米。顶部拱券结构已毁，南北墙挤压变形为内弧状，三壁墙用长0.28、宽0.14、厚0.04米青砖错缝依次向上平砌，墙残高0.92米。铺地砖用青砖横竖无序平铺。未发现葬具，骨架保存稍好，头向东，面向上，仰身直肢，为男性。

2. 随葬品

墓室内东部出土陶罐1件、陶壶2件、陶釜1件，头骨左侧出土铜钱3枚。

陶罐　1件。标本M77：1，泥质灰陶，轮制。敞口内敛，斜平沿，尖圆唇，短束颈，丰肩，扁鼓腹，平底。肩部饰四周凹弦纹。口径12.4、腹径26、底径10、高23.8厘米（图一九七，1）。

陶壶　2件。形制相同。泥质灰陶，轮制。浅盘口，短束颈，溜肩，鼓腹，平底内凹。肩腹部饰两周凸弦纹。标本M77：2，口径10.5、腹径18、底径11.6、高24.8厘米（图一九七，2）。标本M77：3，口径10.8、腹径20、底径13、高25.8厘米（图一九七，3）。

陶釜　1件。M77：5，夹云母红褐陶，轮制。圜底残，敛口，宽平沿，沿面内凹呈槽，内沿微凸棱状，圆唇，斜直腹。器表通体饰竖向粗绳纹。口径28、沿宽2.4、残高15.2厘米（图一九七，4）。

大泉五十　3枚。圆形，方穿，正背面郭缘较宽，正面篆书"大泉五十"四字，对读。标本M77：4-1，钱径2.78、穿宽0.83、郭厚0.22厘米（图一九七，5）。标本M77：4-2，钱径2.76、穿宽0.8、郭厚0.21厘米（图一九七，6）。

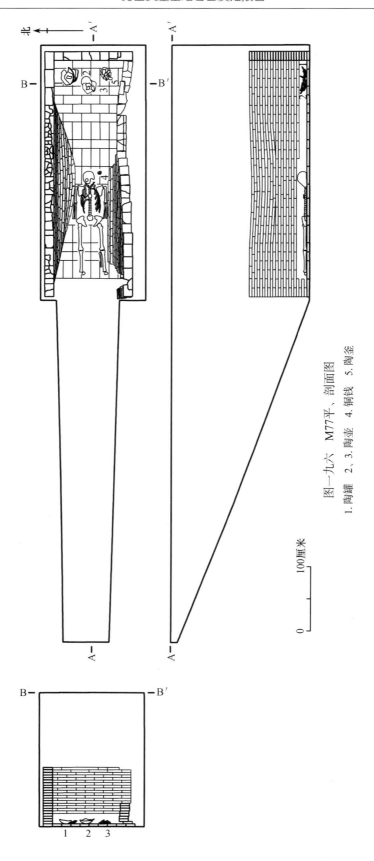

图一九六　M77平、剖面图

1. 陶罐　2、3. 陶壶　4. 铜钱　5. 陶釜

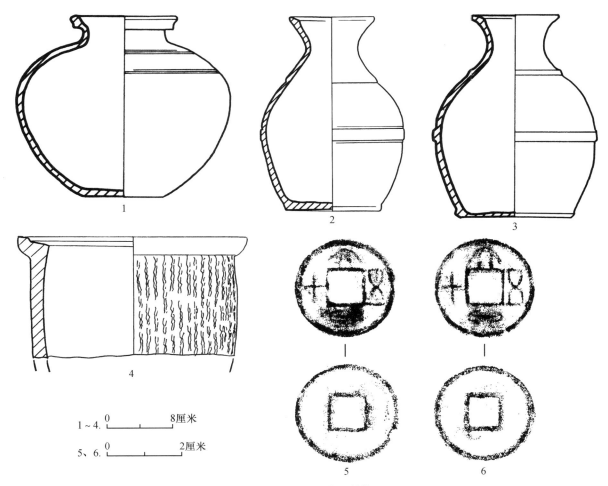

图一九七　M77出土器物

1.陶罐（M77：1）　2、3.陶壶（M77：2、M77：3）　4.陶釜（M77：5）　5、6.大泉五十（M77：4-1、M77：4-2）

三、M181

1. 墓葬形制

M181位于第Ⅱ区T3113东部，西邻M180。开口于第③层下，南北向，方向190°。平面呈甲字形，竖穴土圹砖室墓。由于破坏严重，券顶已不存。墓口距地表深0.8米，墓底距地表深0.84～2.5米。墓圹南北长6.2、东西宽0.78～1.3、深0.04～1.7米。由墓道、墓门、墓室三部分组成（图一九八；彩版二一，3）。

墓道　位于墓门南部。平面呈长方形，南北长2.46、宽0.78米，东西两壁垂直平整。墓道呈斜坡状，坡度35°，坡长3米，深0.04～1.7米。内填黄褐色花土，土质疏松。

墓门　位于墓道北部。东西宽0.84、进深0.28米。顶部拱券式砖及两壁墙已毁，现深1.7米。

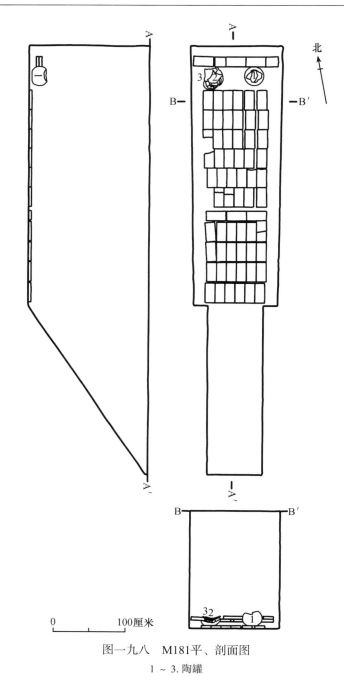

图一九八　M181平、剖面图

1 ~ 3. 陶罐

墓室　位于墓门北部。平面呈长方形，南北长3.54、宽1.2、现深1.7米。顶部拱券结构已毁，现存北壁残墙，用长0.28、宽0.14、厚0.04米青砖错缝向上平砌，墙残高0.18米。铺地砖用青砖横竖无序平铺。未发现葬具及骨架。

2. 随葬品

墓室内北部出土陶罐3件。

陶罐   3件。2件形制相同。泥质灰陶，轮制。敞口，方圆唇，凹沿，短束颈，圆肩，圆鼓腹，圜底。肩腹部饰四周凹弦纹。标本M181：1，口径13.2、腹径25.7、高25.8厘米（图一九九，1）。标本M181：2，口径13.2、腹径26.4、高25.2厘米（图一九九，2）。标本M181：3，泥质灰陶，轮制。口残，溜肩，圆鼓腹，圜底。腹及底部饰细绳纹，内壁留有轮旋痕。腹径37、残高31.4厘米（图一九九，3）。

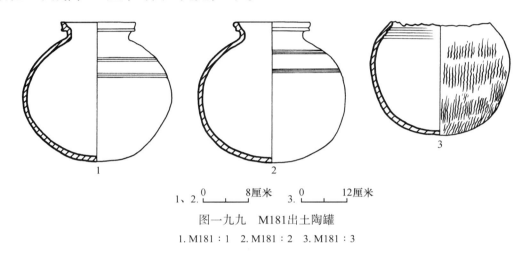

图一九九 M181出土陶罐

1. M181：1 2. M181：2 3. M181：3

叁 砖券多室墓

砖券多室墓1座，编号为M191。

M191

1. 墓葬形制

M191位于第Ⅲ区T0628西北部，延伸至T0528、T0627两个探方。开口于第③层下，东西向，方向268°。平面呈近刀字形，竖穴土圹砖室墓。由于破坏严重，券顶已不存。墓口距地表深0.8米，墓底距地表深0.9~1.7米。墓圹东西长10.24、南北宽0.94~4.44、深0.1~0.9米。由墓道、墓门、前甬道、前室、后甬道、后室、耳室七部分组成（图二〇〇；彩版二一，4）。

墓道   位于墓门西部。平面呈梯形，东西长2、南北宽0.94~1米。东西两壁垂直平整。墓道呈斜坡状，坡度23°，坡长2.06、深0.1~0.9米。内填黄褐色花土，土质疏松。

墓门   位于墓道东部。南北宽0.92、进深0.28米，顶部拱券式砖已毁，南北墙壁用青砖二横二竖依次向上砌筑，墙残高0.56米。封门用青红砖错缝向上平砌，残高0.48米。

前甬道   位于墓门东部。南北宽1.46、东西进深1.34米，顶部拱券式砖已毁，两壁墙用青砖二横一竖依次向上砌筑，墙残高0.56米。内侧用青红砖一竖一横依次向上砌筑，残高0.56米。铺地砖用卧砖无序平铺。

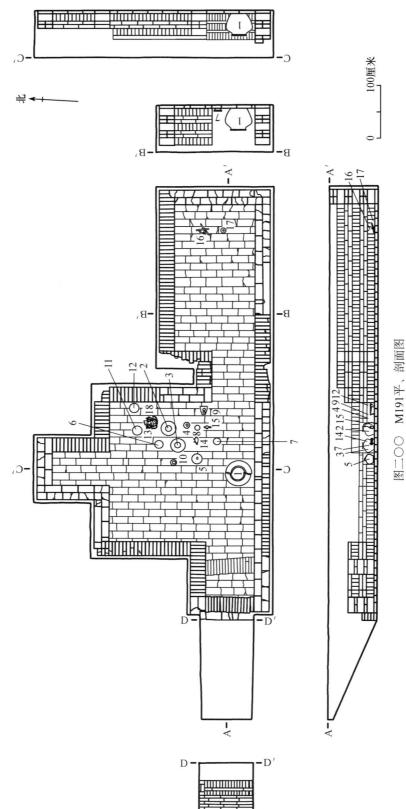

图二〇〇　M191平、剖面图

1～3. 陶罐　4. 陶棕头瓶　5. 陶扑满　6. 陶奁　7. 陶盆　8. 陶瓿　9. 陶灶　10. 陶磨　11～13、18. 陶碗　14. 陶狗　15. 陶鸡　16. 铜弩机　17. 铜镜

前室 位于甬道东部。平面呈正方形，东西长3.26、南北宽3.26、现深0.9米。顶部拱券结构已毁，四壁墙用长0.28、宽0.14、厚0.05米青砖二横一竖错缝依次向上砌筑，墙残高0.34～0.9米。铺地砖用卧砖无序平铺。未发现葬具及骨架。

后甬道 位于前室东部。南北宽1.34、东西进深0.98米，顶部拱券式砖已毁，两壁墙用青砖二横一竖依次向上砌筑，墙残高0.62～0.76米。

后室 位于后甬道东部。平面呈长方形，东西长3.3、南北宽2.04、现深0.9米。顶部拱券结构已毁，四壁墙用长0.28、宽0.14、厚0.06米青砖二横一竖错缝依次向上砌筑，墙残高0.76～0.9米。铺地砖用卧砖无序平铺。未发现葬具及骨架。

耳室 位于前室北部。平面呈长方形，南北长1.34、东西宽1.2、现深0.9米。顶部拱券结构已毁，四壁墙用长0.28、宽0.14、厚0.06米青砖二横一竖错缝依次向上砌筑，墙残高0.34米。铺地砖用卧砖无序平铺。

2. 随葬品

前室内东部出土陶罐3件、陶蒜头瓶1件、陶扑满1件、陶㽅1件、陶盆1件、陶甑1件、陶灶1件、陶磨1件、陶碗4件、陶狗1件、陶鸡1件；后室北部出土铜弩机1件、铜镜1面。

陶罐 3件。标本M191：1，泥质灰陶，轮制。直口微敛，平沿，矮颈，溜肩，弧腹，平底内凹。肩部饰四周凹弦纹，弦纹中间饰一周连弧纹，口沿及腹部饰粗绳纹。口径27.2、腹径46、底径32.8、高44厘米（图二〇一，4；彩版五六，4）。标本M191：2，泥质夹砂红陶，轮制。直口，凹沿，尖圆唇，短束颈，丰肩，扁鼓腹，下腹弧收，平底。上腹部饰一周凹弦纹，内壁留有轮旋痕。口径12、腹径26.4、底径16.2、高19.4厘米（图二〇一，2；彩版五六，5）。标本M191：3，泥质夹砂红陶，轮制。敛口，尖圆唇，短束颈，斜肩，鼓腹，下腹弧收，平底。肩部饰两周凹弦纹。口径11.6、腹径25.8、底径19.8、高18.6厘米（图二〇一，3；彩版五六，6）。

陶蒜头瓶 1件。标本M191：4，泥质夹砂红陶，轮制。直口微敛，平沿，长束颈，溜肩，收腹平底。颈部饰一周凹弦纹。底部有一圆形孔。口径4、底径11、孔径6.8、高18.6厘米（图二〇三，3；彩版五七，6）。

陶扑满 1件。标本M191：5，泥质灰陶，轮制。顶部残，溜肩，圆鼓腹，平底外展。上腹部饰五周凹弦纹，中腹部置一圆形孔。口径3.2、腹径17.4、底径15.2、孔径2、残高18.4厘米（图二〇三，6；彩版五八，1）。

陶㽅 1件。标本M191：6，泥质灰陶，手轮兼制。敛口，尖圆唇，斜直腹，下腹折收，平底内凹。底部置纽形三足。口径14、底径15、高7.8厘米（图二〇一，1；彩版五七，1）。

陶盆 1件。标本M191：7，泥质灰陶，轮制。敞口，平沿，尖圆唇，浅弧腹，下腹斜收，平底内凹。口径13、底径7.2、高5厘米（图二〇二，1；彩版五七，2）。

陶甑 1件。标本M191：8，泥质灰陶，轮制。敞口，口沿外撇，尖圆唇，深弧腹，平底。底置五个椭圆形箅孔。口径9.2、底径3.4、高3.8厘米（图二〇一，5；彩版五七，3）。

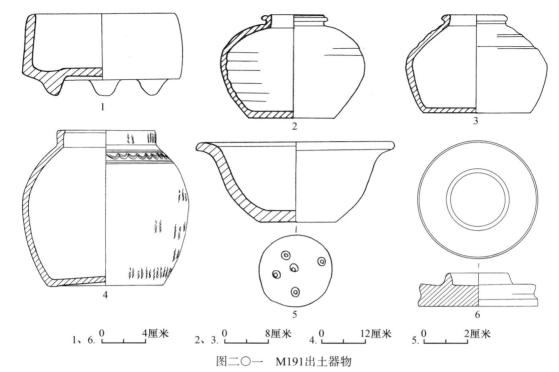

1、6. 0 ___ 4厘米 2、3. 0 ___ 8厘米 4. 0 ___ 12厘米 5. 0 ___ 2厘米

图二〇一　M191出土器物

1. 陶奁（M191:6） 2~4. 陶罐（M191:2、M191:3、M191:1） 5. 陶甑（M191:8） 6. 陶磨（M191:10）

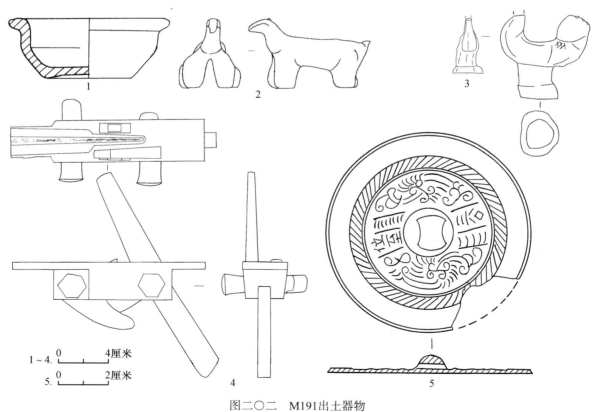

1~4. 0 ___ 4厘米
5. 0 ___ 2厘米

图二〇二　M191出土器物

1. 陶盆（M191:7） 2. 陶狗（M191:14） 3. 陶鸡（M191:15） 4. 铜弩机（M191:16） 5. 铜镜（M191:17）

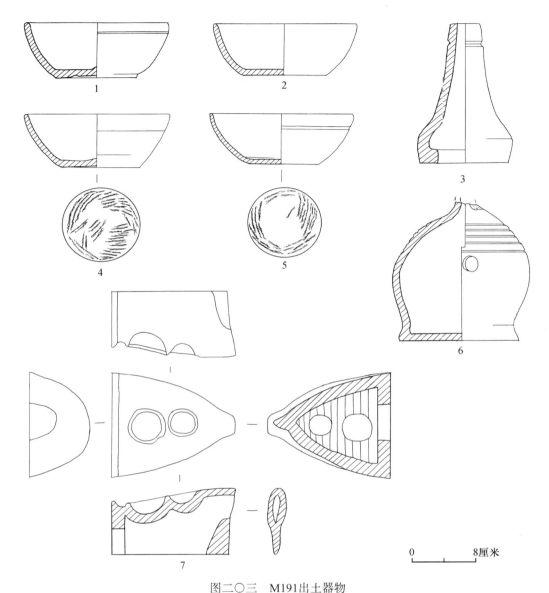

图二〇三　M191出土器物

1、2、4、5.陶碗（M191∶11、M191∶12、M191∶13、M191∶18）3.陶蒜头瓶（M191∶4）

6.陶扑满（M191∶5）7.陶灶（M191∶9）

　　陶灶　1件。标本M191∶9，泥质灰陶，手模兼制。平面呈近三角形，灶面斜坡状，上面置有两个竖排近圆形灶眼，灶台后端饰一道凹沿。灶身前壁中部置有一拱形灶门，灶体中空。灶长15.6、宽2.2～14.2、高7.4～8.8厘米。灶门宽4.6、高3.3厘米（图二〇三，7；彩版五七，4）。

　　陶磨　1件。标本M191∶10，泥质灰陶，模制。圆形，中部略高呈火山口状，磨盘上面斜坡形，中部内凹，平底。直径11.2、高3.2厘米（图二〇一，6；彩版五七、5）。

　　陶碗　4件。标本M191∶11，泥质灰陶，轮制。敞口，尖圆唇，浅弧腹，饼足内凹。底部饰一周凹弦纹。上腹部饰一周凸弦纹。口径18.6、底径10.4、高7.2厘米（图二〇三，1，彩版五八，6）。标本M191：12，泥质红陶，轮制。敞口，尖圆唇，浅弧腹，平底。口径18.2、底径11、高6.8厘米（图二〇三，2；彩版五八，2）。标本M191：13，泥质灰陶，轮制。敞口，尖圆唇，浅弧腹，平底。上腹部饰一周凹弦纹，底部饰细绳纹，内壁留有轮旋痕。口径18、底径8.6、高6.8厘米（图二〇三，4；彩版五八，3）。标本M191：18，泥质灰陶，轮制。敞口，尖圆唇，浅弧腹，平底内凹。底部饰细绳纹，腹部留有轮旋痕。口径18.4、底径9.8、高6.2厘米（图二〇三，5）。

陶狗　1件。标本M191：14，泥质灰陶，手制。昂首，尖嘴，双目外凸，双耳下垂，身体微肥，尾巴上翘，略残，四肢短粗，作站立状。高5.9、残长9.9厘米（图二〇二，2；彩版五八，4）。

陶鸡　1件。标本M191：15，泥质灰陶，手制。站立状，头残，昂首，曲颈，收羽，翘尾，椭圆形底座内凹。尾部饰刻划交错三角纹。残高7.3、长7.6厘米（图二〇二，3；彩版五八，5）。

铜弩机　1件。标本M191：16，由铜郭、望山、悬刀、牙、钩心、销轴六部分组成。郭呈鸭嘴状，前窄后宽，郭前端置有二道沟槽，机身呈倒梯形；望山呈扁平状，上窄下宽，上端圆弧形，置于机身上部左侧；悬刀扁平呈长方形，下端方弧形，置于机身下端中部；双牙呈近三角形，置于机身上部中间两侧；钩心扁平呈犄角状，向后弯曲，置于机身下部前端；销轴呈圆柱状，螺帽呈六边形，置于机身前后端；郭长15.5、宽2.5～3.5厘米。望山长约11、宽1.4～2.2厘米。悬刀长约8.2、宽2厘米。牙长0.3、厚0.9厘米。钩心长5.7、宽0.8～3.6厘米。销轴长6.1～7、粗1.5～1.7厘米（图二〇二，4；彩版五九，1）。

铜镜　1件。标本M191：17，圆形，镜面略凸，半圆形纽，椭圆形穿孔，圆形纽座，纽两侧饰一组夔凤纹，首尾相对。以直行铭文"位至三公"间隔，两周弦纹外饰一周栉纹，宽平缘。直径8.2、缘宽1、缘厚0.2～0.7、纽高0.5厘米（图二〇二，5；彩版五九，2）。

第六章　唐代、辽金墓葬

唐代墓葬1座，编号为M190，为竖穴土圹砖室墓。辽金墓葬12座，编号为M37~M40、M42、M43、M52、M56、M60、M64、M67、M75，均为竖穴土圹墓。

第一节　唐代墓葬

唐代墓葬1座，编号M190。

1. 墓葬形制

M190位于第Ⅲ区T1222西北部，延伸至T1121、T1122、T1221三个探方。开口于第②层下，南北向，方向198°。平面呈甲字形，竖穴土圹砖室墓。由于破坏严重，券顶已不存。墓口距地表深0.55米，墓底距地表深0.55~1.17米。墓圹南北长7.72、东西宽0.92~4.5、深0~0.62米。由墓道、甬道、墓室三部分组成（图二〇四；彩版二二）。

墓道　位于甬道南部。平面呈长方形，南北长1.8、东西宽0.92~1米。东西两壁垂直平整。墓道呈斜坡状，坡度19°，坡长1.9、深0~0.62米。内填灰褐色花土，土质疏松。

甬道　位于墓道北部。东西宽1.62、南北进深1米，顶部拱券式砖已毁，两壁墙用绳纹砖二顺一丁依次向上砌筑，墙残高0.56米。内侧用绳纹砖呈倒人字形交错向上砌筑封堵，残高0.5米。

墓室　位于甬道北部。平面呈方弧形，南北长2.24、东西宽2.2、现深0.62米。顶部拱券结构已毁，四壁残墙用长0.32~0.33、宽0.16、厚0.06米的绳纹砖二顺一丁叠压砌筑，残高0.12~0.32米。墓底用砖并列错缝横铺。墓室内西北部修筑L形棺床，破坏较严重，床壁用青砖在铺地砖上向上叠压错缝平砌包边。床壁东西长2.3、进深1.62米，南北长2.22、进深1.36米，残高0.06~0.12米。未发现葬具及骨架。

2. 随葬品

墓室内东北部出土陶罐1件、瓷罐1件。

陶罐　1件。标本M190：1，泥质灰陶，轮制。敞口，平沿，方圆唇，短束颈，鼓腹，下腹弧收，平底。腹部饰四周凹弦纹。口径10.5、腹径16.7、底径7.8、高16.8厘米（图二〇五，1；彩版五九，3）。

瓷罐　1件。标本M190：2，轮制。直口，平沿，方圆唇，束颈，圆肩，扁鼓腹，饼足。肩腹部置对称桥形双系。上腹部及口沿施酱黄色釉，下腹部至足底内壁未施釉，露灰褐色胎，

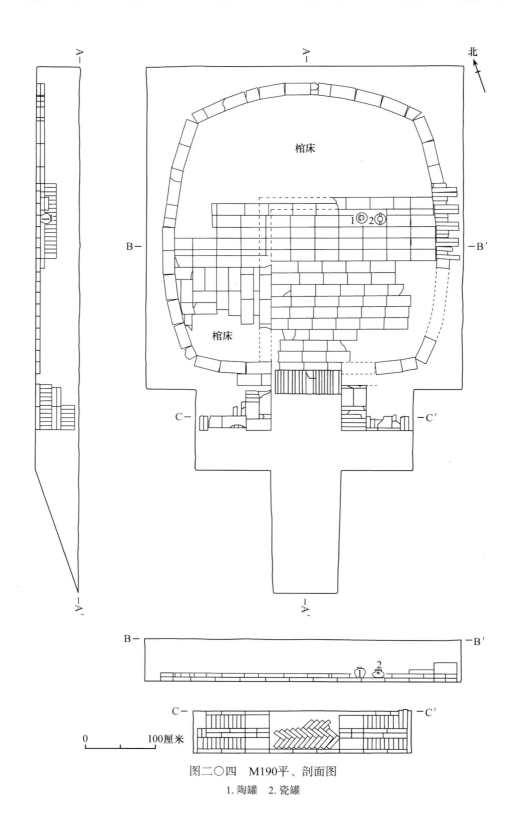

图二〇四　M190平、剖面图

1. 陶罐　2. 瓷罐

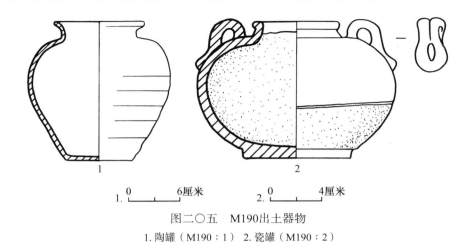

图二〇五 M190出土器物

1.陶罐（M190:1） 2.瓷罐（M190:2）

胎质较细腻。口径6.5、腹径15.6、底径8.6、高11厘米（图二〇五，2；彩版五九，4）。

第二节 辽金墓葬

辽金墓葬12座，编号为M37～M40、M42、M43、M52、M56、M60、M64、M67、M75。

一、M37

1. 墓葬形制

M37位于第Ⅱ区T1212南部，东北邻M38。开口于第①层下，南北向，方向5°。平面呈梯形，竖穴土圹砖室墓。墓口距地表深0.3米，墓底距地表深0.8米。墓圹南北长2.5、东西宽1.08～1.18、深0.5米。北宽南窄，四壁整齐规整，底部较平，墓室四壁用长0.32、宽0.16、厚0.05米素面青砖叠压错缝平砌而成，长2.48、宽1.06～1.13、残高0.5米。内填灰褐色花土，土质疏松（图二〇六；彩版二三，1）。

未发现葬具，骨架保存较好，头向北，面向上，仰身直肢，为男性。

2. 随葬品

墓室内头骨上方出土釉陶罐1件，头骨右侧及右上肢骨内侧上部出土铜钱30枚。

釉陶罐 1件。标本M37:1，轮制。直口，尖圆唇，短颈，溜肩，扁鼓腹，矮圈足。颈肩部置对称双系。泥质黄褐色陶，上腹部及内壁施酱绿色釉，下腹及圈足未施釉。口径9.6、腹径15.2、底径6.8、高10厘米（图二〇七，1；彩版五九，5）。

天圣元宝 2枚。圆形，方穿，正背面郭缘较宽，正面楷书"天聖元寶"四字，旋读。

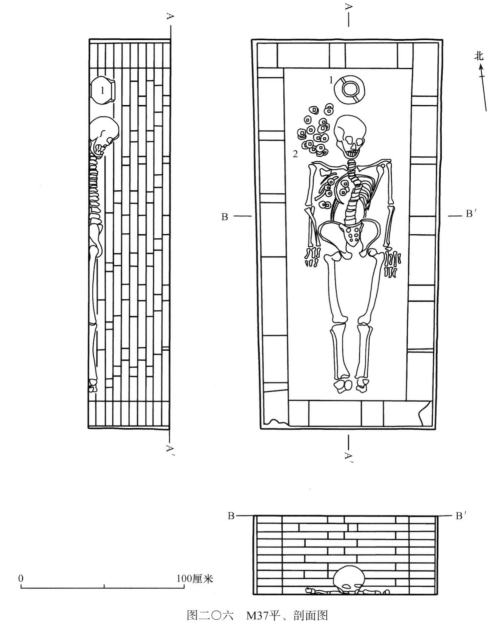

图二〇六　M37平、剖面图
1. 釉陶罐　2. 铜钱

标本M37：2-1，钱径2.48、穿宽0.69、郭厚0.15厘米（图二〇七，2）。标本M37：2-2，钱径2.48、穿宽0.72、郭厚0.12厘米（图二〇七，3）。

　　元丰通宝　1枚。标本M37：2-3，圆形，方穿，正背面郭缘较宽，正面篆书"元豐通寶"四字，旋读。钱径2.43、穿宽0.6、郭厚0.12厘米（图二〇七，4）。

　　元祐通宝　1枚。标本M37：2-4，圆形，方穿，正背面郭缘较宽，正面行书"元祐通寶"四字，旋读。钱径2.42、穿宽0.75、郭厚0.12厘米（图二〇七，5）。

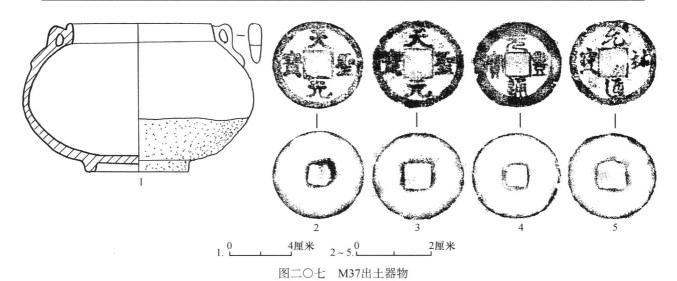

图二〇七　M37出土器物

1.釉陶罐（M37：1）　2、3.天圣元宝（M37：2-1、M37：2-2）　4.元丰通宝（M37：2-3）　5 元祐通宝（M37：2-4）

二、M38

1. 墓葬形制

M38位于第Ⅱ区T1212东部，西南邻M37。开口于第②层下，南北向，方向4°。平面呈梯形，竖穴土圹双人合葬砖室墓。墓口距地表深0.55米，墓底距地表深1.51米。墓圹南北长3.2、东西宽1.8～2、深0.96米。南壁墙因受外部填土向内挤压墓壁砖参差不齐，内填黄褐色花土，土质较硬（图二〇八；彩版二三，2）。

墓室平面呈长方形，顶部拱券结构已毁，现存三层。四壁墙用长0.36、宽0.16、厚0.05米的素面青砖叠压错缝平砌八层起券，长2.98、宽1.68、残高0.46～0.92米。铺地砖现存西部用卧砖平铺。未发现葬具，内葬两具人骨架：东侧骨架保存稍差，头向北，面向上，仰身直肢，为男性；西侧骨架保存较差，头向西，面向上，仰身屈肢，为女性。

2. 随葬品

墓室内东北部出土瓷罐2件，西北部出土瓷瓶1件、铜镜1面，北部出土瓷盏2件，东侧头骨下部、盆骨上部及下肢骨内侧出土铜钱15枚；西侧下肢骨内侧出土铜钱8枚。

铜镜　1件。标本M38：1，圆形，镜面略凸，半圆形纽，椭圆形穿孔，圆形纽座，纽座外饰一周间断斜线纹，外铸一周宽圈带，两周弦纹间隔外饰两周栉纹，栉纹内侧饰四乳钉纹间隔环列铭文"家常富贵"四字，四字两侧各饰一组相对尖喙双歧冠翘尾鸟纹，宽平缘。直径10.4、缘宽1、纽高0.5厘米（图二〇九，3；彩版五九，6）。

瓷盏　2件。形制相同。轮制。敞口，尖圆唇，浅弧腹，内底涩圈，饼足内凹。外口沿及

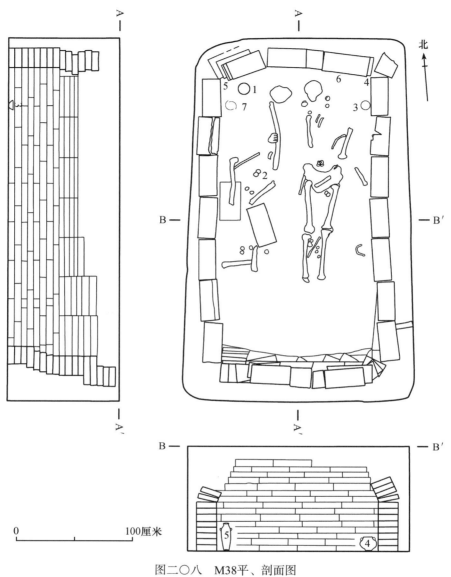

图二〇八　M38平、剖面图

1. 铜镜　2. 铜钱　3、7. 瓷盏　4、6. 瓷罐　5. 瓷瓶

内壁施酱绿色釉，腹部及足底未施釉，露黄褐色胎，胎质较粗。标本M38：3，口径7.8、底径3.5、高2厘米（图二〇九，1；彩版六〇，1）。标本M38：7，口径7.6、底径3.5、高2厘米（图二〇九，2；彩版六〇，2）。

　　瓷罐　2件。标本M38：4，轮制。直口，平沿，直颈，溜肩，扁鼓腹，矮圈足。颈肩置对称桥形双系。灰褐色胎，体施黑色釉，下腹部及圈足其内口沿未施釉。口径11.6、腹径14、底径6.2、高10.4厘米（图二〇九，6；彩版六〇，3）。标本M38：6，轮制。直口，平沿，直颈，溜肩，弧腹，矮圈足。颈肩置对称桥形双系。灰褐色胎，体施酱黑色釉，下腹部及圈足未施釉。口径11.8、腹径14.8、底径7.8、高12厘米（图二〇九，5；彩版六〇，4）。

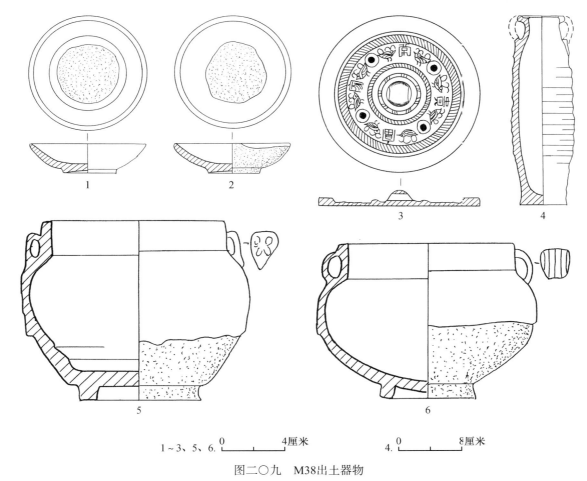

图二〇九 M38出土器物

1、2.瓷盏（M38：3、M38：7） 3.铜镜（M38：1） 4.瓷瓶（M38：5） 5、6.瓷罐（M38：6、M38：4）

瓷瓶 1件。标本M38：5，缸胎，轮制。直口微敛，斜平沿，方圆唇，短束颈，斜肩，长弧腹，平底外展。颈肩部置对称双系，均残。腹部饰数周凹弦纹。腹部及内壁施酱绿色釉，下腹及底部未施釉。口径4.8、腹径8.4、底径6.2、高25厘米（图二〇九，4；彩版六〇，5）。

开元通宝 1枚。标本M38：2-1，圆形，方穿，正背面郭缘较窄，正面隶书"開元通寶"四字，对读。钱径2.51、穿宽0.71、郭厚0.12厘米（图二一〇，1）。

天圣元宝 1枚。标本M38：2-2，圆形，方穿，正背面郭缘较宽，正面篆书"天聖元寶"四字，旋读。钱径2.5、穿宽0.68、郭厚0.11厘米（图二一〇，2）。

皇宋通宝 1枚。标本M38：2-3，圆形，方穿，正背面郭缘较宽，正面篆书"皇宋通寶"四字，旋读。钱径2.51、穿宽0.7、郭厚0.11厘米（图二一〇，3）。

熙宁元宝 1枚。标本M38：2-4，圆形，方穿，正背面郭缘较宽，正面篆书"熙寧元寶"四字，旋读。钱径2.4、穿宽0.7、郭厚0.15厘米（图二一〇，4）。

元祐通宝 1枚。标本M38：2-5，圆形，方穿，正背面郭缘较宽，正面篆书"元祐通寶"四字，旋读。钱径2.4、穿宽0.6、郭厚0.13厘米（图二一〇，5）。

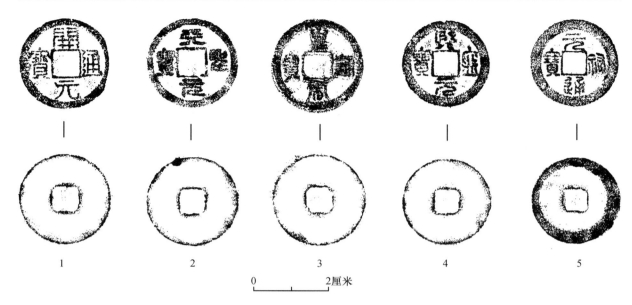

图二一〇　M38出土铜钱（拓片）

1. 开元通宝（M38：2-1）　2. 天圣元宝（M38：2-2）　3. 皇宋通宝（M38：2-3）　4. 熙宁元宝（M38：2-4）　5. 元祐通宝（M38：2-5）

三、M39

1. 墓葬形制

M39位于第Ⅱ区T1212西南部，东邻M38。开口于第②层下，南北向，方向4°。平面呈近长方形，竖穴土圹双棺合葬砖室墓。墓口距地表深0.55米，墓底距地表深1.23米。墓圹南北长2.6、东西宽1.6、深0.68米。四壁整齐规整，墓底较平，内填黄褐色花土，土质松软（图二一一；彩版二三，3）。

葬具为木棺，已朽。东棺北壁仅残留底部双排立砖，墓底北部头骨下用砖块平铺。东棺长1.96、宽0.48～0.56、残高0.24米；骨架保存稍好，头向北，面向上，仰身屈肢，为男性。西棺痕长1.7、宽0.46～0.5、残高0.24米；骨架保存较好，头向北，面向上，仰身直肢，为女性。

2. 随葬品

东棺内左下肢骨下方出土铜钱3枚；西棺外左前方出土瓷罐1件，头骨上部出土铜簪1件，左右两侧出土耳坠各1件。

瓷罐　1件。标本M39：1，轮制。敛口，方唇，束颈，溜肩，圆鼓腹，矮圈足。颈肩部置对称双系。黄褐色胎，上腹部及内壁施酱黑色釉，下腹及圈足未施釉。内壁留有轮旋痕。口径11、腹径14.6、底径7.8、高12.2厘米（图二一二，1；彩版六〇，6）。

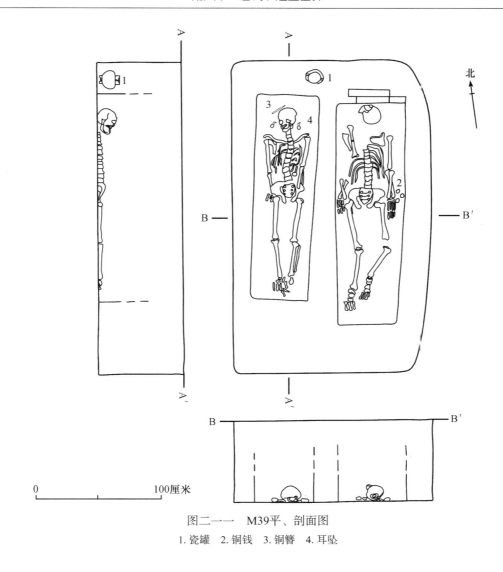

图二一一　M39平、剖面图
1. 瓷罐　2. 铜钱　3. 铜簪　4. 耳坠

　　铜簪　1件。标本M39：3，簪首呈椭圆状，下部近三角形，向后弯曲，体呈扁条锥状，末端残。残长13.2厘米（图二一二，4）。

　　耳坠　2件。形制形同。残，上端铜丝呈圆钩状，下端石坠呈鸡心形，中部串连椭圆形镶嵌饰件，珠子已缺失。标本M39：4，残高2.2厘米（图二一二，2）。标本M39：5，残高2.2厘米（图二一二，3）。

　　至和元宝　1枚。标本M39：2-1，圆形，方穿，正背面郭缘较宽，正面篆书"至和元寶"四字，旋读。钱径2.55、穿宽0.71、郭厚0.11厘米（图二一二，5）。

　　大定通宝　1枚。标本M39：2-2，圆形，方穿，正背面郭缘较窄，正面瘦金体"大定通寶"四字，对读。钱径2.51、穿宽0.49、郭厚0.18厘米（图二一二，6）。

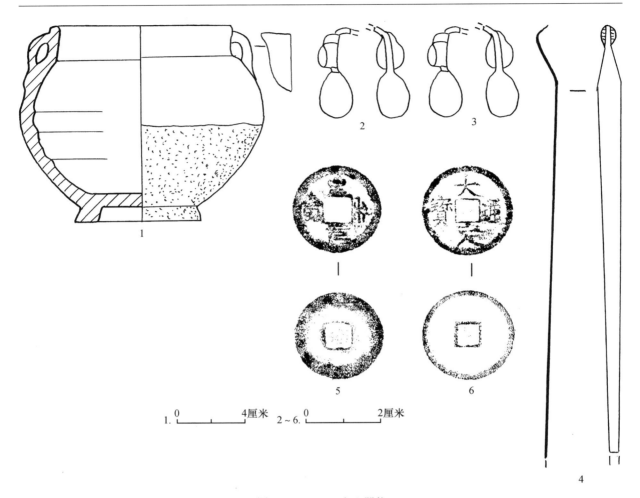

图二一二　M39出土器物

1. 瓷罐（M39∶1）　2、3. 耳坠（M39∶4、M39∶5）　4. 铜簪（M39∶3）　5. 至和元宝（M39∶2-1）　6. 大定通宝（M39∶2-2）

四、M40

1. 墓葬形制

M40位于第Ⅱ区T1211西北部，东北邻M42。开口于第②层下，东西向，方向94°。平面呈不规则形，竖穴土圹砖券双室合葬墓。墓口距地表深0.55米，墓底距地表深0.93~0.95米。墓圹东西长2.66~2.82、南北宽2、深0.38~0.4米。内填黄褐色花土，土质稍硬（图二一三；彩版二三，4）。

北室　平面呈梯形，长2.5、宽0.94~1.05米。由于破坏严重，券顶已毁，残留部分用素面灰砖块叠压错缝平砌，残高0.4米，南壁与南室共用一面墙。未发现葬具，骨架保存较差，头骨移位，头向西，足向东，面向北，仰身直肢，为女性。

南室　平面呈长方形，长1.88、宽0.6米。由于破坏严重，券顶已毁，墓壁残留部分用素面

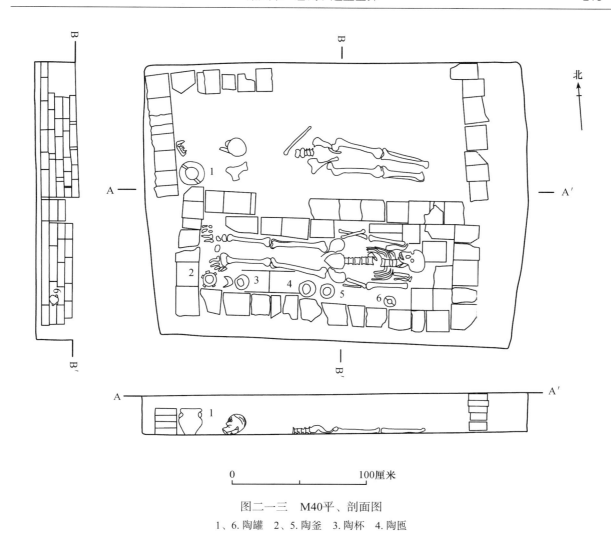

图二一三　M40平、剖面图
1、6. 陶罐　2、5. 陶釜　3. 陶杯　4. 陶匜

灰砖块叠压错缝平砌，残高0.4米，铺地砖用砖块无序平铺。未发现葬具，骨架保存较好，头向东，足向西，面向北，仰身直肢，为男性。

2. 随葬品

北室内头骨左上方出土陶罐1件；南室内左上肢骨外侧出土陶罐1件，左下肢骨外侧出土陶釜2件、陶杯1件、陶匜1件。

陶罐　2件。标本M40：1，泥质灰陶，轮制。直口，方圆唇，束颈，斜肩，扁鼓腹，平底。颈肩部置对称双系。口径6.3、腹径8.4、底径4.1、高7.4厘米（图二一四，1；彩版六一，1）。标本M40：6，泥质夹砂黄褐色陶，轮制。敞口，圆唇，矮束颈，溜肩，斜弧腹，平底。颈肩部置对称双系，内壁留有轮旋痕。口径14、腹径20、底径11.6、高20厘米（图二一四，2；彩版六一，2）。

陶釜　2件。标本M40：2，泥质灰陶，轮制。直口，尖圆唇，短颈，斜肩，深弧腹，平底。肩部饰两周凹弦纹，腹中部平沿外展。口径8、腹径12、底径5、高8.4厘米（图二一四，3；彩版六一，3）。标本M40：5，泥质灰陶，手轮兼制。直口微敞，尖圆唇，短颈，溜肩，深弧腹，平底。中腹部置花式錾手。口径6.8、腹径12、底径4、高7.4厘米（图二一四，6；彩版六一，4）。

陶杯　1件。标本M40：3，泥质灰陶，轮制。敞口，方圆唇，斜直腹，略弧，饼足。中腹部留有轮旋痕。口径12.6、底径7.9、高12厘米（图二一四，4；彩版六一，5）。

陶匜　1件。标本M40：4，泥质灰陶，手轮兼制。敞口，平沿，弧腹，圜底。底附纽形三足，呈品字形分布。一端捏制近三角形塑流，一端捏制一锥形柄，斜曲上翘。口径11.4、柄长3.5、通高9.5厘米（图二一四，5；彩版六一，6）。

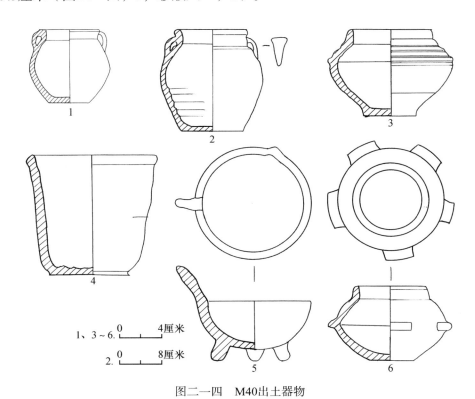

图二一四　M40出土器物
1、2.陶罐（M40：1、M40：6）　3、6.陶釜（M40：2、M40：5）　4.陶杯（M40：3）　5.陶匜（M40：4）

五、M42

1. 墓葬形制

M42位于第Ⅱ区T1311西南部，南部延伸至T1211，北邻M43。开口于第②层下，南北向，方向187°。平面呈甲字形，竖穴土圹砖室墓。由于破坏严重，券顶已不存。墓口距地表深0.55米，墓底距地表深0.55~1.91米。墓圹南北长6.3、东西宽0.72~2.82、深0~1.36米。由墓道、墓门、墓室三部分组成（图二一五；彩版二四，1）。

墓道 位于墓室南部。平面呈梯形，南北长3.48、东西宽0.72～1米。北宽南窄，东西两壁垂直平整。墓道呈斜坡状，坡度20°，坡长3.7、深0～1.24米。内填灰褐色花土，土质松。

墓门 位于墓道北部。东西宽1、南北进深0.38、现深1.36米。顶部拱券式砖已毁，现存西壁残墙用素面砖叠压错缝平砌，残高0.48米。

墓室 位于墓门北部。平面呈方弧形，周壁整齐规整，南北长2.8、东西宽2.8、现深1.36米。顶部拱券结构已毁，券制不详，周壁残墙用长0.32、宽0.16、厚0.06米的素面青砖二顺一丁叠压错缝砌筑，墙残高0.16～0.48米。北部置一棺床，平面呈半圆形，床壁用砖立砌包边，床面用砖平铺，东西长2.56、南北宽1.32、残高0.16～0.28米。未发现葬具及骨架。

2. 随葬品

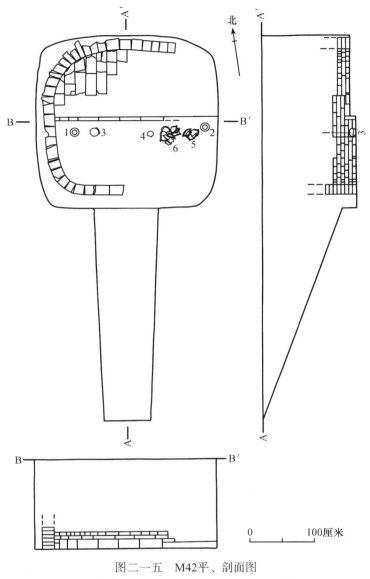

图二一五 M42平、剖面图

1、2.陶罐 3.陶鏊锅 4.瓷盏 5.陶盆 6.瓷瓶

墓室内中部出土陶罐2件、陶鏊锅1件、瓷盏1件、陶盆1件、瓷瓶1件。

陶罐 2件。标本M42：1，泥质灰陶，轮制。侈口，斜平沿，方圆唇，短束颈，斜肩，弧腹，平底。口径9、腹径10.8、底径5、高10.8厘米（图二一六，1；彩版六二，1）。标本M42：2，泥质灰陶，轮制。直口微敞，圆唇，短束颈，溜肩，斜弧腹，平底。口径8.8、腹径11、底径6、高10.4厘米（图二一六，2；彩版六二，2）。

陶鏊锅 1件。标本M42：3，泥质灰陶，轮制。直口，尖圆唇，深弧腹，平底内凹。一侧置近扇形鏊手。口沿下部饰一周凹弦纹。口径10.1、底径5.6、鏊手宽1.4、高4.2厘米（图二一六，4；彩版六二，3）。

　　瓷盏　1件。标本M42：4，轮制。敞口，尖圆唇，浅弧腹，内涩底，矮圈足。外口沿及内壁施酱黑色釉，下腹部及圈足未施釉，露灰褐色胎，胎质较粗。口径9.2、底径5.2、高2.4厘米（图二一六，5；彩版六二，4）。

　　陶盆　1件。标本M42：5，泥质红陶，轮制。敞口，卷沿，尖圆唇，斜直腹略弧，平底。上腹部留有轮旋痕。口径19.2、底径10、高6.4厘米（图二一六，3；彩版六二，5）。

　　瓷瓶　1件。标本M42：6，缸胎，轮制。残。直口，平沿，方圆唇，短束颈，斜肩，长弧腹，小平底。腹部饰数周凹弦纹。外腹部及内壁施酱绿色釉，下腹及底部未施釉。内壁遗有轮旋痕。口径8、腹径16、底径8、残高52厘米（图二一六，6；彩版六二，6）。

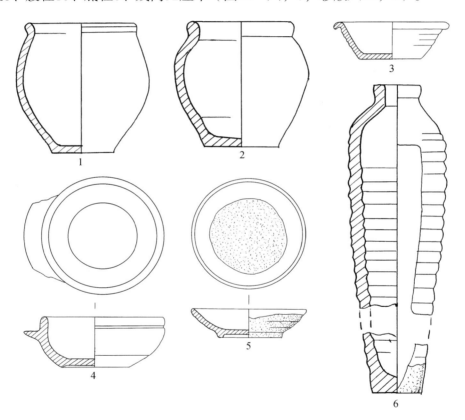

1、2、4、5. 0 ____ 4厘米　　3、6. 0 ____ 8厘米

图二一六　M42出土器物

1、2.陶罐（M42：1、M42：2）3.陶盆（M42：5）4.陶鏊锅（M42：3）5.瓷盏（M42：4）6.瓷瓶（M42：6）

六、M43

1. 墓葬形制

M43位于第Ⅱ区T1311西北部，北部延伸至T1411，南邻M42。开口于第②层下，南北向，

方向205°。平面呈甲字形，竖穴土圹砖室墓。由于破坏严重，券顶已不存。墓口距地表深0.55米，墓底距地表深0.55～1.55米。墓圹南北长4.5、东西宽0.74～2.36米、深0～1米。由墓道、甬道、墓室三部分组成（图二一七；彩版二四，2）。

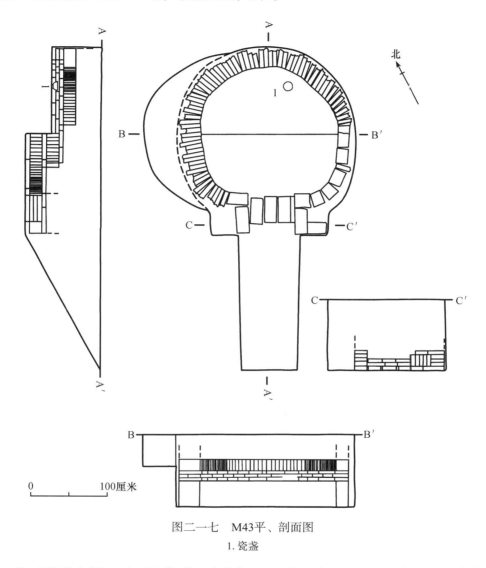

图二一七　M43平、剖面图
1. 瓷盏

墓道　位于甬道南部。平面呈梯形，南北长1.9、东西宽0.74～0.82米。北宽南窄，东西两壁垂直平整。墓道呈斜坡状，坡度28°，坡长2.14、深0～1米。内填灰褐色花土，土质疏松。

甬道　位于墓道北部。东西宽1.52、南北进深0.58米，顶部拱券式砖已毁，两壁墙用素面青砖一顺一丁依次向上砌筑，墙残高0.28米。内侧用砖叠压错缝平砌，残高0.16米。

墓室　位于甬道北部。平面呈椭圆形，周壁整齐规整，南北长2.2、东西宽2.26、现深1米。顶部拱券结构已毁，券制不详，周壁残留部分用长0.36、宽0.16、厚0.06米的素面青砖二顺一丁叠压砌筑，残高0.28～0.5米。北部置一棺床，平面呈半圆形，东西长1.8、南北宽0.96、残高0.36米。未发现葬具及骨架。

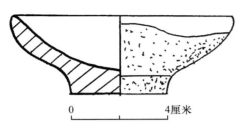

图二一八 M43出土瓷盏（M43：1）

2. 随葬品

墓室内棺床上东北部出土瓷盏1件。

瓷盏 1件。标本M43：1，轮制。敞口，尖唇，浅弧腹，饼足。外口沿及内壁施酱黄色釉，外腹部及饼足未施釉，露灰褐色胎，胎质较粗。口径9.4、底径4、高3.4厘米（图二一八；彩版六三，1）。

七、M52

1. 墓葬形制

M52位于第Ⅱ区T1414东北部，北邻M53。开口于第②层下，南北向，方向200°。平面呈甲字形，竖穴土圹砖室墓。由于破坏严重，券顶已不存。墓口距地表深0.55米，墓底距地表深0.75～1.23米。墓圹南北长4.12、东西宽0.84～2.84、深0.2～0.68米。由墓道、甬道、墓室三部分组成（图二一九；彩版二四，3）。

墓道 位于甬道南部。平面呈长方形，南北长0.8、东西宽0.84米。东西两壁垂直平整。墓道呈斜坡状，坡度12°，坡长1.06、深0.2～0.68米。内填灰褐色花土，土质疏松。

甬道 位于墓道北部。东西宽1.22、南北进深0.28米，顶部拱券式砖已毁，两壁墙用素面青砖一顺一丁叠压砌筑，墙残高0.48米。

墓室 位于甬道北部。平面呈椭圆形，周壁整齐规整，南北

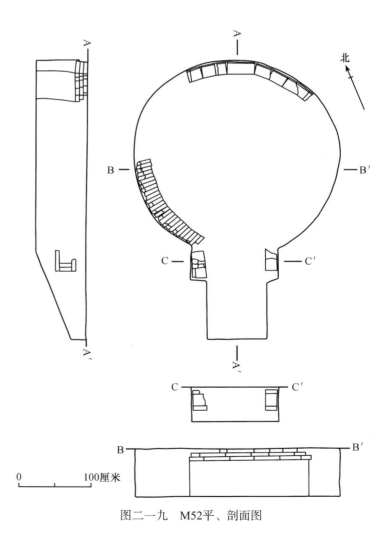

图二一九 M52平、剖面图

长2.7、东西宽2.8、现深0.68米。顶部拱券结构已毁，券制不详，周壁残留部分用长0.38、宽0.16、厚0.06米青砖一竖三横向上砌筑，墙残高0.42米。未发现葬具及骨架。

2. 随葬品

未发现随葬品。

八、M56

1. 墓葬形制

M56位于第Ⅱ区T1515西南部，东邻M55。开口于第①层下，南北向，方向0°。平面呈梯形，竖穴土圹单棺墓。墓口距地表深0.3米，墓底距地表深0.72米。墓圹南北长2.3、东西宽1.4～1.5、深0.42米。北宽南窄，四壁整齐规整，墓底较平，内填灰褐色花土，土质松软（图二二〇；彩版二四，4）。

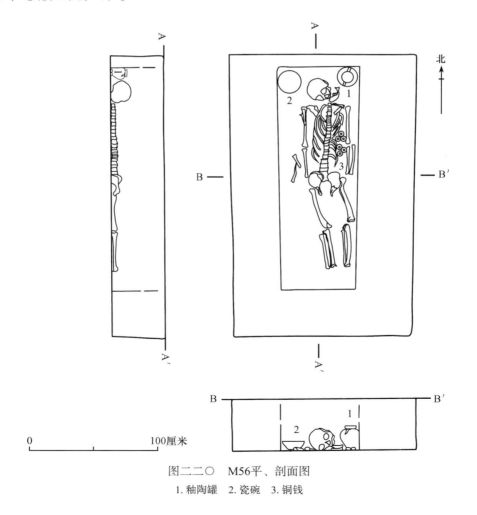

图二二〇　M56平、剖面图

1. 釉陶罐　2. 瓷碗　3. 铜钱

葬具为木棺，已朽，仅存棺痕。棺痕长1.82、宽0.58～0.64、残高0.22米。骨架保存稍差，头向北，面向上，仰身直肢，为男性。

2. 随葬品

棺内头骨左上方出土釉陶罐1件，右上方出土瓷碗1件，左上肢骨内侧中部出土铜钱6枚。

釉陶罐　1件。标本M56∶1，泥质黄褐色陶，轮制。直口微敛，方圆唇，束颈，溜肩，鼓腹，矮圈足。颈肩部置对称双系。口沿及内壁施酱黑色釉，肩腹部至圈足未施釉。腹部留有流釉痕。口径13.5、腹径18.2、底径10、高17.2厘米（图二二一，1；彩版六三，2）。

瓷碗　1件。M56∶2，轮制。敞口外撇，方圆唇，浅弧腹，内底双涩圈，矮圈足。通体施豆青色釉，内口沿饰一周弦纹，内壁饰双斜竖弦纹，呈扇形间隔六组牡丹花卉纹。口径17.8、底径6、高7.6厘米（图二二一，2；彩版六三，3、4）。

景祐元宝　1枚。标本M56∶3-1，圆形，方穿，正背面郭缘较宽，正面楷书"景祐元寶"四字，旋读。钱径2.52、穿宽0.65、郭厚0.1厘米（图二二一，3）。

元丰通宝　1枚。标本M56∶3-2，圆形，方穿，正背面郭缘较宽，正面行书"元豐通寶"四字，旋读。钱径2.4、穿宽0.69、郭厚0.12厘米（图二二一，4）。

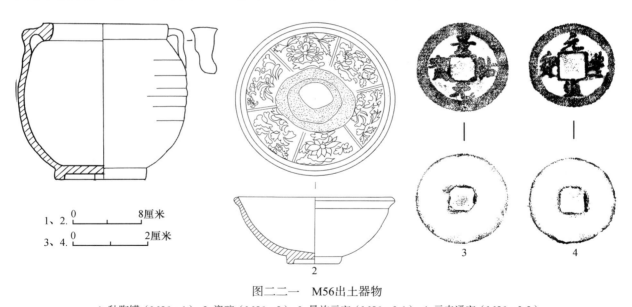

1、2　0　　　　　8厘米
3、4　0　　　2厘米

图二二一　M56出土器物

1. 釉陶罐（M56∶1）　2. 瓷碗（M56∶2）　3. 景祐元宝（M56∶3-1）　4. 元丰通宝（M56∶3-2）

九、M60

1. 墓葬形制

M60位于第Ⅱ区T1615东南部，南部延伸至T1515，西邻M59。开口于第①层下，南北向，方向0°。平面呈不规则形,竖穴土圹双棺合葬墓。墓口距地表深0.3米,墓底距地表深0.9～1.5米。墓圹南北长3.02～3.2、东西宽2.4～2.7、深0.6～1.2米。四壁整齐规整,墓底较平,内填灰褐色花土,土质松软(图二二二;彩版二五,1)。

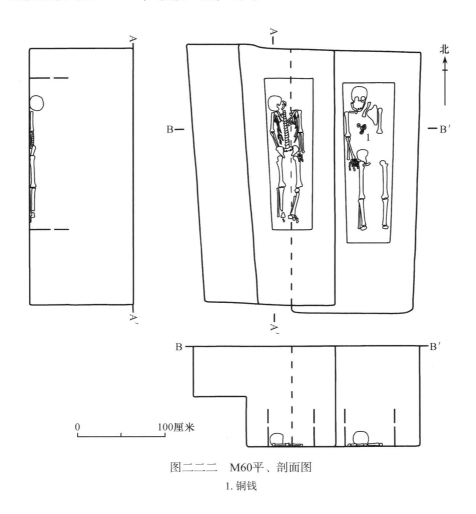

图二二二 M60平、剖面图
1. 铜钱

　　葬具为木棺,已朽,仅存棺痕。东棺痕长1.9、宽0.5～0.6、残高0.2米;骨架保存稍差,头向北,面向上,仰身直肢,为男性。西棺痕长1.8、宽0.46～0.56、残高0.2米;骨架保存稍好,头向北,面向东,仰身屈肢,为女性。

2. 随葬品

　　东棺内上肢骨内侧中部出土铜钱6枚。

　　景德元宝　1枚。标本M60:1-1,圆形,方穿,正背面郭缘较宽,正面楷书"景德元寶"四字,旋读。钱径2.5、穿宽0.52、郭厚0.14厘米(图二二三,1)。

　　大定通宝　1枚。标本M60:1-2,圆形,方穿,正背面郭缘较窄,正面瘦金体"大定通寶"四字,对读。钱径2.53、穿宽0.6、郭厚0.13厘米(图二二三,2)。

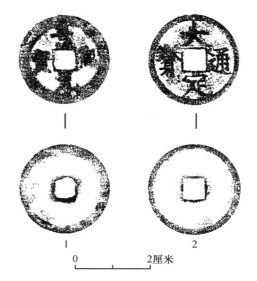

图二二三　M60出土铜钱（拓片）

1. 景德元宝（M60∶1-1）　2. 大定通宝（M60∶1-2）

一○、M64

1. 墓葬形制

M64位于第Ⅱ区T1513东部，西邻M53。开口于第②层下，南北向，方向190°。平面呈甲字形，竖穴土圹砖室墓。由于破坏严重，券顶已不存。墓口距地表深0.55米，墓底距地表深0.65～1.07米。墓圹南北长3.64、东西宽0.74～2.52、深0.1～0.52米。由墓道、墓门、墓室三部分组成（图二二四；彩版二五，2）。

墓道　位于墓门南部。平面呈梯形，南北长1.2、东西宽0.74～0.76米。北宽南窄，东西两壁垂直平整。墓道呈斜坡状，坡度19°，坡长1.26、深0.1～0.52米。内填灰褐色花土，土质松软。

墓门　位于墓道北部。东西宽0.76、南北进深0.16米，顶部拱券式砖及两壁墙已毁，现深0.52米。

墓室　位于墓门北部。平面呈椭圆形，周壁整齐规整，南北长2.4、东西宽2.44、现深0.52米。顶部拱券结构已毁，券制不详，周壁残留部分用长0.36、宽0.16、厚0.06米的素面青砖一顺一丁叠压砌筑，墙残高0.06～0.38米。北部置一棺床，平面呈半圆形，东西长2.08、南北宽0.9、残高0.28米。未发现葬具及骨架。

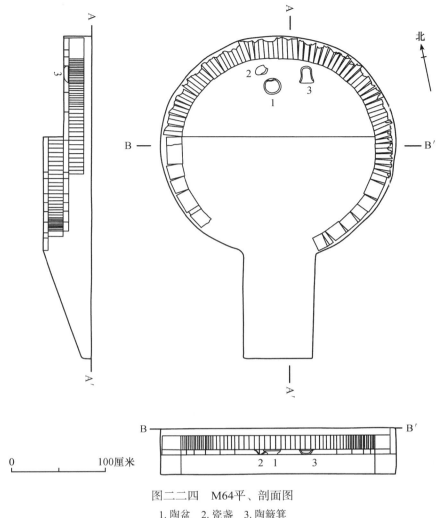

图二二四　M64平、剖面图
1. 陶盆　2. 瓷盏　3. 陶簸箕

2. 随葬品

墓室内棺床上北部出土陶盆1件、瓷盏1件、陶簸箕1件。

陶盆　1件。标本M64：1，泥质灰陶，轮制。敞口外撇，平沿，尖圆唇，浅弧腹，平底。口径13.2、底径9.8、高2.2厘米（图二二五，1；彩版六三，5）。

瓷盏　1件。标本M64：2，轮制。敞口，尖圆唇，斜直腹，略弧，平底。外口沿及内壁施酱黄色釉，外腹及底部未施釉，露灰褐色胎，胎质较粗。口径10.6、底径5、高3.4厘米（图二二五，2；彩版六三，6）。

陶簸箕　1件。标本M64：3，泥质灰陶，模制。平面呈铲状，箕口外敞，前舌头呈弧形，端沿凸起，后端上翘，口部及端沿均有旋削痕。两侧端沿及后端饰对称长方形双排缠沿，箕内饰压印柳编纹。长11.7、宽9、高3.8厘米（图二二五，3；彩版六四，1）。

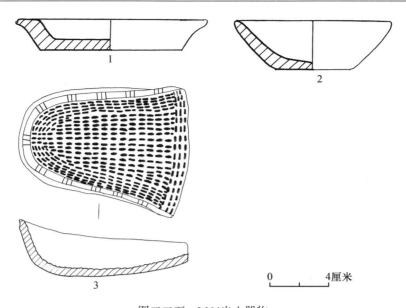

图二二五　M64出土器物

1. 陶盆（M64：1）　2. 瓷盏（M64：2）　3. 陶簸箕（M64：3）

一一、M67

1. 墓葬形制

　　M67位于第Ⅱ区T1613北部，西邻M66。开口于第②层下，南北向，方向184°。平面呈甲字形，竖穴土圹砖室墓。由于破坏严重，券顶已不存。墓口距地表深0.55米，墓底距地表深0.61～1.19米。墓圹南北长4.4、宽0.78～2.78、深0.06～0.64米。由墓道、甬道、墓室三部分组成（图二二六；彩版二五，3）。

　　墓道　位于甬道南部。平面呈长方形，南北长1.24、东西宽0.78米。东西两壁垂直平整。墓道呈斜坡状，坡度22°，坡长1.34、深0.06～0.64米。内填黄褐色花土，土质稍硬。

　　甬道　位于墓道北部。东西宽1.34、南北进深0.44米，顶部拱券式砖及两壁已毁，现深0.64米。

　　墓室　位于甬道北部。平面呈椭圆形，周壁整齐规整，南北长2.5、东西宽2.54、现深0.64米。顶部拱券结构已毁，券制不详，周壁残墙用长0.38、宽0.16、厚0.06米的素面青砖一顺一丁叠压砌筑，墙残高0.36米。北部置一棺床，平面呈半圆形，东西长2.26、南北宽1.02、残高0.26米。未发现葬具及骨架。

2. 随葬品

　　墓室内东北部出土瓷盏1件。

　　瓷盏　1件。标本M67：1，轮制。敞口，尖圆唇，浅弧腹，饼足。外口沿及内壁施酱绿

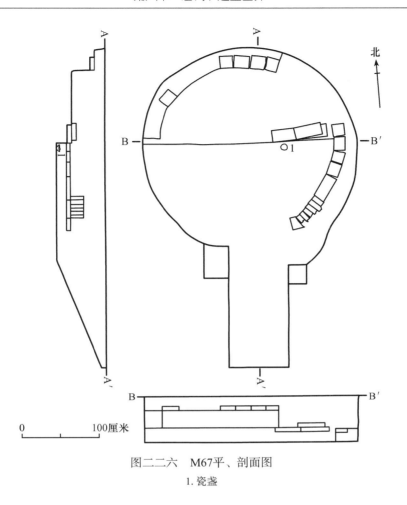

图二二六 M67平、剖面图
1. 瓷盏

色釉，外腹及饼足未施釉，露灰褐色胎。口径9.6、底径
4.2、高3.4厘米（图二二七；彩版六四，2）。

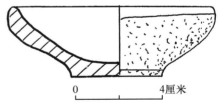

图二二七 M67出土瓷盏（M67：1）

一二、M75

1. 墓葬形制

M75位于第Ⅱ区T1814西北部，西南邻M74。开口于第②层下，南北向，方向184°。平面呈甲字形，竖穴土圹砖室墓。由于破坏严重，券顶已不存。墓口距地表深0.55米，墓底距地表深0.65～1.05米。墓圹南北长4.3、东西宽0.96～3.38、现深0.1～0.5米。由墓道、甬道、墓室三部分组成（图二二八；彩版二五，4）。

墓道 位于甬道南部。平面呈梯形，南北长0.7、东西宽0.96～1.02米。北宽南窄，东西两壁垂直平整。墓道呈斜坡状，坡度19°，坡长0.84、深0.1～0.5米。内填黄褐色花土，土质稍硬。

甬道 位于墓道北部。东西宽1.34、南北进深0.44米，顶部拱券式砖已毁，两壁墙残留部

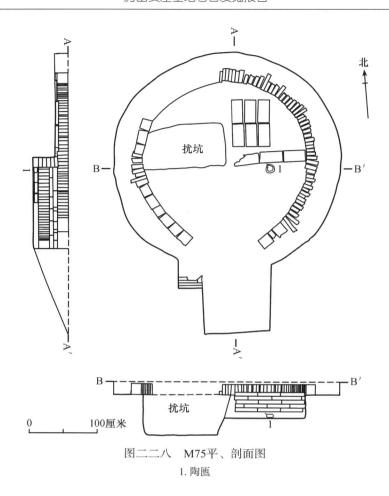

图二二八　M75平、剖面图
1. 陶匜

分用素面青砖立砌，墙残高0.16米。

　　墓室　位于甬道北部。平面呈椭圆形，周壁整齐规整，南北长2.7、东西宽2.76、现深0.2～0.5米。顶部拱券结构已毁，券制不详，周壁残留部分用长0.38、宽0.16、厚0.06米的素面青砖二顺一丁叠压错缝砌筑，残高0.38～0.52米。北部置一棺床，平面呈半圆形，南部床沿用单层平砖错缝向上依次砌筑，上部用砖平铺，东西长2.38、南北宽1.26、残高0.36米。未发现葬具及骨架。在墓室内中部偏东有一长方形扰坑，东西长1.3、南北宽0.58～0.65、深0.62米。

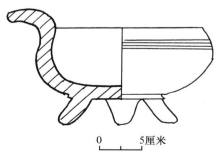

图二二九　M75出土陶匜（M75∶1）

2. 随葬品

　　墓室内东北部出土陶匜1件。

　　陶匜　1件。标本M75∶1，泥质灰陶，手轮兼制。敛口，平沿，扁鼓腹，圜底。底附纽形三足，呈品字形分布。一端捏制近三角形塑流，一端捏制一锥形柄，向后弯曲。口径10、腹径11.1、底径6.1、通高7.2厘米（图二二九；彩版六四，3）。

第七章 明代墓葬

明代墓葬31座，皆为竖穴土圹墓，分为三个类型，即单棺墓、双棺合葬墓与三棺合葬墓。其中明堂1座，编号M3；单棺墓17座，编号为M1、M4、M16～M22、M32、M34、M54、M55、M58、M59、M63、M92；双棺墓9座，编号为M2、M23、M25、M33、M35、M57、M61、M68、M119；三棺墓4座，编号为M24、M26、M36、M44。

第一节 明 堂

明堂1座，编号M3。

1. 墓葬形制

M3位于第Ⅱ区T0812东南部，东北邻M2。开口于第①层下，南北向，方向0°。平面呈正方形，竖穴土圹龟形砖室墓。墓口距地表深0.3米，墓底距地表深2.7米。墓圹南北长2.8、东西宽2.8、深2.4米。四壁整齐规整，墓底较平，内填灰褐色花土，土质松软（图二三〇；彩版二六，1）。

顶券用长0.3、宽0.15、厚0.06米青砖平砌二层，中部立砌买地券方砖一块，下部用青砖呈六边形错缝平砌二层，向上逐渐内收，呈龟背形。底部呈六边形，用单层立砖向上砌筑二层，龟首及龟尾用双层立砖并列向上砌筑二层，四足呈对八字形，用单层立砖向上砌筑二层。南北长2.22、东西宽2.26、通高1.48米。未发现葬具及骨架。

2. 随葬品

墓室内南部出土釉陶盏2件，东北部出土铜钱3枚；室外及顶部出土铜钱39枚、买地券志铭1块。

釉陶盏 2件。形制相同。泥质红陶，轮制。敞口，尖圆唇，浅斜腹，下腹内收，平底。外口沿及内壁施酱青色釉，外腹及底未施釉，露灰褐色胎。标本M3：1，口径5.6、底径3.3、高2.2厘米（图二三一，2）。标本M3：2，口径5.6、底径3.1、高2.2厘米（图二三一，3）。

买地券志铭 1块。标本M3：4，为泥质灰砖，模制。正方形，券文用朱砂楷书题写，竖行，因风化严重，字迹不详。长35.6、宽35.6、厚6.8厘米（图二三一，1）。

开元通宝 2枚。圆形，方穿，正背面郭缘较窄，正面隶书"開元通寶"四字，对读。标

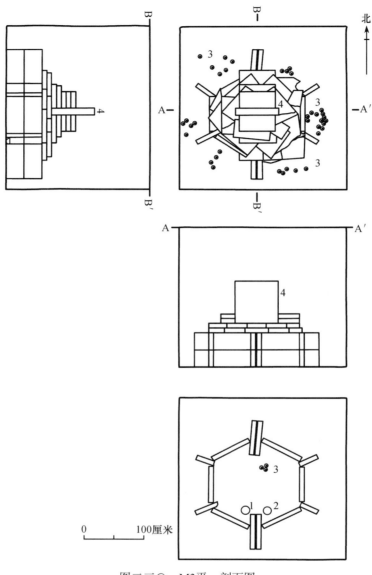

图二三〇　M3平、剖面图

1、2.釉陶盏　3.铜钱　4.买地券志铭

本M3：3-1，钱径2.5、穿宽0.71、郭厚0.11厘米（图二三一，4）。标本M3：3-2，钱径2.42、穿宽0.68、郭厚0.1厘米（图二三一，5）。

　　祥符元宝　1枚。标本M3：3-3，圆形，方穿，正背面郭缘较宽，正面楷书"祥符元寳"四字，旋读。钱径2.5、穿宽0.62、郭厚0.11厘米（图二三一，6）。

　　天禧通宝　1枚。标本M3：3-4，圆形，方穿，正背面郭缘较宽，正面楷书"天禧通寳"四字，旋读。钱径2.48、穿宽0.62、郭厚0.11厘米（图二三一，7）。

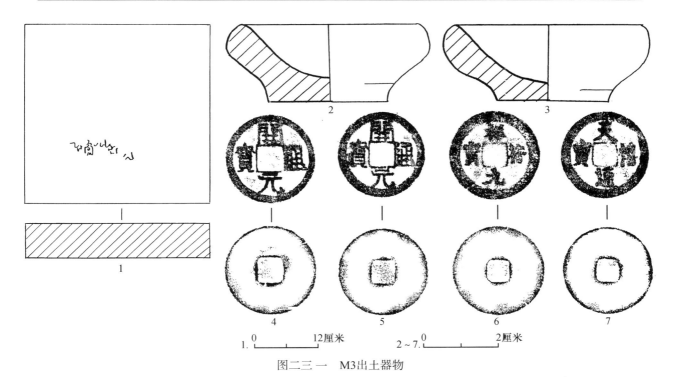

图二三一　M3出土器物

1.买地券志铭（M3：4）　2、3.釉陶盏（M3：1、M3：2）　4、5.开元通宝（M3：3-1、M3：3-2）
6.祥符元宝（M3：3-3）　7.天禧通宝（M3：3-4）

第二节　单棺墓

　　单棺墓17座，编号为M1、M4、M16～M22、M32、M34、M54、M55、M58、M59、M63、M92。

一、M1

1. 墓葬形制

　　M1位于第Ⅱ区T0811南部，向南延伸至T0711，西北邻M2。开口于第①层下，南北向，方向16°。平面呈长方形，竖穴土圹墓。墓口距地表深0.3米，墓底距地表深2.5米。墓圹南北长2.5、东西宽1.4、深2.2米。四壁整齐规整，墓底较平，内填灰褐色花土，土质松软（图二三二）。

　　未发现葬具及骨架，依墓葬形制归入单棺墓。

2. 随葬品

　　未发现随葬品。

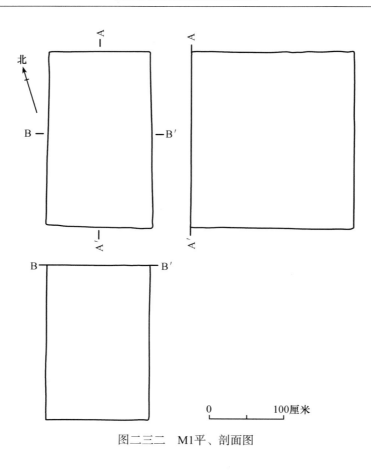

图二三二　M1平、剖面图

二、M4

1. 墓葬形制

M4位于第Ⅱ区T0812东北部，西南邻M5。开口于第①层下，南北向，方向3°。平面呈长方形，竖穴土圹单棺墓。墓口距地表深0.3米，墓底距地表深2.9米。墓圹南北长2.7、东西宽1.42、深2.6米。四壁整齐规整，墓底较平，内填灰褐色花土，土质松软。北壁中部距墓底0.6米置有一壁龛，东西宽0.44、进深0.16、高0.4米（图二三三）。

葬具为木棺，已朽，棺痕长1.8、宽0.6~0.64、残高0.2米。骨架保存较差，头向北，面向上，仰身直肢，为男性。

2. 随葬品

棺外北壁壁龛内出土买地券志铭1块。

买地券志铭　1块。标本M4：1，为泥质灰砖，模制。正方形，券文用朱砂楷书提写，竖行，因风化严重，字迹不详。长35.6、宽35.6、厚6.8厘米（图二三四）。

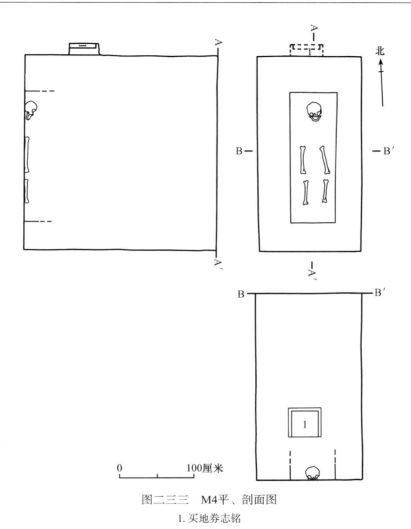

图二三三 M4平、剖面图

1.买地券志铭

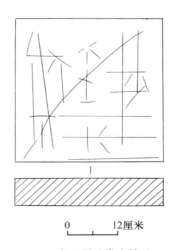

图二三四 M4出土买地券志铭（M4∶1）

三、M16

1. 墓葬形制

M16位于第Ⅱ区T1011西北部，西延伸至T1012，西北邻M22。开口于第①层下，南北向，方向356°。平面呈长方形，竖穴土圹单棺墓。墓口距地表深0.3米，墓底距地表深1.3米。墓圹南北长2.6、东西宽1.4、深1米。四壁整齐规整，墓底较平，内填灰褐色花土，土质松软（图二三五；彩版二六，2）。

葬具为木棺，已朽，仅存棺痕。棺痕长1.86、宽0.56～0.62、残高0.2米。骨架保存较好，头向北，面向上，仰身直肢，为男性。

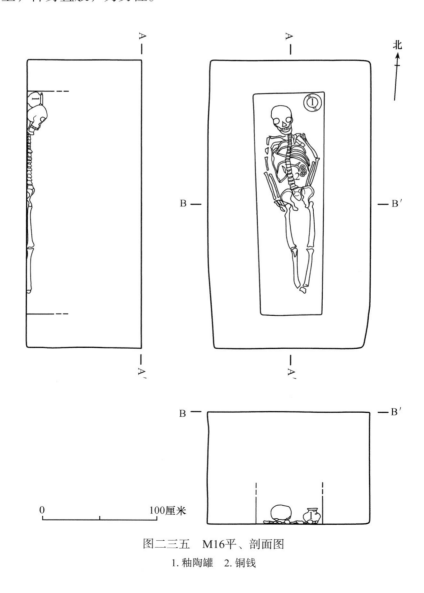

图二三五　M16平、剖面图

1.釉陶罐　2.铜钱

2. 随葬品

棺内头骨左侧出土釉陶罐1件，左上肢骨内侧中部出土铜钱4枚。

釉陶罐 1件。标本M16：1，泥质红陶，轮制。直口微敞，斜平沿，尖圆唇，束颈，溜肩，斜弧腹，矮圈足。颈肩部置称双系，均残。口沿与颈肩部及内壁施酱黑色釉，腹部及圈足未施釉。露黄褐色胎，胎质较细腻。口径10.9、腹径14.2、底径8.1、高14.4厘米（图二三六，1；彩版六四，4）。

天圣元宝 2枚。圆形，方穿，正背面郭缘较宽，正面楷书"天聖元寶"四字，旋读。标本M16：2-1，钱径2.52、穿宽0.72、郭厚0.11厘米（图二三六，2）。

元祐通宝 2枚。圆形，方穿，正背面郭缘较宽，正面行书"元祐通寶"四字，旋读。标本M16：2-2，钱径2.41、穿宽0.65、郭厚0.12厘米（图二三六，3）。

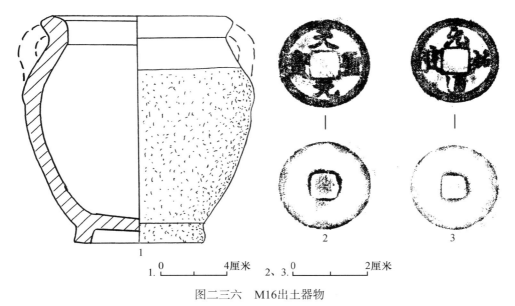

图二三六 M16出土器物

1.釉陶罐（M16：1） 2.天圣元宝（M16：2-1） 3.元祐通宝（M16：2-2）

四、M17

1. 墓葬形制

M17位于第Ⅱ区T1012东南部，西邻M18。开口于第①层下，南北向，方向354°。平面呈长方形，竖穴土圹单棺双人合葬墓。墓口距地表深0.3米，墓底距地表深0.78米。墓圹南北长2.64、东西宽0.8、深0.48米。四壁整齐规整，墓底较平，内填灰褐色花土，土质松软（图二三七；彩版二六，3）。

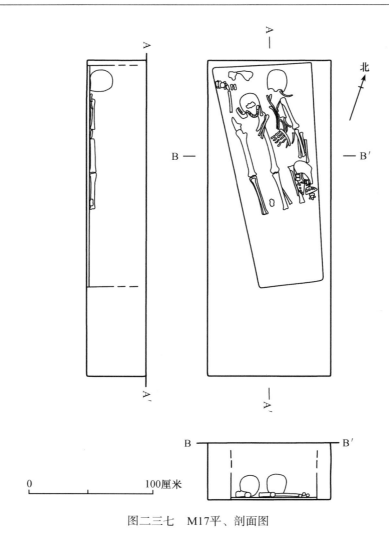

图二三七　M17平、剖面图

葬具为木棺,已朽,仅存棺痕。棺痕长1.86、宽0.52~0.78、残高0.24米。内葬两具骨架:东侧骨架保存稍差,头向北,面向上,仰身直肢,为女性;西侧骨架保存稍差,头向北,面向上,仰身直肢,为男性。

2. 随葬品

未发现随葬品。

五、M18

1. 墓葬形制

M18位于第Ⅱ区T1012西南部,东邻M17。开口于第①层下,南北向,方向330°。平面呈长方形,竖穴土圹单棺墓。墓口距地表深0.4米,墓底距地表深1.16米。墓圹南北长2.4、东西宽1.2、深0.76米。四壁整齐较直，底部较平。填土黄褐色花土。土质较为松散（图二三八；彩版二六，4）。

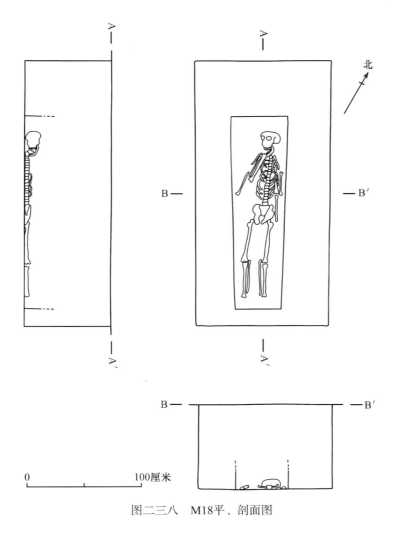

图二三八 M18平、剖面图

葬具为木棺，已朽，仅存棺痕。棺痕长1.74、宽0.4～0.5、残高0.16米。骨架保存稍好，头向北，面向西，仰身直肢，为男性。

2. 随葬品

未发现随葬品。

六、M19

1. 墓葬形制

M19位于第Ⅱ区T1013东南部，东延伸至T1012，东北邻M18。开口于第①层下，南北向，方向5°。平面呈梯形，竖穴土圹单棺墓。墓口距地表深0.4米，墓底距地表深1.52米。墓圹南北长2.62、宽1.44~1.64、深1.12米。四壁整齐规整，墓底较平，内填灰褐色花土，土质松散（图二三九；彩版二七，1）。

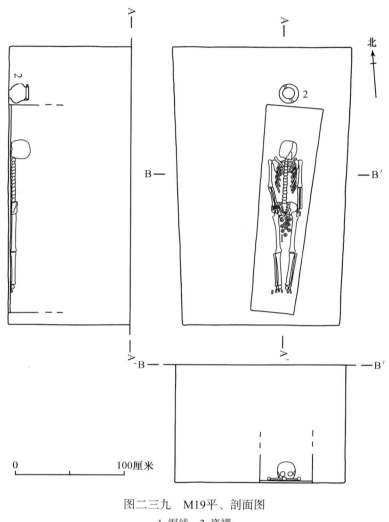

图二三九　M19平、剖面图
1. 铜钱　2. 瓷罐

葬具为木棺，已朽，仅存棺痕。棺痕长1.94、宽0.4~0.52、残高0.28米。骨架保存较好，头向北，面向上，仰身直肢，为男性。

2. 随葬品

棺外前方出土瓷罐1件，棺内下肢骨内侧上部出土铜钱11枚。

瓷罐　1件。标本M19：2，轮制。芒口内敛，尖圆唇，斜直颈，溜肩，圆鼓腹，矮圈足。颈肩部置对称双系，均残。上腹及内壁施酱黑绿色釉，下腹部及圈足未施釉。露灰褐色胎，胎质较细腻。口径9.6、腹径14.6、底径8、高11.6厘米（图二四〇，1；彩版六四，5）。

天圣元宝 1枚。标本M19：1-1，圆形，方穿，正背面郭缘较宽，正面楷书"天聖元寶"四字，旋读。钱径2.4、穿宽0.59、郭厚0.11厘米（图二四○，2）。

皇宋通宝 1枚。标本M19：1-2，圆形，方穿，正背面郭缘较宽，正面楷书"皇宋通寶"四字，对读。钱径2.43、穿宽0.68、郭厚0.1厘米（图二四○，3）。

元丰通宝 1枚。标本M19：1-3，圆形，方穿，正背面郭缘较宽，正面篆书"元豐通寶"四字，旋读。钱径2.4、穿宽0.62、郭厚0.12厘米（图二四○，4）。

至和通宝 1枚。标本M19：1-4，圆形，方穿，正背面郭缘较宽，正面楷书"至和通寶"四字，对读。钱径2.48、穿宽0.68、郭厚0.1厘米（图二四○，5）。

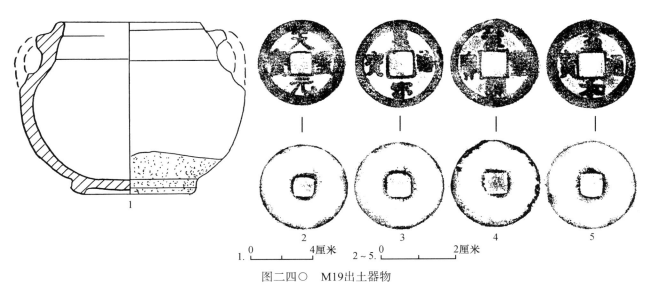

图二四○ M19出土器物

1. 瓷罐（M19：2） 2. 天圣元宝（M19：1-1） 3. 皇宋通宝（M19：1-2） 4. 元丰通宝（M19：1-3） 5. 至和通宝（M19：1-4）

七、M20

1. 墓葬形制

M20位于第Ⅱ区T1112东南部，西邻M21。开口于第①层下，南北向，方向6°。平面呈长方形，竖穴土圹单棺墓。墓口距地表深0.6米，墓底距地表深1.6米。墓圹南北长2.24、宽1.2、深1米。四壁整齐较直，底部较平。填土黄褐色花土。土质较松散（图二四一；彩版二七，2）。

葬具为木棺，已朽，仅存棺痕。棺痕长1.8、宽0.46～0.6、残高0.32米。骨架保存较好，头向北，面向上，仰身屈肢，为女性。

2. 随葬品

棺内头骨左上部出土瓷罐1件，右上部出土瓷碗1件，上部出土银钗1件，左右上肢骨内侧下部出土铜钱8枚。

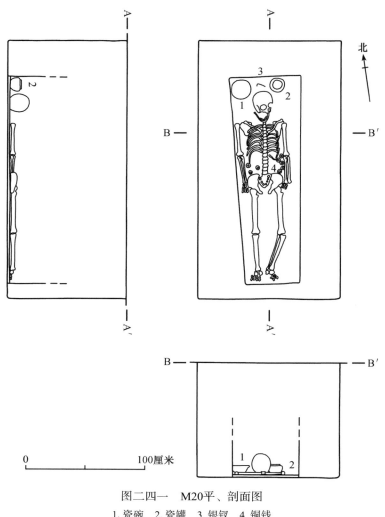

图二四一　M20平、剖面图
1. 瓷碗　2. 瓷罐　3. 银钗　4. 铜钱

　　瓷罐　1件。标本M20：2，轮制。直口，尖圆唇，短颈，溜肩，扁鼓腹，矮圈足。腹部及内壁施酱绿色釉，下腹部至圈足及口沿未施釉。露黄褐色胎，胎质较细腻。口径7.8、腹径12.6、底径6、高9厘米（图二四二，2；彩版六四，6）。

　　瓷碗　1件。标本M20：1，轮制。敞口，方圆唇，浅弧腹，内底涩圈，矮圈足。体施青灰色釉。胎质较粗。口径16、底径6、高7.6厘米（图二四二，1；彩版六五，1、2）。

　　银钗　1件。标本M20：3，首扁平方棱状，呈U字形，体下部两侧呈圆柱锥形，末端残。残长5.9厘米（图二四二，3）。

　　治平元宝　1枚。标本M20：4-1，圆形，方穿，正背面郭缘较宽，正面篆书"治平元宝"四字，旋读。钱径2.41、穿宽0.63、郭厚0.12厘米（图二四二，4）。

　　洪武通宝　1枚。标本M20：4-2，圆形，方穿，正背面郭缘较窄，正面楷书"洪武通宝"四字，对读。钱径2.33、穿宽0.49、郭厚0.12厘米（图二四二，5）。

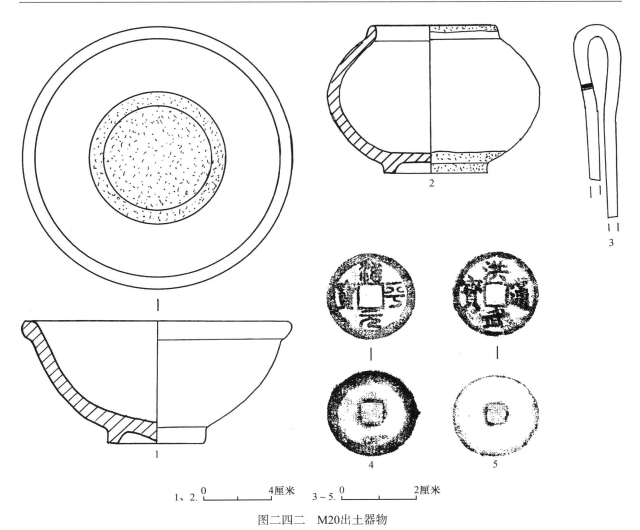

图二四二 M20出土器物

1. 瓷碗（M20：1） 2. 瓷罐（M20：2） 3. 银钗（M20：3） 4. 治平元宝（M20：4-1） 5. 洪武通宝（M20：4-2）

八、M21

1. 墓葬形制

M21位于第Ⅱ区T1112西南部，东邻M20。开口于第①层下，南北向，方向340°。平面呈梯形，竖穴土圹单棺墓。墓口距地表深0.3米，墓底距地表深0.94米。墓圹南北长2.16、东西宽0.78~0.9、深0.64米。四壁整齐规整，墓底较平，内填灰褐色花土，土质松软（图二四三；彩版二七，3）。

葬具为木棺，已朽，仅存棺痕。棺痕长1.84、宽0.44~0.54、残高0.24米。骨架保存较好，头向北，面向上，仰身直肢，为男性。

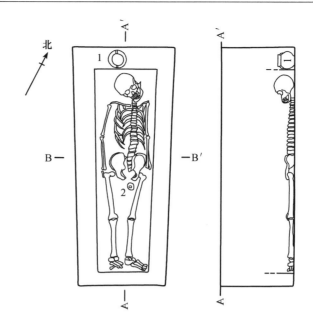

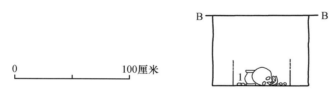

图二四三　M21平、剖面图

1. 瓷罐　2. 铜钱

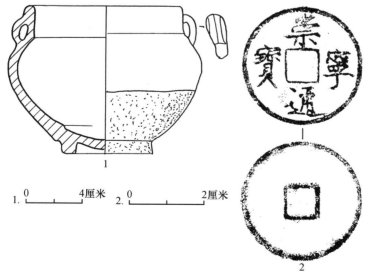

图二四四　M21出土器物

1. 瓷罐（M21：1）　2. 崇宁通宝（M21：2）

2. 随葬品

棺外右前方出土瓷罐1件，棺内下肢骨内侧上部出土铜钱1枚。

瓷罐　1件。标本M21：1，轮制。直口，方圆唇，直颈，斜肩，鼓腹弧收，矮圈足。颈肩部置对称桥形双系。灰褐色胎，上腹部及内壁施酱黑色釉，下腹部至圈足及内口沿未施釉。口径11.4、腹径14、底径6.8、高11厘米（图二四四，1；彩版六五，3）。

崇宁通宝　1枚。标本M21：2，圆形，方穿，正背面郭缘较窄，正面瘦金体"崇宁通寶"四字，旋读。钱径3.42、穿宽0.81、郭厚0.28厘米（图二四四，2）。

九、M22

1. 墓葬形制

M22位于第Ⅱ区T1012北部，北延伸至T1112，南邻M17。开口于①层下，南北向，方向356°。平面呈不规则形，竖穴土圹单棺墓。墓口距地表深0.3米，墓底距地表深1.5米。墓圹南北长2.7、东西宽1.5～1.67、深1.2米。东壁部分坍塌，余三壁整齐规整，墓底较平，内填灰褐色花土，土质松软（图二四五）。

葬具为木棺，已朽，仅存棺痕。棺痕长1.98、宽0.54～0.62、残高0.2米。骨架保存较好，头向北，面向西，仰身直肢，为男性。

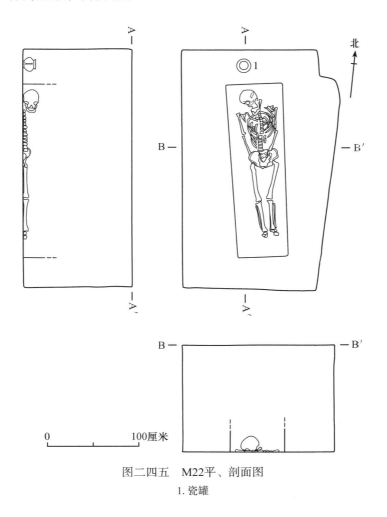

图二四五　M22平、剖面图
1. 瓷罐

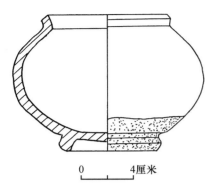

图二四六　M22出土瓷罐（M22：1）

2. 随葬品

棺外右前方出土瓷罐1件。

瓷罐　1件。标本M22：1，轮制。侈口，方唇，短束颈，溜肩，圆鼓腹，矮圈足，足口外展。上腹部及内壁施酱绿色釉，下腹部及圈足未施釉。露黄褐色胎，胎质较细腻。口径9.9、腹径14.8、底径7.8、高11厘米（图二四六；彩版六五，4）。

一〇、M32

1. 墓葬形制

M32位于第Ⅱ区T1112北部，西南邻M33。开口于第①层下，南北向，方向350°。平面呈梯形，竖穴土圹单棺墓。墓口距地表深0.4米，墓底距地表深1.22米。墓圹南北长2.2、宽0.84～0.96、深0.82米。四壁整齐较直，底部较平，内填灰褐色花土，土质松软（图二四七）。

葬具为木棺，已朽，仅存棺痕。棺痕长1.92、宽0.4～0.6、残高0.32米。骨架保存较好，头向北，面向上，仰身直肢，为男性。

2. 随葬品

棺内左上肢骨下方出土铜钱1枚。

崇宁重宝　1枚。标本M32：1，圆形，方穿，正背面郭缘较窄，正面隶书"崇宁重宝"四字，对读。钱径3.3、穿宽0.62、郭厚0.2厘米（图二四八）。

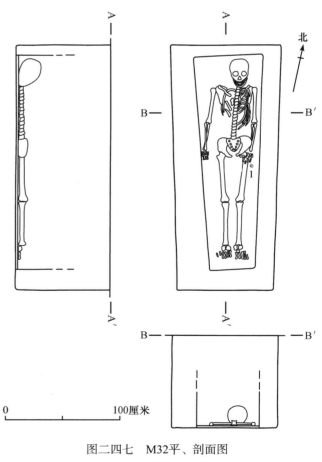

图二四七　M32平、剖面图

1. 铜钱

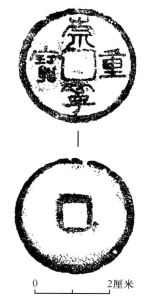

图二四八　M32出土崇宁重宝
（拓片）（M32∶1）

2. 随葬品

未发现随葬品。

一一、M34

1. 墓葬形制

M34位于第Ⅱ区T1113东南部，西部打破M35。开口于第①层下，南北向，方向21°。平面呈梯形，竖穴土圹单棺墓。墓口距地表深0.3米，墓底距地表深1.8米。墓圹南北长3.5、东西宽1.4～1.72、深1.5米。北宽南窄，四壁整齐规整，墓底较平，内填灰褐色花土，土质松软（图二四九）。

葬具为木棺，已朽，仅存棺痕。棺痕长1.8、宽0.6～0.68、残高0.2米。未发现骨架。

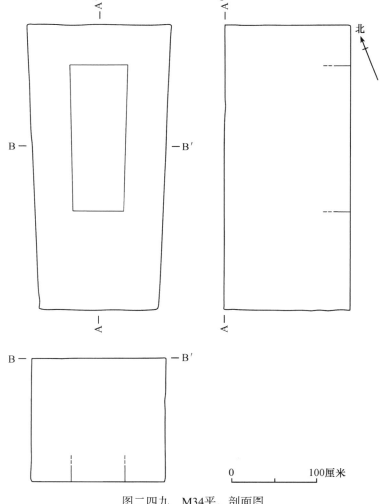

图二四九　M34平、剖面图

一二、M54

1. 墓葬形制

M54位于第Ⅱ区T1515东南部，西邻M55。开口于第①层下，南北向，方向5°。平面呈长方形，竖穴土圹单棺墓。墓口距地表深0.3米，墓底距地表深0.82米。墓圹南北长2.4、东西宽1.28、深0.52米。四壁整齐规整，墓底较平，内填灰褐色花土，土质松软（图二五〇）。

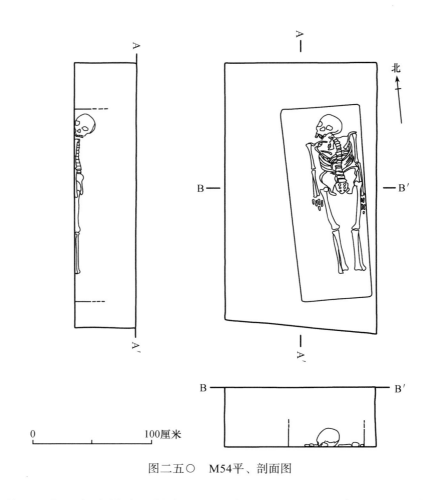

图二五〇　M54平、剖面图

葬具为木棺，已朽，仅存棺痕。棺痕长1.7、宽0.58～0.66、残高0.2米。骨架保存稍好，头向北，面向西，仰身直肢，为男性。

2. 随葬品

未发现随葬品。

一三、M55

1. 墓葬形制

M55位于第Ⅱ区T1515南部，东邻M54，西邻M56。开口于第①层下，南北向，方向10°。平面呈梯形，竖穴土圹单棺墓。墓口距地表深0.3米，墓底距地表深0.8米。墓圹南北长3、东西宽1~1.18、深0.5米。北窄南宽，四壁整齐规整，墓底较平，内填灰褐色花土，土质松软（图二五一）。

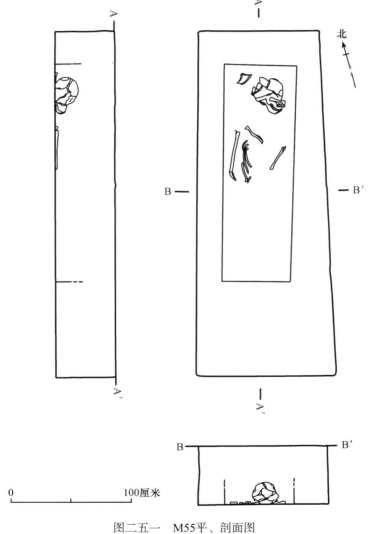

图二五一 M55平、剖面图

葬具为木棺，已朽，仅存棺痕。棺痕长1.9、宽0.6、残高0.2米。骨架保存较差，头向北，面向东，葬式不明，为男性。

2. 随葬品

未发现随葬品。

一四、M58

1. 墓葬形制

M58位于第Ⅱ区T1515、T1615西中部，东邻M59。开口于第①层下，南北向，方向10°。平面呈梯形，竖穴土圹单棺墓。墓口距地表深0.3米，墓底距地表深0.96米。墓圹南北长2.2、东西宽0.92、深0.66米。四壁整齐规整，墓底较平，内填灰褐色花土，土质松软（图二五二；彩版二七，4）。

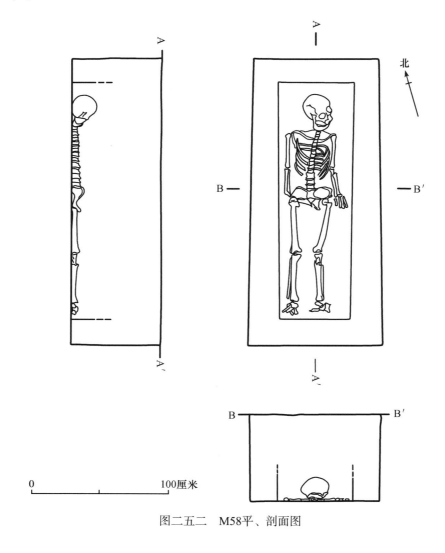

0   100厘米

图二五二　M58平、剖面图

葬具为木棺,已朽,仅存棺痕。棺痕长1.82、宽0.52~0.56、残高0.2米。骨架保存稍好,头向北,面向东,仰身直肢,为男性。

2. 随葬品

未发现随葬品。

一五、M59

1. 墓葬形制

M59位于第Ⅱ区T1515、T1615中部,西邻M58,东邻M60。开口于第①层下,南北向,方向8°。平面呈梯形,竖穴土圹单棺墓。墓口距地表深0.3米,墓底距地表深0.92米。墓圹南北长2.2、东西宽1~1.08、深0.62米。四壁整齐规整,墓底较平,内填灰褐色花土,土质松软(图二五三;彩版二八,1)。

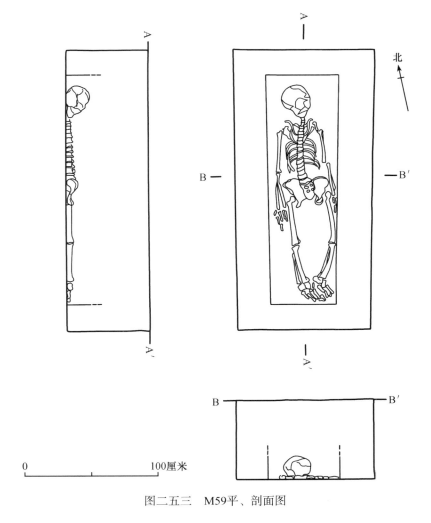

图二五三 M59平、剖面图

葬具为木棺，已朽，仅存棺痕。棺痕长1.82、宽0.52~0.56、残高0.2米。骨架保存较好，头向北，面向东，仰身直肢，为男性。

2. 随葬品

未发现随葬品。

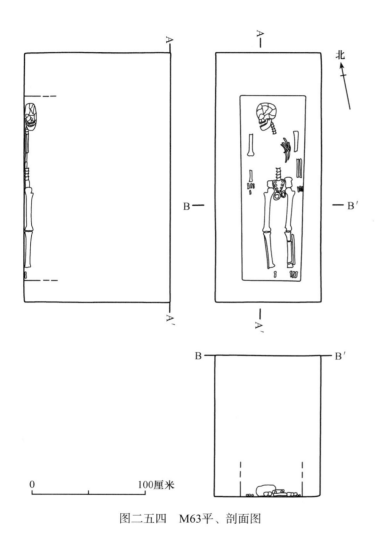

图二五四　M63平、剖面图

一六、M63

1. 墓葬形制

M63位于第Ⅱ区T1614西南部，东北邻M66。开口于第①层下，南北向，方向10°。平面呈长方形，竖穴土圹单棺墓。墓口距地表深0.3米，墓底距地表深1.6米。墓圹南北长2.3、东西宽0.94、深1.3米。四壁整齐规整，墓底较平，内填灰褐色花土，土质松软（图二五四；彩版二九，1）。

葬具为木棺，已朽，仅存棺痕。棺痕长1.7、宽0.52~0.58、残高0.1米。骨架保存较差，头向北，面向西，仰身直肢，为男性。

2. 随葬品

未发现随葬品。

一七、M92

1. 墓葬形制

M92位于第Ⅱ区T2215东北部，东北邻M104。开口于第①层下，南北向，方向0°。平面呈长方形，竖穴土圹单棺墓。墓口距地表深0.3米，墓底距地表深1.2米。墓圹南北长1.9、东西宽0.8、深0.9米。四壁较直，内填黄褐色花土，土质稍硬（图二五五；彩版二九，3）。

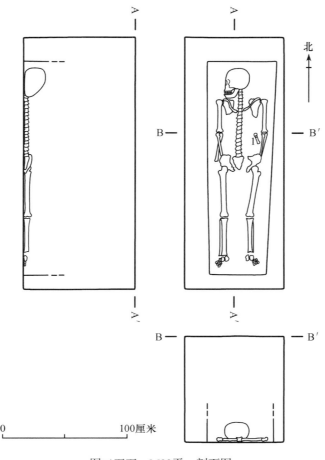

图二五五　M92平、剖面图
1. 铜带钩

葬具为木棺，已朽，仅存棺痕。棺痕长1.78、宽0.46～0.56、残高0.3米。骨架保存稍差，头向北，面向西，仰身直肢，为男性。

2. 随葬品

棺内左上肢骨内侧中部出土铜带钩1件。

铜带钩　1件。标本M92：1，琵琶形。钩首向前弯曲呈鸟头状，钩颈至钩尾其钩身由窄渐宽呈鸟背形，钩尾向后翘收为圆弧状，近尾端铸一束腰圆形纽。通长6.9厘米（图二五六；彩版六八，2）。

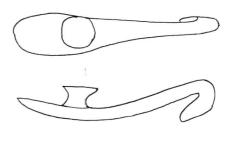

图二五六　M92出土铜带钩（M92：1）

第三节　双　棺　墓

双棺墓9座，编号为M2、M23、M25、M33、M35、M57、M61、M68、M119。

一、M2

1. 墓葬形制

M2位于第Ⅱ区T0811西部，东南邻M1。开口于第①层下，南北向，方向5°。平面呈不规则形，竖穴土圹双棺合葬墓。墓口距地表深0.3米，墓底距地表深1.8～2米。墓圹南北长2.84～3、东西宽1.8～2.06、深1.5～1.7米。北窄南宽，四壁整齐规整，墓底较平，内填灰褐色花土，土质松软（图二五七）。

葬具为木棺，已朽，仅存棺痕。东棺痕长1.78、宽0.54～0.6、残高0.2米；骨架保存较差，葬式不明，为男性。西棺痕长1.76、宽0.52～0.6、残高0.2米；骨架保存较差，葬式不明，为女性。

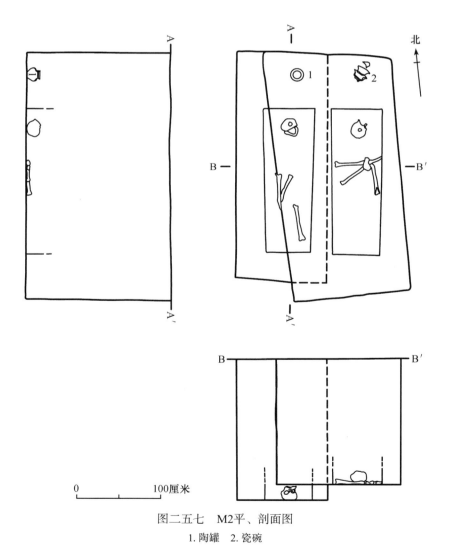

0　　　　　100厘米

图二五七　M2平、剖面图

1. 陶罐　2. 瓷碗

2. 随葬品

东棺外前方出土瓷碗1件，西棺外前方出土陶罐1件。

陶罐 1件。标本M2：1，泥质灰陶，轮制。直口，尖唇，短束颈，斜折沿，斜肩，扁鼓腹，下腹内收，平底内凹。外口沿内凹，饰四道细弦纹。口径8.1、腹径13.8、底径8.6、高14.4厘米（图二五八，1；彩版六六，1）。

瓷碗 1件。标本M2：2，轮制。敞口外撇，尖圆唇，深弧腹，矮圈足。外口沿饰两周弦纹，弦纹中间饰一周叠龟背锦纹，上下腹部饰三周弦纹，弦纹中间饰折枝松竹兰纹；内口沿饰三周弦纹，弦纹中间饰花卉纹，内底饰两周弦纹，中间饰一组松竹兰纹。通体施青色釉。口径16.4、底径6.5、高6.2厘米（图二五八，2；彩版六五，5、6）。

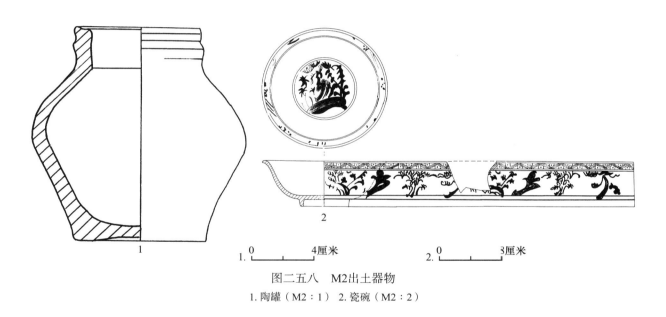

图二五八 M2出土器物
1. 陶罐（M2：1） 2. 瓷碗（M2：2）

二、M23

1. 墓葬形制

M23位于第Ⅱ区T1012西北部，延伸至T1013、T1112两个探方，东邻M22。开口于第①层下，南北向，方向0°。平面呈不规则形，竖穴土圹双棺合葬墓。墓口距地表深0.3米，墓底距地表深1.5米。墓圹南北长2.75～2.8、东西宽2.42～2.52、深1.2米。四壁整齐规整，墓底较平，内填灰褐色花土，土质松软（图二五九；彩版二八，2）。

葬具为木棺，已朽，仅存棺痕。东棺痕长1.9、宽0.54～0.64、残高0.24米；骨架保存稍

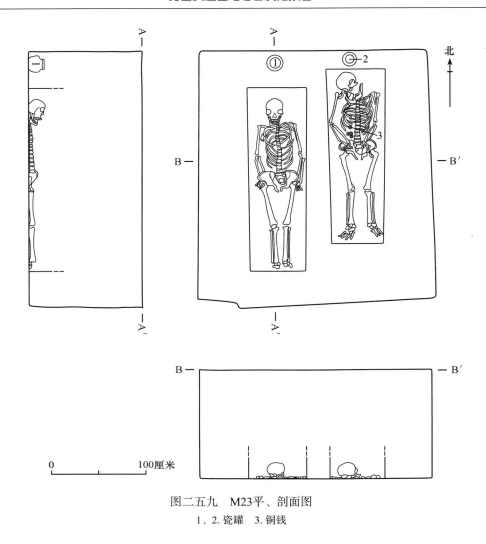

图二五九　M23平、剖面图

1、2.瓷罐　3.铜钱

好，头向北，面向西，仰身直肢，为女性。西棺痕长2、宽0.58～0.62、残高0.2米；骨架保存较好，头向北，面向上，仰身直肢，为男性。

2. 随葬品

东棺外前方出土瓷罐1件，棺内右上肢骨内侧下部出土铜钱4枚；西棺外前方出土瓷罐1件。

瓷罐　2件。标本M23：1，轮制。直口，平沿，短颈，丰肩，弧腹，假圈足。肩腹部各饰一周凹弦纹。灰褐色胎，体施酱黑色釉，口沿及下腹部未施釉。口径11、腹径16.8、底径11.8、高15.8厘米（图二六〇，1；彩版六六，2）。标本M23：2，轮制。敛口，尖圆唇，短颈，丰肩，圆鼓腹，矮圈足。上腹部及内壁施酱灰色釉，下腹部及圈足未施釉。露红褐色胎，胎质较细腻。上腹部留有轮旋痕。口径10.4、腹径16.6、底径7.8、高12.4厘米（图二六〇，2；彩版六六，6）。

万历通宝 1枚。标本M23：3，圆形，方穿，正背面郭缘较宽，正面楷书"萬曆通寶"四字，对读。钱径2.5、穿宽0.52、郭厚0.1厘米（图二六〇，3）。

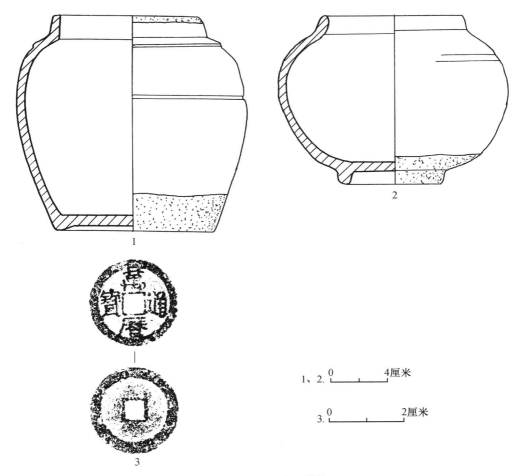

图二六〇 M23出土器物

1、2.瓷罐（M23：1、M23：2） 3.万历通宝（M23：3）

三、M25

1. 墓葬形制

M25位于第Ⅱ区T1013北部，东邻M24。开口于第①层下，南北向，方向5°。平面呈长方形，竖穴土圹双棺合葬墓。墓口距地表深0.3米，墓底距地表深2.3米。墓圹南北长2.8、东西宽2、深2米。四壁整齐规整，墓底较平，内填灰褐色花土，土质松软（图二六一）。

葬具为木棺，已朽，仅存棺痕。东棺痕长1.96、宽0.54~0.58、残高0.2米；骨架保存较好，头向北，面向上，仰身直肢，为女性。西棺痕长1.96、宽0.54~0.6、残高0.3米；骨架保存稍好，头向北，面向上，仰身直肢，为男性。

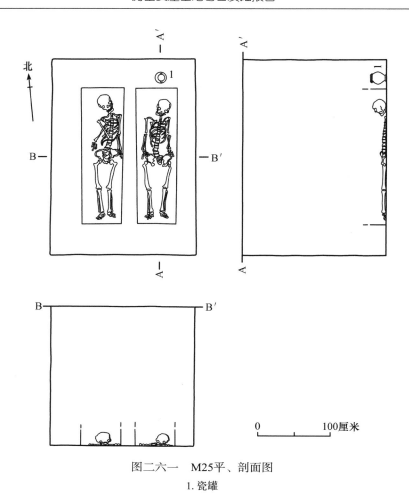

图二六一　M25平、剖面图
1. 瓷罐

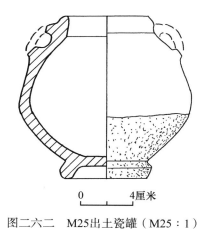

图二六二　M25出土瓷罐（M25：1）

2. 随葬品

东棺外前方出土瓷罐1件。

瓷罐　1件。标本M25：1，轮制。芒口内敛，尖圆唇，短颈，斜肩，扁鼓腹，矮圈足。颈肩部置对称双系，均残。上腹部及内壁施黑色釉，下腹部及圈足未施釉。露黄褐色胎，胎质较粗。口径7.1、腹径13.4、底径7.1、高13厘米（图二六二；彩版六六，3）。

四、M33

1. 墓葬形制

M33位于第Ⅱ区T1112西北部，东北邻M32。开口于第①层下，南北向，方向6°。平面呈不规则形，竖穴土圹双棺合葬墓。墓口距地表深0.3米，墓底距地表深2.6米。墓圹南北长2.3～2.66、东西宽2.4～2.9、深2.3米。北宽南窄，四壁整齐规整，墓底较平，内填灰褐色花土，土质松软（图二六三）。

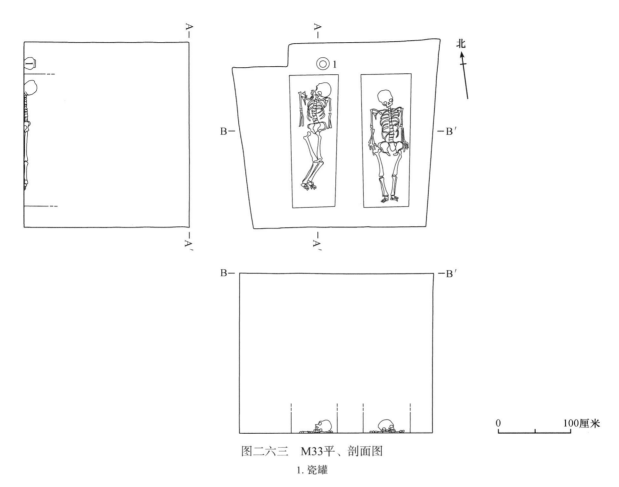

图二六三　M33平、剖面图
1. 瓷罐

葬具为木棺，已朽，仅存棺痕。东棺痕长1.7、宽0.62～0.68、残高0.3米；骨架保存较好，头向北，面向上，仰身直肢，为男性。西棺痕长1.9、宽0.58～0.68、残高0.3米；骨架保存稍好，头向北，面向西，仰身屈肢，为女性。

2. 随葬品

西棺外左前方出土瓷罐1件。

瓷罐　1件。标本M33：1，直口，方圆唇，短颈，丰肩，弧腹，假圈足。灰褐色胎，体施黑色釉，口沿及下腹部未施釉。口径11、腹径16.4、底径11.6、高14.8厘米（图二六四；彩版六六，4）。

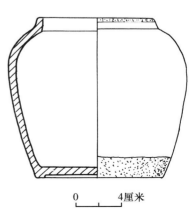

图二六四　M33出土瓷罐
（M33：1）

五、M35

1. 墓葬形制

　　M35位于第Ⅱ区T1113东南部，东部被M34打破。开口于第①层下，南北向，方向8°。墓平面呈近四边形，竖穴土圹双棺合葬墓。墓口距地表深0.3米，墓底距地表深2.1米。墓圹南北长3.06、东西宽2.9、深1.8米。四壁整齐规整，墓底较平，内填灰褐色花土，土质松软（图二六五）。

　　葬具为木棺，已朽，仅存棺痕。东棺痕长1.86、宽0.66~0.72、残高0.2米；骨架保存较好，头向北，面向上，仰身直肢，为男性。西棺痕长1.8、宽0.56~0.6、残高0.3米；骨架保存

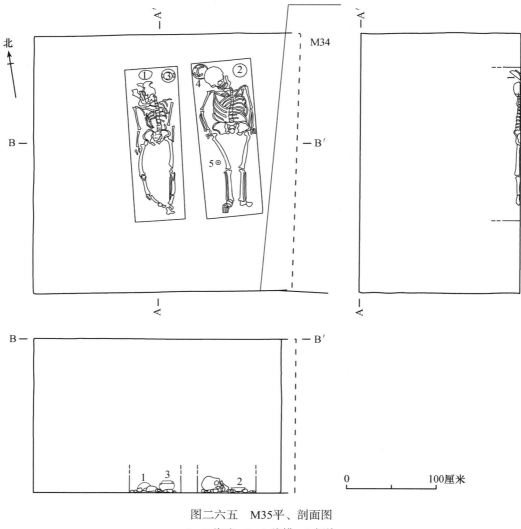

图二六五　M35平、剖面图

1、2.瓷碗　3、4.瓷罐　5.铜钱

稍差，头向北，面向上，仰身屈肢，为女性。

2. 随葬品

东棺内头骨左侧出土瓷碗1件，右侧出土瓷罐1件，右下肢骨下方出土铜钱1枚；西棺内头骨上方出土瓷碗1件，左上方出土瓷罐1件。

瓷碗　2件。标本M35：1，轮制。敞口，尖圆唇，斜直腹，下腹折收，内底涩圈，矮圈足。上腹部及内壁施黑色釉，下腹部及圈足未施釉。露灰褐色胎。口径16、底径6.2、高5.2厘米（图二六六，1；彩版六六，5）。标本M35：2，轮制。敞口外撇，尖圆唇，深弧腹，矮圈足。外口沿饰两周弦纹，中间饰一叠龟背锦纹，腹部饰两周弦纹，弦纹中间饰两组折枝竹梅纹；口沿内侧饰三周弦纹，弦纹中间饰一周花卉纹，内底饰两周弦纹，中间饰一组竹梅纹、拱桥纹及旋涡纹。通体施青白釉。口径15.4、底径6.4、高6厘米（图二六六，2；彩版六七，1、2）。

瓷罐　2件。标本M35：3，轮制。敛口，尖圆唇，斜颈，溜肩，圆鼓腹，矮圈足。颈肩

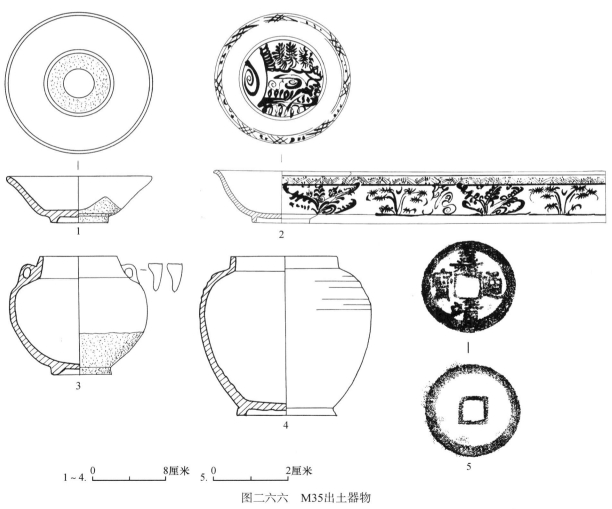

1~4. 0 ————— 8厘米　5. 0 ——— 2厘米

图二六六　M35出土器物

1、2. 瓷碗（M35：1、M35：2）　3、4. 瓷罐（M35：3、M35：4）　5. 嘉靖通宝（M35：5）

部置对称四系。灰褐色胎，体施酱黑色釉，下腹部及圈足未施釉。口径9、腹径15.4、底径6.9、高13.4厘米（图二六六，3；彩版六七，3）。标本M35：4，轮制。直口，平沿，短颈，丰肩，鼓腹，下弧收，矮圈足。通体施酱绿色釉。口径12、腹径19、底径11.1、高17.8厘米（图二六六，4；彩版六七，4）。

嘉靖通宝　1枚。标本M35：5，圆形，方穿，正背面郭缘较宽，正面楷书"嘉靖通寶"四字，对读。钱径2.55、穿宽0.58、郭厚0.13厘米（图二六六，5）。

六、M57

1. 墓葬形制

M57位于第Ⅱ区T1515中部，南邻M55。开口于第①层下，南北向，方向14°。平面呈不规则形，竖穴土圹双棺合葬墓。墓口距地表深0.3米，墓底距地表深1.1～1.5米。墓圹南北长2.02～2.68、东西宽2.38～2.8、深0.8～1.2米。四壁整齐规整，墓底较平，内填黄褐色花土，土质松软（图二六七；彩版二八，3）。

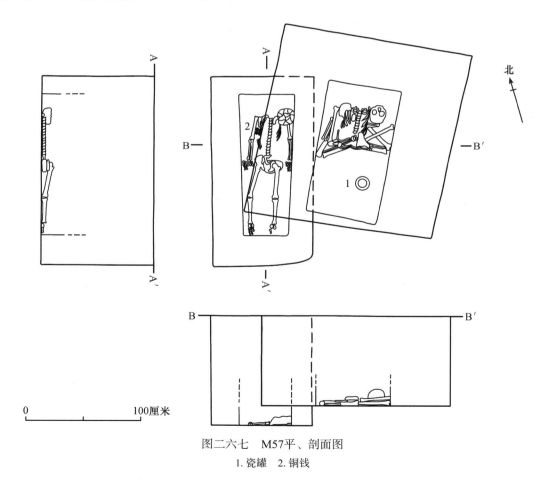

图二六七　M57平、剖面图
1. 瓷罐　2. 铜钱

葬具为木棺，已朽，仅存棺痕。东棺痕长1.21、宽0.64、残高0.2米；骨架保存较差，头向南，面向上，仰身屈肢，为男性。西棺痕长1.28、宽0.4~0.5、残高0.2米；骨架保存稍差，头向北，面向上，仰身直肢，为女性。

2. 随葬品

东棺内左下方出土瓷罐1件；西棺左上肢骨内侧上部出土铜钱4枚。

瓷罐 1件。标本M57：1，轮制。直口微敞，尖圆唇，斜直颈，斜肩，扁鼓腹，矮圈足。上腹部及内壁施酱黑色釉，下腹部及圈足未施釉，露黄褐色胎，胎质较细腻。内壁留有轮旋痕。口径8.4、腹径14.4、底径7.6、高13.2厘米（图二六八，1；彩版六七，5）。

绍圣元宝 1枚。标本M57：2，圆形，方穿，正背面郭缘较宽，正面行书"绍聖元寶"四字，旋读。钱径2.3、穿宽0.68、郭厚0.09厘米（图二六八，2）。

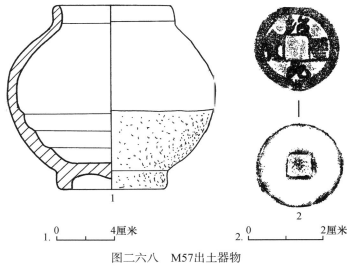

图二六八 M57出土器物
1. 瓷罐（M57：1） 2. 绍圣元宝（M57：2）

七、M61

1. 墓葬形制

M61位于第Ⅱ区T1514西部，北邻M62，东南邻M53。开口于第①层下，南北向，方向4°。平面呈长方形，竖穴土圹双棺合葬墓。墓口距地表深0.3米，墓底距地表深1.4~1.5米。墓圹南北长2.7、东西宽2、深1.1~1.2米。四壁整齐规整，墓底较平，内填灰褐色花土，土质松软（图二六九；彩版二八，4）。

葬具为木棺，已朽，仅存棺痕。东棺痕长1.74、宽0.46~0.56、残高0.3米；骨架保存稍好，头向北，面向上，仰身直肢，为女性。西棺痕长1.8、宽0.5~0.6、残高0.2米；骨架保存稍好，头向北，面向西，仰身直肢，为男性。

2. 随葬品

东棺外前方出土陶罐1件，棺内左盆骨上部出土铜钱4枚；西棺内头骨上方出土釉陶罐1件，右上肢骨内侧中部出土铜钱5枚。

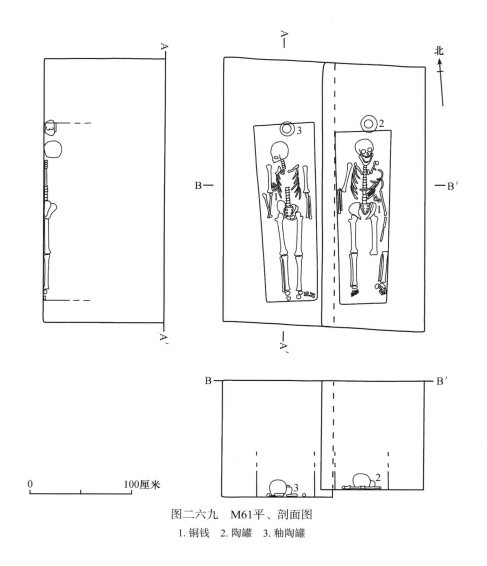

图二六九　M61平、剖面图
1.铜钱　2.陶罐　3.釉陶罐

　　陶罐　1件。标本M61：2，泥质灰陶，轮制。敛口，尖圆唇，短颈，溜肩，鼓腹，下腹弧收，平底。肩腹部留有轮旋痕。口径10.2、腹径16、底径12、高11厘米（图二七〇，1；彩版六七，6）。

　　釉陶罐　1件。标本M61：3，轮制。敞口，方圆唇，短束颈，斜肩，扁鼓腹，矮圈足。上腹部及内壁施酱绿色釉，下腹部及圈足未施釉。口径8、腹径14、底径7.2、高12.6厘米（图二七〇，2；彩版六八，1）。

　　景德元宝　1枚。标本M61：1-1，圆形，方穿，正背面郭缘较宽，正面楷书"景德元寶"四字，旋读。钱径2.43、穿宽0.6、郭厚0.13厘米（图二七〇，3）。

　　天圣元宝　1枚。标本M61：1-2，圆形，方穿，正背面郭缘较宽，正面楷书"天聖元寶"四字，旋读。钱径2.53、穿宽0.75、郭厚0.11厘米（图二七〇，4）。

　　至和通宝　1枚。标本M61：1-3，圆形，方穿，正背面郭缘较宽，正面楷书"至和通寶"

四字，对读。钱径2.48、穿宽0.73、郭厚0.11厘米（图二七〇，5）。

治平元宝　2枚。圆形，方穿，正背面郭缘较宽，正面楷书"治平元寶"四字，旋读。标本M61：1-4，钱径2.43、穿宽0.68、郭厚0.13厘米（图二七〇，6）。标本M61：1-5，钱径2.42、穿宽0.6、郭厚0.1厘米（图二七〇，7）。

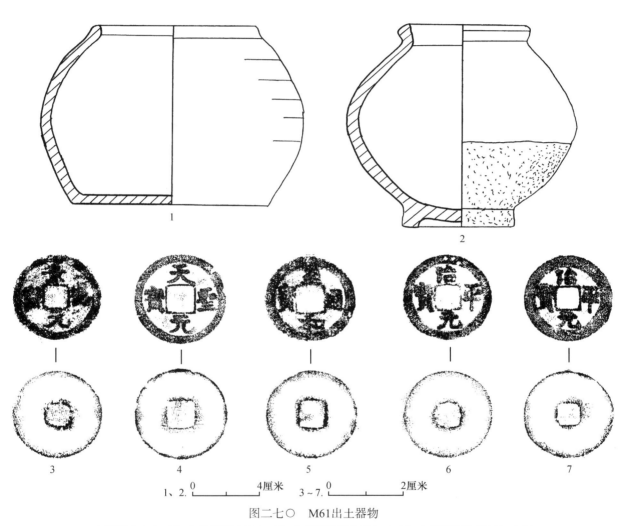

图二七〇　M61出土器物

1.陶罐（M61：2）　2.釉陶罐（M61：3）　3.景德元宝（M61：1-1）　4.天圣元宝（M61：1-2）
5.至和通宝（M61：1-3）　6、7.治平元宝（M61：1-4、M61：1-5）

八、M68

1.墓葬形制

M68位于第Ⅱ区T1715西南部，东邻M69。开口于第①层下，南北向，方向10°。平面呈长方形，竖穴土圹双棺合葬墓。墓口距地表深0.3米，墓底距地表深1.94～2.06米。墓圹南北长2.98、东西宽2.54、深1.64～1.76米。墓壁平整陡直，内填土黄褐色花土，土质稍硬（图二七一；彩版二九，2）。

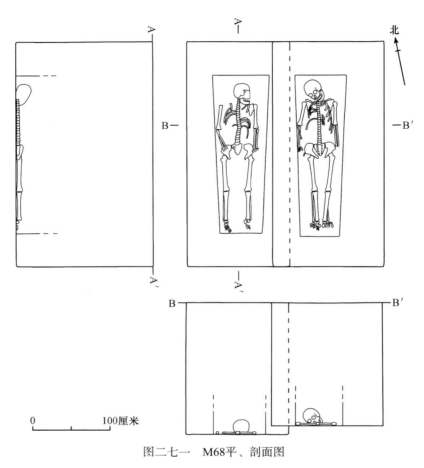

图二七一　M68平、剖面图

葬具为木棺，已朽，仅存棺痕。东棺痕长2.13、宽0.48～0.6、残高0.28米；骨架保存较好，头向北，面向上，仰身直肢，为女性。西棺痕长2.1、宽0.5～0.66、残高0.28米；骨架保存稍好，头向北，面向东，仰身直肢，为男性。

2. 随葬品

未发现随葬品。

九、M119

1. 墓葬形制

M119位于第Ⅱ区T1911西南部，东邻M120。开口于第①层下，南北向，方向348°。平面呈不规则形，竖穴土圹双棺合葬墓。墓口距地表深0.3米，墓底距地表深1.5～1.62米。墓圹南北长3.16、东西宽1.44～1.86、深1.2～1.32米。北宽南窄，四壁整齐规整，墓底较平，内填灰褐色花土，土质疏松（图二七二；彩版二九，4）。

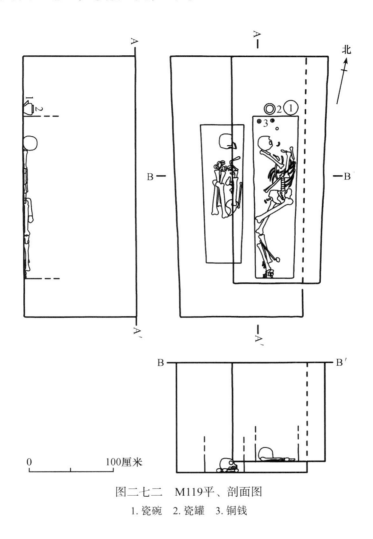

图二七二 M119平、剖面图
1. 瓷碗 2. 瓷罐 3. 铜钱

葬具为木棺，已朽，仅存棺痕。东棺痕长1.9、宽0.44～0.52、残高0.2米；骨架保存稍好，头向西，面向上，侧身屈肢，为男性。西棺痕长1.62、宽0.4～0.5、残高0.2米；骨架保存稍差，头向西，面向南，侧身屈肢，为女性。

2. 随葬品

东棺外左前方出土瓷碗1件、瓷罐1件，棺内头骨上方出土铜钱2枚。

瓷碗　1件。标本M119：1，轮制。敞口，尖唇，浅弧腹，内底涩圈，矮圈足。体施黑白釉，内口沿饰两周酱黑色粗弦纹，内壁施白釉，下腹部及圈足未施釉。露灰褐色胎，胎质较细腻。口径16.6、底径6.2、高5.4厘米（图二七三，1；彩版六八，3）。

瓷罐　1件。标本M119：2，轮制。敛口，尖圆唇，斜直颈，斜肩，扁鼓腹，矮圈足。体施黑色釉，下腹部及圈足未施釉，露灰褐色胎，胎质较细腻。口径9、腹径13、底径7.5、高8.6厘米（图二七三，2；彩版六八，4）。

至道元宝　1枚。标本M119：3-1，圆形，方穿，正背面郭缘较宽，正面楷书"至道元寶"四字，旋读。钱径2.45、穿宽0.58、郭厚0.12厘米（图二七三，3）。

绍圣元宝　1枚。标本M119：3-2，圆形，方穿，正背面郭缘较宽，正面行书"绍聖元寶"四字，旋读。钱径2.32、穿宽0.63、郭厚0.1厘米（图二七三，4）。

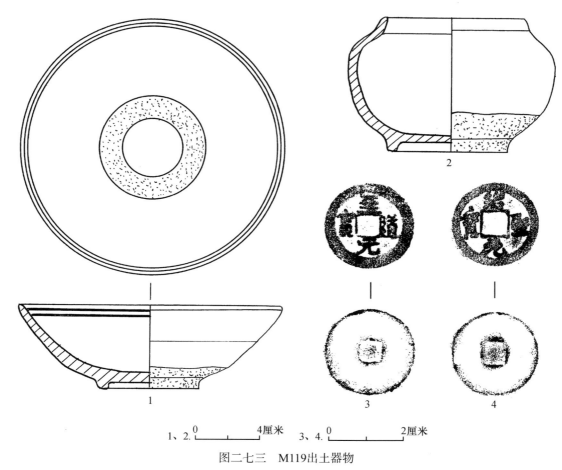

图二七三　M119出土器物
1. 瓷碗（M119：1）　2. 瓷罐（M119：2）　3. 至道元宝（M119：3-1）　4. 绍圣元宝（M119：3-2）

第四节　三　棺　墓

三棺墓4座，编号为M24、M26、M36、M44。

一、M24

1. 墓葬形制

M24位于第Ⅱ区T1013东北部，北延伸至T1113，西邻M25。开口于第①层下，南北向，方向6°。平面呈梯形，竖穴土圹三棺合葬墓。墓口距地表深0.3米，墓底距地表深1.6米。墓圹南北长2.98、东西宽2.8～2.9、深1.3米。北窄南宽，四壁整齐规整，墓底较平，内填灰褐色花土，土质松软（图二七四；彩版三〇，1）。

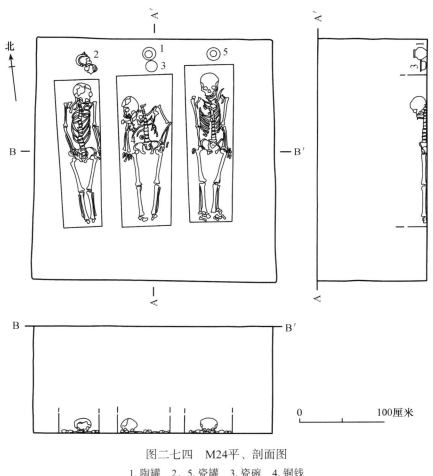

图二七四 M24平、剖面图
1. 陶罐　2、5. 瓷罐　3. 瓷碗　4. 铜钱

葬具为木棺，已朽，仅存棺痕。东棺痕长1.92、宽0.5～0.58、残高0.2米；骨架保存较好，头向北，面向上，仰身直肢，为男性。中棺痕长1.94、宽0.58～0.66、残高0.2米；骨架保存稍差，头向东，面向南，仰身直肢，为女性。西棺痕长1.8、宽0.46～0.52、残高0.2米；骨架保存稍好，头向北，面向上，仰身直肢，为女性。

2. 随葬品

东棺外前方出土瓷罐1件；中棺外左前方出土陶罐1件、瓷碗1件，腰椎骨右侧出土铜钱1枚；西棺外左前方出土瓷罐1件。

陶罐　1件。标本M24：1，泥质灰陶，轮制。敛口，尖圆唇，短颈，丰肩，鼓腹弧收，腹部饰三周凹弦纹，平底。口径8、腹径15.2、底径12.2、高9~10.2厘米（图二七五，5；彩版六八，5）。

瓷罐　2件。标本M24：2，轮制。敛口，方圆唇，斜颈，溜肩，圆鼓腹，矮圈足。颈肩部置对称倒鼻形双系。灰褐色胎，体施酱黄色釉，外口沿及圈足未施釉。上腹部留有轮旋痕。口径12、腹径19、底径9.9、高16.2厘米（图二七五，1；彩版六八，6）。标本M24：5，轮制。敛口，尖圆唇，短颈，丰肩，扁鼓腹，矮圈足，足底外撇。上腹部及内壁施酱灰色釉，下腹及圈足未施釉。露黄褐色胎，胎质较细腻。口径8、腹径13.6、底径7.2、高9.6厘米（图二七五，4；彩版六九，3）。

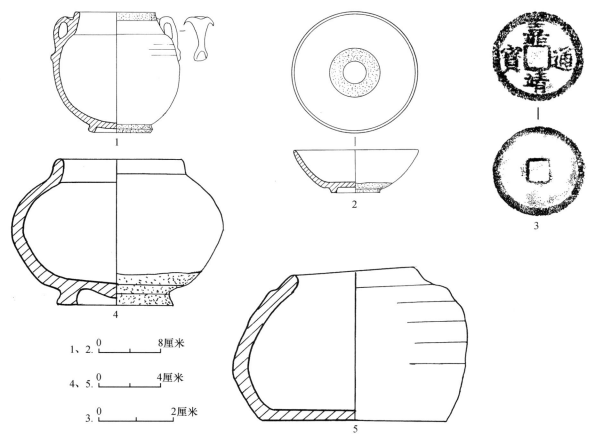

图二七五　M24出土器物

1、4. 瓷罐（M24：2、M24：5）　2. 瓷碗（M24：3）　3. 嘉靖通宝（M24：4）　5. 陶罐（M24：1）

瓷碗　1件。标本M24：3，轮制。敞口，尖唇，浅弧腹，内底涩圈，矮圈足。体施酱灰色釉，下腹部及圈足未施釉。露黄褐色胎，胎质较细腻。口径16.2、底径6.2、高5.8厘米（图二七五，2；彩版六九，1、2）。

嘉靖通宝　1枚。标本M24：4，圆形，方穿，正背面郭缘较宽，正面楷书"嘉靖通寶"四字，对读。钱径2.59、穿宽0.55、郭厚0.12厘米（图二七五，3）。

二、M26

1. 墓葬形制

M26位于第Ⅱ区T1113西南部，西延伸至T1114，开口于第①层下，南北向，方向40°。平面呈不规则形，竖穴土圹三棺合葬墓。墓口距地表深0.3米，墓底距地表深1.8米。墓圹南北长2.9～3.5、东西宽3.62、深1.5米。四壁整齐规整，墓底较平，内填灰褐色花土，土质松软（图二七六；彩版三〇，2）。

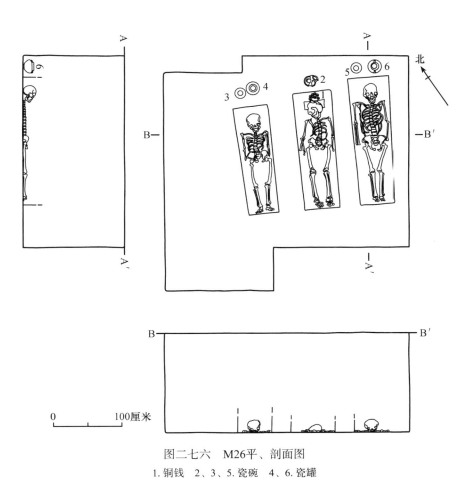

图二七六　M26平、剖面图

1. 铜钱　2、3、5. 瓷碗　4、6. 瓷罐

葬具为木棺，已朽，仅存棺痕。东棺痕长1.9、宽0.52~0.6、残高0.2米；骨架保存较好，头向北，面向上，仰身直肢，为男性。中棺痕长1.78、宽0.4~0.6、残高0.2米；骨架保存稍好，头向北，面向西，头骨下方放置长20、宽16~20、厚1厘米板瓦1块，仰身直肢，为女性。西棺痕长1.64、宽0.46~0.54、残高0.3米；骨架保存稍好，头向北，面向上，仰身直肢，为女性。

2. 随葬品

东棺外前方出土瓷罐1件、瓷碗1件；中棺外前方出土瓷碗1件，棺内头骨上方出土铜钱8枚；西棺外前方出土瓷罐1件、瓷碗1件。

瓷罐　2件。标本M26：4，轮制。直口，尖圆唇，短颈，溜肩，斜弧腹，假圈足。上腹部饰数周凹弦纹。通体施酱绿色釉。下腹部未施釉，露黄褐色胎，胎质较细腻。口径11.6、腹径16.4、底径8.4、高16.4厘米（图二七七，4；彩版六九，4）。标本M26：6，轮制。直口，方圆唇，短束颈，溜肩，圆鼓腹，矮圈足。颈肩部置对称双系。上腹部及内壁施酱黑色釉，

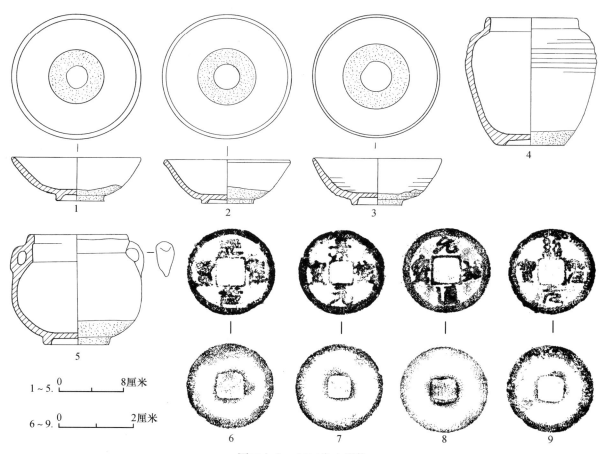

图二七七　M26出土器物

1~3. 瓷碗（M26：2、M26：3、M26：5）　4、5. 瓷罐（M26：4、M26：6）　6. 天圣元宝（M26：1-1）

7. 景德元宝（M26：1-2）　8. 元祐通宝（M26：1-3）　9. 绍圣元宝（M26：1-4）

下腹部及圈足未施釉，露灰褐色胎，胎质较细腻。口径12.4、腹径16.6、底径8.2、高14厘米（图二七七，5；彩版六九，5）。

瓷碗 3件。标本M26：2，轮制。敞口，尖圆唇，浅弧腹，内底涩圈，矮圈足。上腹部及内壁施黑色釉，下腹及圈足未施釉，露灰白胎，胎质较细腻。口径16、底径5.1、高5.6厘米（图二七七，1；彩版六九，6）。标本M26：3，轮制。敞口，方圆唇，浅弧腹，下腹折收，内底涩圈，矮圈足。上腹部及内壁施黑色釉，下腹及圈足未施釉。露灰褐色胎，胎质较细腻。口径16.4、底径6.8、高5.8厘米（图二七七，2；彩版七〇，1）。标本M26：5，轮制。敞口，尖圆唇，浅弧腹，内底涩圈，矮圈足。上腹部及内壁施酱黑色釉，下腹及圈足未施釉。露灰白色胎，胎质较细腻。中腹部及内壁留有轮旋痕。口径16.6、底径6.6、高6.2厘米（图二七七，3；彩版七〇，2）。

天圣元宝 1枚。标本M26：1-1，圆形，方穿，正背面郭缘较宽，正面篆书"天聖元寶"四字，旋读。钱径2.41、穿宽0.75、郭厚0.1厘米（图二七七，6）。

景德元宝 1枚。标本M26：1-2，圆形，方穿，正背面郭缘较宽，正面楷书"景德元寶"四字，旋读。钱径2.4、穿宽0.61、郭厚0.1厘米（图二七七，7）。

元祐通宝 1枚。标本M26：1-3，圆形，方穿，正背面郭缘较宽，正面行书"元祐通寶"四字，旋读。钱径2.4、穿宽0.71、郭厚0.1厘米（图二七七，8）。

绍圣元宝 1枚。标本M26：1-4，圆形，方穿，正背面郭缘较宽，正面篆书"绍聖元寶"四字，旋读。钱径2.32、穿宽0.7、郭厚0.1厘米（图二七七，9）。

三、M36

1. 墓葬形制

M36位于第Ⅱ区T1113西北部，东南邻M35。开口于第①层下，南北向，方向10°。平面呈不规则形，竖穴土圹三棺合葬墓。墓口距地表深0.3米，墓底距地表深2.26～2.4米。墓圹南北长2.44～2.9、东西宽3.1、深1.96～2.1米。四壁整齐规整，墓底较平，内填灰褐色花土，土质松软（图二七八）。

葬具为木棺，已朽，仅存棺痕。东棺现存西侧棺板，棺痕长1.76、宽0.42～0.54、残高0.26米，棺板长1.54、厚0.02～0.04米；骨架保存较差，头向北，面向上，仰身直肢，为男性。中棺痕长1.98、宽0.46～0.58、残高0.24米；骨架保存稍差，头向上，面向南，仰身直肢，为女性。西棺痕长1.76、宽0.44～0.56、残高0.2米；骨架保存稍差，头向上，面向南，仰身直肢，为女性。

2. 随葬品

中棺外前方出土瓷罐1件、瓷碗1件；西棺外左前方出土瓷碗1件。

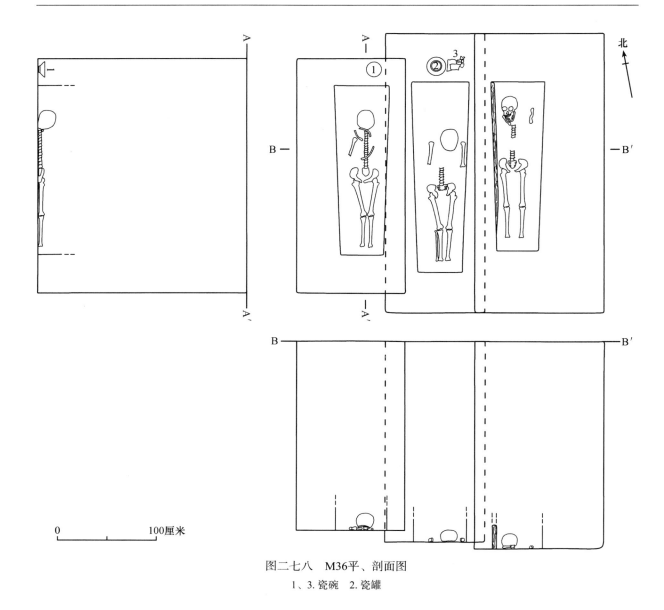

图二七八　M36平、剖面图
1、3.瓷碗　2.瓷罐

瓷碗　2件。标本M36：1，轮制。敞口外撇，尖圆唇，深弧腹，内底涩圈，矮圈足。通体施青白色釉。腹部饰缠枝花卉纹。口径14、底径5.5、高6厘米（图二七九，1；彩版七〇，3、4）。标本M36：3，轮制。敞口外撇，尖圆唇，深弧腹，下腹折收，矮圈足。通体施青白色釉。外口沿饰三周弦纹，中间饰一叠龟背锦纹，腹部饰两周弦纹，弦纹中间饰折枝松竹梅石纹，圈足饰三周弦纹；内口沿饰三周弦纹，弦纹中间饰一周花卉纹，内底饰两周弦纹，中间饰一组松竹梅石纹及拱桥纹。口径15.4、底径5.7、高6.2厘米（图二七九，2；彩版七〇，5、6）。

瓷罐　1件。标本M36：2，轮制。直口，平沿，短颈，溜肩，圆鼓腹，矮圈足。体施酱绿色釉，圈足未施釉。露灰褐色胎，胎质较粗。口径10.9、腹径18.8、底径10.3、高16厘米（图二七九，3；彩版七一，1）。

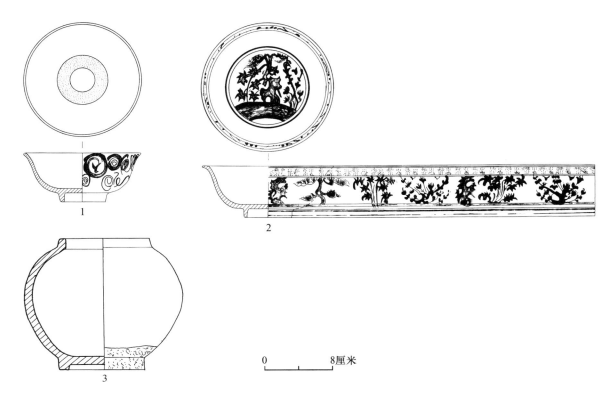

图二七九　M36出土器物

1、2.瓷碗（M36：1、M36：3）　3.瓷罐（M36：2）

四、M44

1. 墓葬形制

M44位于第Ⅱ区T1214东南部，北邻M45。开口于第①层下，南北向，方向356°。平面呈梯形，竖穴土圹三棺合葬墓。墓口距地表深0.3米，墓底距地表深2.6米。墓圹南北长3、东西宽3.6～4、深2.3米。北宽南窄，四壁整齐规整，墓底较平，内填灰褐色花土，土质松软（图二八〇）。

葬具为木棺，已朽，仅存棺痕。东棺痕长2.06、宽0.56、残高0.3米；骨架保存较好，头向北，面向上，仰身直肢，为男性。中棺痕长2.04、宽0.6～0.64、残高0.3米；骨架保存稍好，头向上，面向西，仰身直肢，为女性。西棺痕长2、宽0.4～0.52、残高0.3米；骨架保存较好，头向北，面向上，仰身直肢，为女性。

2. 随葬品

东棺外前方出土瓷罐1件；中棺外前方出土瓷罐1件、右下肢骨上部出土铜钱10枚；西棺外

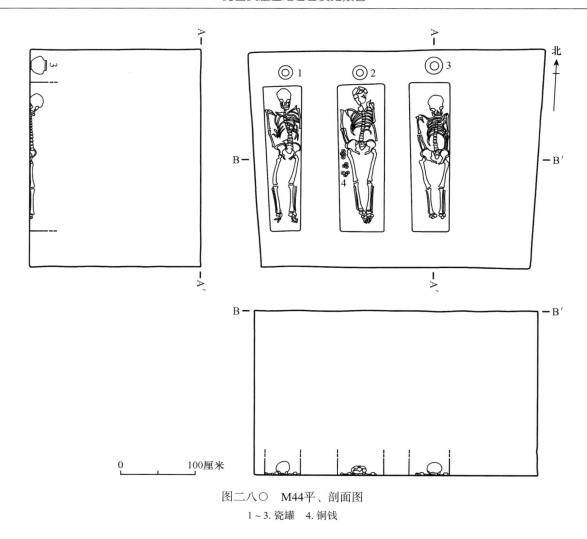

图二八〇　M44平、剖面图

1~3.瓷罐　4.铜钱

前方出土瓷罐1件。

瓷罐　3件。标本M44：1，轮制。直口，尖圆唇，矮颈，丰肩，斜弧腹，假圈足。通体施黑色釉，圈足未施釉。口径10.2、腹径18.2、底径12.2、高15.8厘米（图二八一，1；彩版七一，2）。标本M44：2，轮制。直口，尖圆唇，矮斜颈，丰肩，斜弧腹，矮圈足。肩腹部饰四周凹弦纹，上腹部及内壁施黑色釉，下腹部及圈足未施釉。口径10.1、腹径17.4、底径11.8、高16厘米（图二八一，2；彩版七一，3）。标本M44：3，轮制。直口，尖圆唇，矮颈，斜肩，斜弧腹，矮圈足。通体施酱黑色釉，外口沿及圈足未施釉。口径10.2、肩径21.4、底径10.2、高20.4厘米（图二八一，3；彩版七一，4）。

至道元宝　1枚。标本M44：4-1，圆形，方穿，正背面郭缘较宽，正面草书"至道元寶"四字，旋读。钱径2.3、穿宽0.58、郭厚0.1厘米（图二八一，4）。

元丰通宝　1枚。标本M44：4-2，圆形，方穿，正背面郭缘较宽，正面篆书"元豐通寶"四字，旋读。钱径2.38、穿宽0.65、郭厚0.09厘米（图二八一，5）。

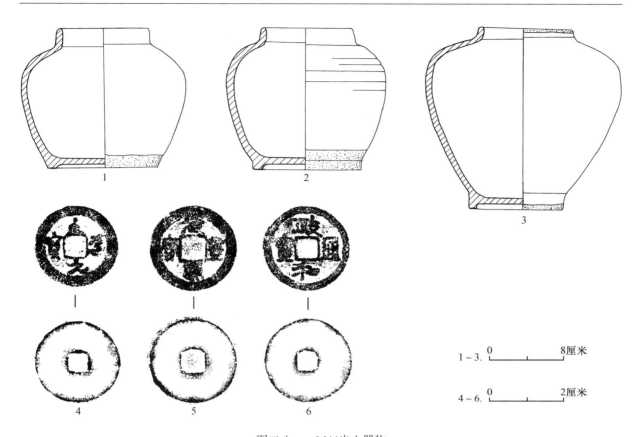

图二八一　M44出土器物

1～3.瓷罐（M44：1、M44：2、M44：3）　4.至道元宝（M44：4-1）　5.元丰通宝（M44：4-2）　6.政和通宝（M44：4-3）

　　政和通宝　1枚。标本M44：4-3，圆形，方穿，正背面郭缘较宽，正面楷书"政和通寳"四字，对读。钱径2.38、穿宽0.58、郭厚0.1厘米（图二八一，6）。

第八章 清 代 墓 葬

清代墓葬29座，皆为竖穴土圹墓，编号依次为M5～M8、M10～M13、M28、M29、M41、M50、M88、M90、M99、M101、M102、M118、M120、M122～M125、M144、M150、M154、M187～M189。其中可分为单棺墓、双棺墓、多棺墓。

第一节 单 棺 墓

单棺墓17座，编号为M13、M41、M50、M88、M90、M99、M101、M102、M118、M122、M123、M125、M150、M154、M187、M188、M189。

一、M13

1. 墓葬形制

M13位于第Ⅱ区T1014东南部，东延伸至T1013，西南邻M12。开口于第①层下，南北向，方向353°。平面呈梯形，竖穴土圹单棺墓。墓口距地表深0.4米，墓底距地表深1.4米。墓圹南北长3.1、宽1.52、深1米。四壁整齐较直，底部较平，内填黄褐色花土，土质松散（图二八二；彩版三〇，3）。

葬具为木棺，已朽，仅存棺痕。棺痕长1.91、宽0.4～0.54、残高0.23米。骨架保存较好，头向北，面向上，仰身直肢，为男性。

2. 随葬品

棺内左下肢骨左侧下部出土铜钱1枚。

康熙通宝 4枚。形制相同。标本M13：1，圆形，方穿，正背面郭缘较宽，正面楷书"康熙通寶"四字，对读，背穿左右为满文"宝泉"纪局名。钱径2.6、穿宽0.55、郭厚0.15厘米（图二八三）。

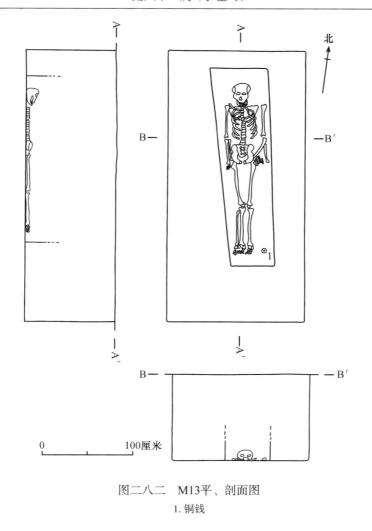

图二八二 M13平、剖面图
1.铜钱

二、M41

1. 墓葬形制

M41位于第Ⅱ区T1211东部，西北邻M40。开口于第①层下，东西向，方向272°。平面呈梯形，竖穴土圹墓。墓口距地表深0.3米，墓底距地表深1.1米。墓圹东西长2.2、南北宽0.84～0.92、深0.8米。四壁整齐规整，墓底较平，内填灰褐色花土，土质松软（图二八四）。

未发现葬具及骨架，依墓葬形制归入单棺墓。

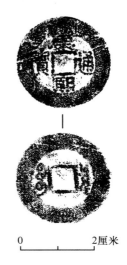

图二八三 M13出土康熙通宝
（拓片）（M13：1）

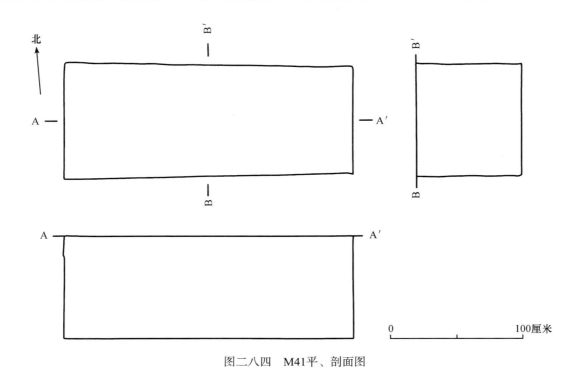

图二八四　M41平、剖面图

2. 随葬品

未发现随葬品。

三、M50

1. 墓葬形制

M50位于第Ⅱ区T1014东北部，打破M28。开口于第①层下，南北向，方向12°。平面呈梯形，竖穴土圹单棺墓。墓口距地表深0.4米，墓底距地表深1.04米。墓圹南北长2.54、宽1～1.44、深0.64米。四壁整齐较直，底部较平，填土黄褐色花土，土质松散（图二八五）。

葬具为木棺，已朽，仅存棺痕。棺痕长2.1、宽0.46～0.56、残高0.16米。骨架保存稍差，头向北，面向东，仰身直肢，为男性。

2. 随葬品

棺内胸椎骨左侧出土铜钱1枚。

至道元宝　1枚。标本M50：1，圆形，方穿，正背面郭缘较宽，正面楷书"至道元寶"四字，旋读。钱径2.5、穿宽0.58、郭厚0.12厘米（图二八六）。

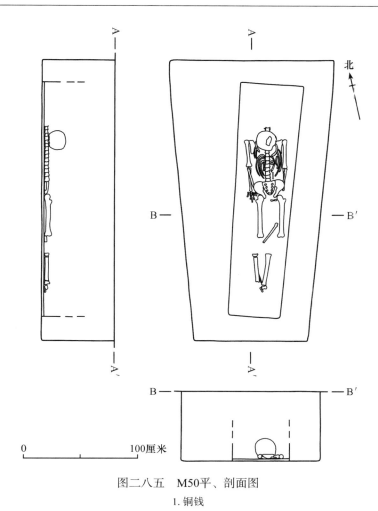

图二八五　M50平、剖面图

1. 铜钱

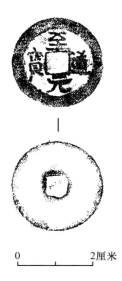

图二八六　M50出土至道元宝

（拓片）（M50：1）

四、M88

1. 墓葬形制

M88位于第Ⅱ区T2116西部，东北邻M98。开口于第①层下，南北向，方向6°。平面呈长方形，竖穴土圹单棺墓。墓口距地表深0.3米，墓底距地表深1米。墓圹南北长2.2、东西宽0.8、深0.7米。四壁整齐规整，墓底较平，内填灰褐色花土，土质松软（图二八七）。

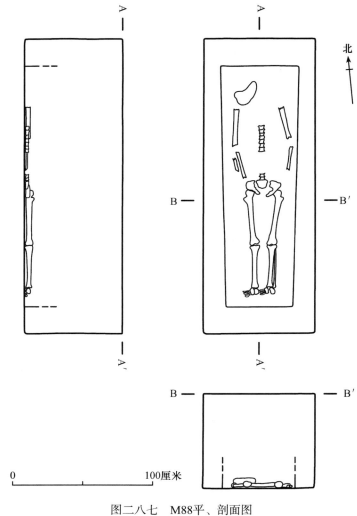

图二八七　M88平、剖面图

葬具为木棺，已朽，仅存棺痕。棺痕长1.8、宽0.48～0.56、残高0.1米。骨架保存稍差，头向北，面向下，仰身直肢，为男性。

2. 随葬品

未发现随葬品。

五、M90

1. 墓葬形制

M90位于第Ⅱ区T2516中部，南部打破M76。开口于第①层下，南北向，方向6°。平面呈长方形，竖穴土圹单棺墓。墓口距地表深0.3米，墓底距地表深1.4米。墓圹南北长2.76、东西宽0.92、深1.1米。四壁整齐规整，墓底较平，内填灰褐色花土，土质松软（图二八八；彩版三〇，4）。

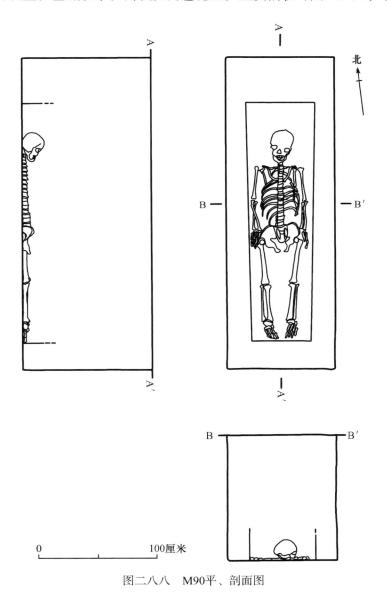

0　　　　　　　　　　100厘米

图二八八　M90平、剖面图

葬具为木棺，已朽，仅存棺痕。棺痕长2.12、宽0.52～0.6、残高0.2米。骨架保存较好，头向北，面向上，仰身直肢，为男性。

2. 随葬品

未发现随葬品。

六、M99

1. 墓葬形制

M99位于第Ⅱ区T2115西北部，西邻M98。开口于第①层下，南北向，方向5°。平面呈长方形，竖穴土圹单棺墓。墓口距地表深0.3米，墓底距地表深1.1米。墓圹南北长2、东西宽0.7、深0.8米。四壁较直平整，墓底较平，内填黄褐色花土，土质稍硬（图二八九；彩版三一，1）。

葬具为木棺，已朽，仅存棺痕。棺痕长1.68、宽0.42～0.54、残高0.2米。骨架保存稍差，头向北，面向东，仰身直肢，为男性。

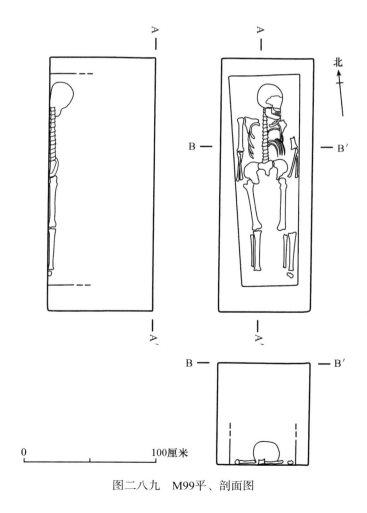

图二八九　M99平、剖面图

2. 随葬品

未发现随葬品。

七、M101

1. 墓葬形制

　　M101位于第Ⅱ区T2216东部，西邻M102。开口于第①层下，南北向，方向16°。平面呈长方形，竖穴土圹单棺墓。墓口距地表深0.3米，墓底距地表深1.8米。墓圹南北长2.3、东西宽1.1、深1.5米。四壁较直平整，填土黄褐色花土，土质稍硬（图二九〇；彩版三一，2）。

　　葬具为木棺，已朽，仅存棺痕。棺痕长1.84、宽0.53~0.6、残高0.2米。骨架保存稍好，头向北，面向西，仰身直肢，为男性。

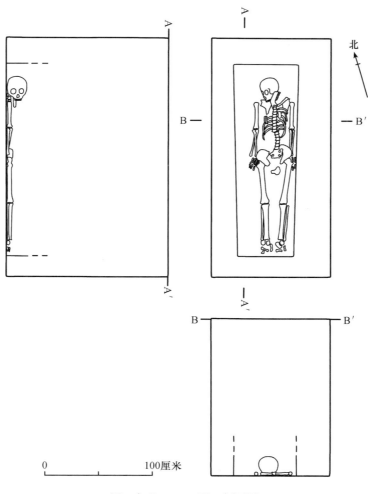

图二九〇　M101平、剖面图

2. 随葬品

未发现随葬品。

八、M102

1. 墓葬形制

M102位于第Ⅱ区T2216东部，东邻M101。开口于第①层下，南北向，方向14°。平面呈长方形，竖穴土圹单棺墓。墓口距地表深0.3米，墓底距地表深1.3米。墓圹南北长2.3、宽1、深1.2米。四壁较直平整，墓底较平，内填土黄褐色花土，土质稍硬（图二九一；彩版三一，3）。

葬具为木棺，已朽，仅存棺痕。棺痕长1.92、宽0.48～0.6、残高0.2米。骨架保存稍好，头

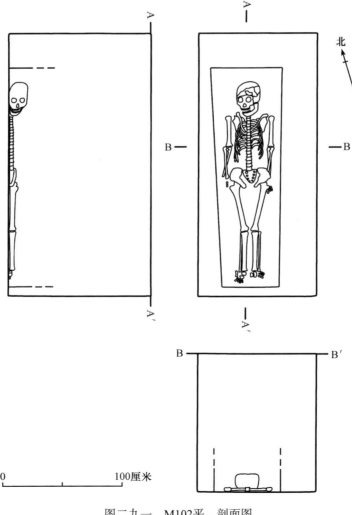

0　　　　　　　100厘米

图二九一　M102平、剖面图

向北，面向上，仰身直肢，为男性。

2. 随葬品

未发现随葬品。

九、M118

1. 墓葬形制

M118位于第Ⅱ区T1811北部，西北邻M119，东北邻M120。开口于第①层下，南北向，方向350°。平面呈长方形，竖穴土圹单棺墓。墓口距地表深0.3米，墓底距地表深0.94米。墓圹南北长2.86、东西宽1.4、深0.64米。四壁整齐规整，墓底较平，内填灰褐色花土，土质松软（图二九二；彩版三一，4）。

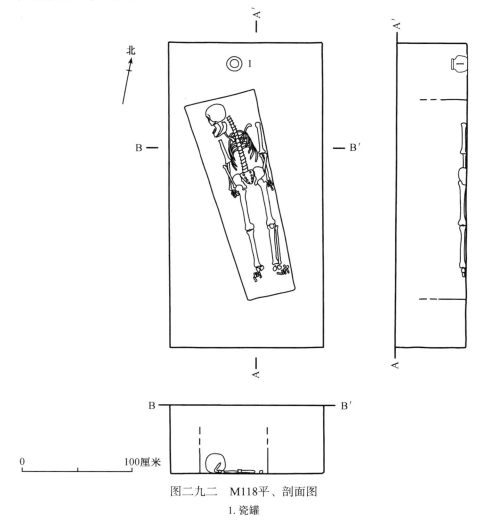

图二九二　M118平、剖面图

1. 瓷罐

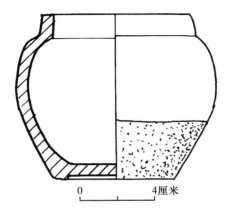

图二九三　M118出土瓷罐（M118：1）

葬具为木棺，已朽，仅存棺痕。棺痕长1.9、宽0.44～0.66、残高0.24米。骨架保存稍好，头向北，面向西，仰身直肢，为男性。

2. 随葬品

棺外左前方出土瓷罐1件。

瓷罐　1件。标本M118：1，轮制。直口，平沿，短颈，折肩，鼓腹弧收，假圈足。灰褐色胎，体施黑色釉，下腹部未施釉。口径8.3、腹径11、底径6.8、高9.2厘米（图二九三；彩版七一，5）。

一〇、M122

1. 墓葬形制

M122位于第Ⅱ区T1909北部，东邻M124。开口于第①层下，东西向，方向108°。平面呈梯形，竖穴土圹单棺墓。墓口距地表深0.3米，墓底距地表深1.48米。墓圹东西长2.6、南北宽0.9～1.1、深1.18米。四壁整齐规整，墓底较平，内填灰褐色花土，土质疏松（图二九四；彩版三二，1）。

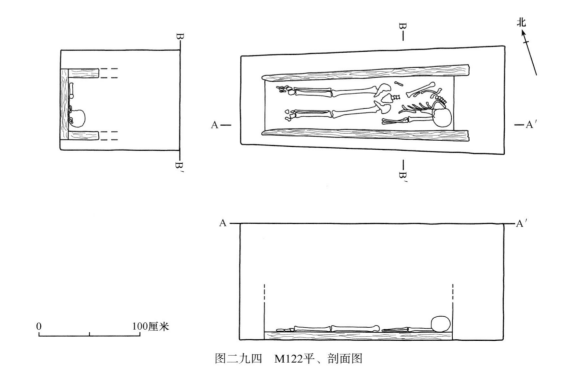

图二九四　M122平、剖面图

葬具为木棺，已朽。棺长1.86、宽0.6～0.76、残高0.38米，棺板厚0.04～0.1米，底板厚0.1米。骨架保存稍差，头向南，面向上，仰身直肢，为男性。

2. 随葬品

未发现随葬品。

一一、M123

1. 墓葬形制

M123位于第Ⅱ区T2008、T2009南中部，南邻M124。开口于第①层下，东西向，方向90°。平面呈长方形，竖穴土圹墓。墓口距地表深0.3米，墓底距地表深0.9米。墓圹东西长1.1、南北宽0.5、深0.6米。四壁整齐规整，墓底较平，内填灰褐色花土，土质松软（图二九五；彩版三二，2）。

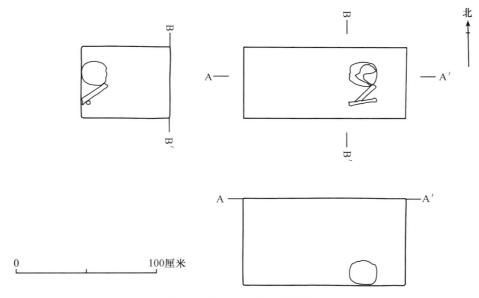

图二九五　M123平、剖面图

未发现葬具，仅存头骨及上肢骨，骨架保存较差，头向东，面向上，葬式及性别不明，依墓葬形制归入单棺墓。

2. 随葬品

未发现随葬品。

一二、M125

1. 墓葬形制

M125位于第Ⅱ区T1908西北部，西邻M124。开口于第①层下，东西向，方向94°。平面呈不规则形，竖穴土圹单棺墓。墓口距地表深0.3米，墓底距地表深1.3米。墓圹东西长2.4～2.6、南北宽1.1～1.34、深1米。东宽西窄，四壁整齐规整，墓底较平，内填灰褐色花土，土质松软（图二九六；彩版三二，3）。

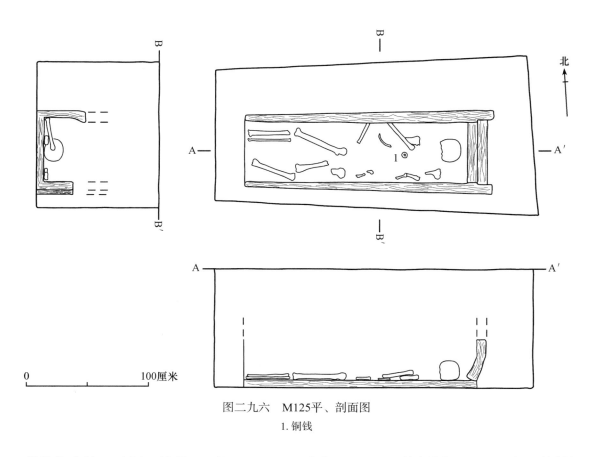

图二九六　M125平、剖面图
1. 铜钱

葬具为木棺，已朽。棺长2、宽0.6～0.68、残高0.1～0.4、棺板厚0.06～0.1米，前封板厚0.1米。骨架保存较差，头向东，面向下，仰身屈肢，为男性。

2. 随葬品

棺内左上肢骨内侧上部出土铜钱1枚。

康熙通宝　1枚。标本M125：1，圆形，方穿，正背面郭缘较宽，正面楷书"康熙通寶"

四字，对读，背穿左右为满文"宝泉"纪局铭。钱径2.68、穿宽0.6、郭厚0.1厘米（图二九七）。

一三、M150

1. 墓葬形制

M150位于第Ⅱ区T3016西南部，东北邻M151。开口于第①层下，南北向，方向8°。平面呈梯形，竖穴土圹单棺墓。墓口距地表深0.3米，墓底距地表深1.1米。墓圹南北长2.04、东西宽0.72~0.88、深0.8米。北宽南窄，四壁整齐规整，墓底较平，内填灰褐色花土，土质松软（图二九八；彩版三二，4）。

葬具为木棺，已朽，仅存棺痕。棺痕长1.78、宽0.51~0.64、残高0.24米。骨架保存稍好，头向北，面向西，仰身直肢，为男性。

图二九七 M125出土康熙通宝（拓片）（M125：1）

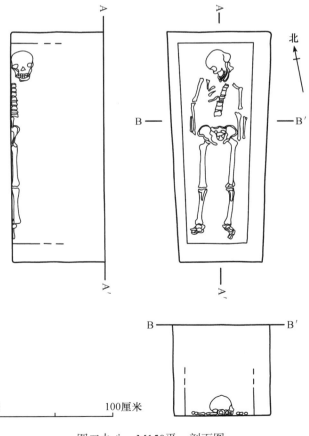

图二九八 M150平、剖面图

2. 随葬品

未发现随葬品。

一四、M154

1. 墓葬形制

M154位于第Ⅱ区T3115西南部，西北邻M153。开口于第①层下，南北向，方向14°。平面呈长方形，竖穴土圹单棺墓。墓口距地表深0.3米，墓底距地表深0.98米。墓圹南北长2.8、东西宽1.1、深0.68米。四壁整齐规整，墓底较平，内填灰褐色花土，土质松软（图二九九；彩版三三，1）。

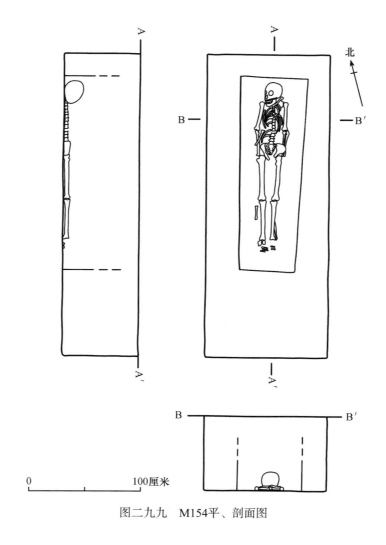

图二九九　M154平、剖面图

葬具为木棺，已朽，仅存棺痕。棺痕长1.8、宽0.5～0.6、残高0.3米。骨架保存较好，头向北，面向西，仰身直肢，为男性。

2. 随葬品

未发现随葬品。

一五、M187[①]

1. 墓葬形制

M187位于第Ⅲ区T0518、T0519北中部，东邻M188。开口于第①层下，东西向，方向275°。墓平面呈长方形，竖穴土圹墓。墓口距地表深0.3米，墓底距地表深1.4米。墓圹东西长2.28、南北宽1、深1.1米。四壁整齐规整，底较平，内填灰褐色花土，土质松软（图三〇〇；彩版三三，2）。

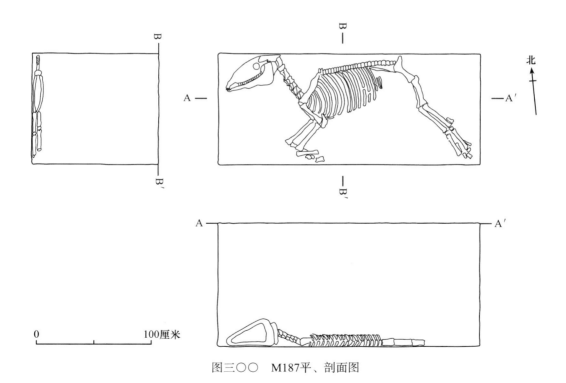

图三〇〇 M187平、剖面图

内葬一具马骨架，骨架保存较好，头向西，面向南，前肢弯曲，后肢较直，呈躺卧状。

---

① 严格来讲，此处并非墓葬，归入马坑似乎更为妥当，但考虑安庄墓地作为一个整体，马坑必然与具体墓葬相联系。故此处仍给予墓葬编号，按照墓葬进行处理。

2. 随葬品

未发现随葬品。

一六、M188

1. 墓葬形制

M188位于第Ⅲ区T0519西北部，西邻M187。开口于第①层下，南北向，方向4°。平面呈梯形，竖穴土圹单棺墓。墓口距地表深0.3米，墓底距地表深1.38米。墓圹南北长2.4、东西宽1.04~1.2、深1.08米。北窄南宽，四壁整齐规整，墓底较平，内填灰褐色花土，土质松软

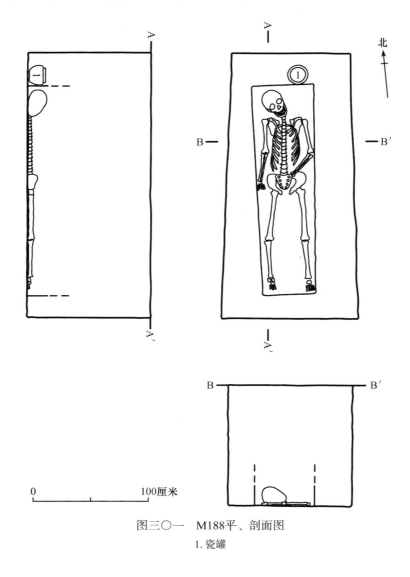

图三〇一　M188平、剖面图

1. 瓷罐

（图三〇一；彩版三三，3）。

葬具为木棺，已朽，仅存棺痕。棺痕长1.9、宽0.46～
0.54、残高0.18米。骨架保存较好，头向北，面向上，仰身
直肢，为男性。

2. 随葬品

棺外左前方出土瓷罐1件。

瓷罐　1件。标本M188∶1，轮制。直口，平沿，矮
颈，溜肩，弧腹，矮圈足。肩颈部置对称四系。肩颈部及
内壁施酱黄色釉，腹部至底部其内口沿未施釉。口径9.6、
腹径12.2、底径6.8、高11.3厘米（图三〇二）。

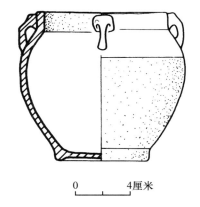

0　　　　4厘米

图三〇二　M188出土瓷罐（M188∶1）

一七、M189

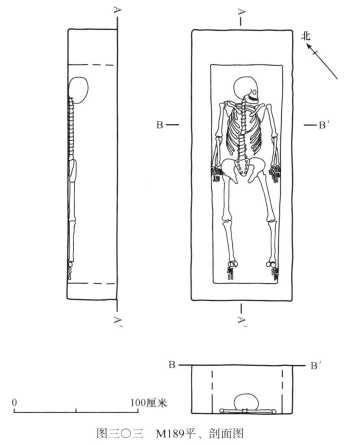

0　　　　　　100厘米

图三〇三　M189平、剖面图

1. 墓葬形制

M189位于第Ⅲ区T0519、T0520北
中部，西邻M188。开口于第①层下，
南北向，方向40°。平面呈长方形，竖
穴土圹单棺墓。墓口距地表深0.3米，墓
底距地表深0.7米。墓圹南北长2.26、东
西宽0.82、深0.4米。四壁整齐规整，墓
底较平，内填灰褐色花土，土质松软
（图三〇三；彩版三三，4）。

葬具为木棺，已朽，仅存棺痕。棺
痕长1.82、宽0.52～0.58、残高0.2米。
骨架保存较好，头向北，面向东，仰身
直肢，为男性。

2. 随葬品

未发现随葬品。

第二节　双　棺　墓

双棺墓10座，编号为M5~M7、M10、M12、M28、M29、M120、M124、M144。

一、M5

1. 墓葬形制

M5位于第Ⅱ区T0812南部，东北邻M4。开口于第①层下，南北向，方向10°。平面呈长方形，竖穴土圹双棺合葬墓。墓口距地表深0.3米，墓底距地表深2.03米。墓圹南北长3.1、东西宽2.2、深2米。四壁整齐规整，墓底较平，内填灰褐色花土，土质松软（图三〇四）。

葬具为木棺，已朽，仅存棺痕。东棺痕长1.8、宽0.54~0.62、残高0.2米；骨架保存较差，头向北，面向东，仰身直肢，为男性。西棺痕长1.8、宽0.58~0.66、残高0.2米；骨架保存较

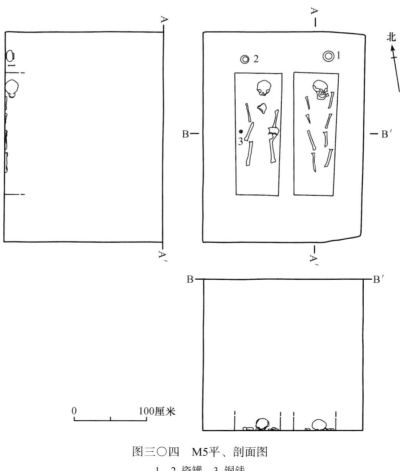

图三〇四　M5平、剖面图

1、2. 瓷罐　3. 铜钱

差，头向北，面向上，仰身直肢，为女性。

2. 随葬品

东棺外左前方出土瓷罐1件；西棺外右前方出土瓷罐1件，棺内右上肢骨下部出土铜钱3枚。

瓷罐 2件。标本M5：1，缸胎，轮制。直口，尖圆唇，斜直颈，溜肩，扁鼓腹，下腹弧收，矮圈足，足底外展。底部留有三处椭圆形支钉痕。上腹部及内壁施酱黑色釉，下腹部及圈足未施釉。内壁留有轮旋痕。口径9.1、腹径13.4、底径6.8、高11.2厘米（图三〇五，1；彩版七一，6）。标本M5：2，缸胎，轮制。直口，尖圆唇，短颈，溜肩，弧腹，矮圈足。上腹部及内壁施酱绿色釉，下腹部及圈足未施釉。内壁留有轮旋痕。口径7.6、腹径11.6、底径6.8、高12厘米（图三〇五，2；彩版七二，1）。

康熙通宝 3枚。圆形，方穿，正背面郭缘较宽，正面楷书"康熙通寳"四字，对读，背穿左右为满文"宝泉"纪局铭。标本M5：3-1，钱径2.35、穿宽0.5、郭厚0.11厘米（图三〇五，3）。标本M5：3-2，钱径2.4、穿宽0.59、郭厚0.1厘米（图三〇五，4）。标本M5：3-3，钱径2.32、穿宽0.49、郭厚0.18厘米（图三〇五，5）。

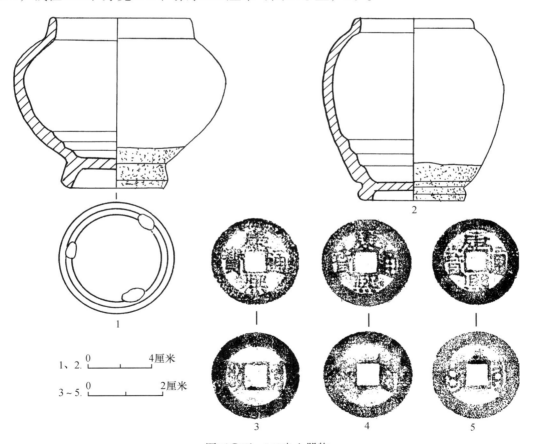

图三〇五 M5出土器物

1、2. 瓷罐（M5：1、M5：2） 3~5. 康熙通宝（M5：3-1、M5：3-2、M5：3-3）

二、M6

1. 墓葬形制

M6位于第Ⅱ区T0813中部，西北邻M7。开口于第①层下，南北向，方向353°。平面呈梯形，竖穴土圹双棺合葬墓。墓口距地表深0.3米，墓底距地表深1.8～1.88米。墓圹南北长2.8、东西宽2.1～2.2、深1.5～1.58米。北宽南窄，四壁整齐规整，墓底较平，内填灰褐色花土，土质松软（图三〇六；彩版三四，1）。

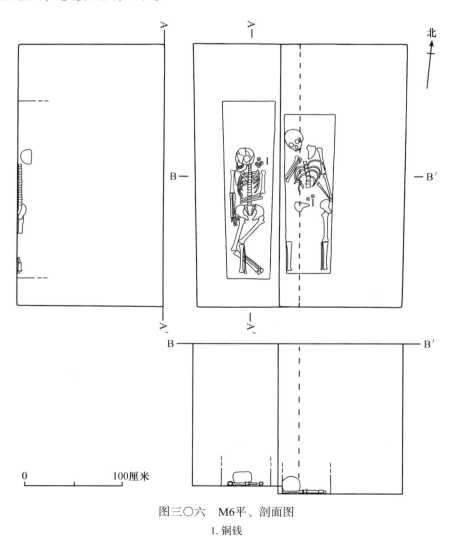

图三〇六　M6平、剖面图

1.铜钱

葬具为木棺，已朽，仅存棺痕。东棺痕长1.7、宽0.45～0.52、残高0.2米；骨架保存稍差，头向北，面向上，仰身直肢，为男性。西棺痕长1.9、宽0.44～0.55、残高0.2米；骨架保存稍好，头向北，面向西，仰身屈肢，为女性。

2. 随葬品

东棺内盆骨上部出土铜钱2枚；西棺内头骨左侧出土铜钱4枚。

康熙通宝　1枚。标本M6：1-1，圆形，方穿，正背面郭缘较宽，正面楷书"康熙通宝"四字，对读，背穿左右为满文"宝泉"纪局铭。钱径2.38、穿宽0.5、郭厚0.1厘米（图三〇七，1）。

乾隆通宝　2枚。圆形，方穿，正背面郭缘较宽，正面楷书"乾隆通宝"四字，对读，背穿左右为满文"宝源"纪局铭。标本M6：1-2，钱径2.6、穿宽0.55、郭厚0.1厘米（图三〇七，2）。标本M6：1-3，钱径2.3、穿宽0.6、郭厚0.12厘米（图三〇七，3）。

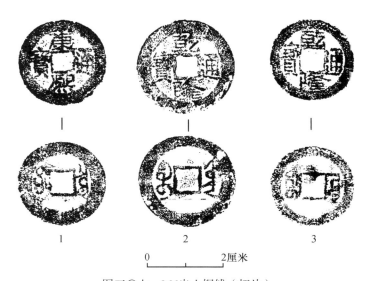

图三〇七　M6出土铜钱（拓片）

1. 康熙通宝（M6：1-1）　2、3. 乾隆通宝（M6：1-2、M6：1-3）

三、M7

1. 墓葬形制

M7位于第Ⅱ区T0813西北部，西延伸至T0814，东南邻M6，西邻M8。开口于第①层下，南北向，方向355°。墓平面呈不规则形，竖穴土圹双棺合葬墓。墓口距地表深0.3米，墓底距地表深1.7～1.8米。墓圹南北长2.7～2.8、东西宽1.68～1.8、深1.4～1.5米。北宽南窄，四壁整齐规整，墓底较平，内填灰褐色花土，土质松软（图三〇八；彩版三四，2）。

葬具为木棺，已朽，仅存棺痕。东棺痕长1.8、宽0.42～0.54、残高0.2米；骨架保存较好，

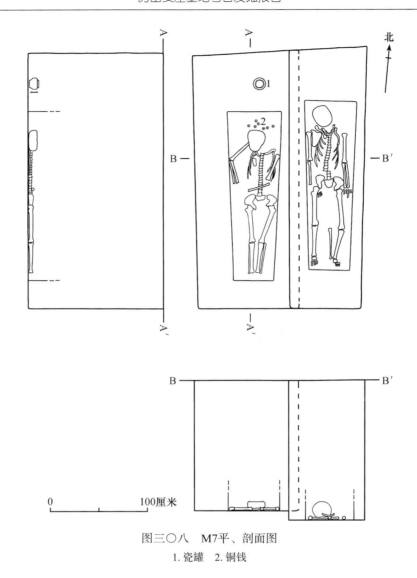

图三〇八　M7平、剖面图
1. 瓷罐　2. 铜钱

头向北，面向上，仰身直肢，为男性。西棺痕长1.8、宽0.42～0.56、残高0.2米；骨架保存稍差，头向北，面向上，仰身直肢，为女性。

2. 随葬品

西棺外前方出土瓷罐1件，棺内头骨上部出土铜钱6枚。

瓷罐　1件。标本M7：1，轮制。直口，尖圆唇，短颈，圆肩，圆鼓腹，矮圈足。上腹部及内壁施酱黑色釉，下腹部及圈足未施釉。露灰褐色胎，胎质较细腻。口径7.8、腹径12.2、底径7.6、高11厘米（图三〇九，1；彩版七二，2）。

元丰通宝　1枚。标本M7：2-2，圆形，方穿，正背面郭缘较宽，正面行书"元豐通寶"四字，旋读。钱径2.48、穿宽0.69、郭厚0.1厘米（图三〇九，2）。

康熙通宝　2枚。圆形，方穿，正背面郭缘较宽，正面楷书"康熙通寶"四字，对

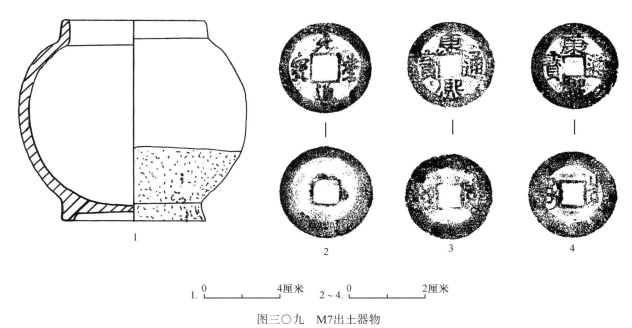

1. $\underline{\quad 0 \quad\quad 4厘米}$　　2~4. $\underline{\quad 0 \quad\quad 2厘米}$

图三〇九　M7出土器物

1.瓷罐（M27：1）2.元丰通宝（M7：2-2）3、4.康熙通宝（M7：2-1、M7：2-3）

读，背穿左右为满文"宝泉"纪局铭。标本M7：2-1，钱径2.32、穿宽0.51、郭厚0.1厘米（图三〇九，3）。标本M7：2-3，钱径2.38、穿宽0.51、郭厚0.11厘米（图三〇九，4）。

四、M10

1.墓葬形制

M10位于第Ⅱ区T0913西部，西延伸至T0914，西邻M11。开口于第①层下，南北向，方向355°。平面呈不规则形，竖穴土圹双棺合葬墓。墓口距地表深0.3米，墓底距地表深1.2~1.28米。墓圹南北长2.89、宽2.5~2.54、深0.9~0.98米。四壁整齐较直，底部较平，内填灰褐色花土，土质松软（图三一〇；彩版三四，3）。

葬具为木棺，已朽，仅存棺痕。东棺痕长2.02、宽0.52~0.68、残高0.34米；骨架保存稍好，头向北，面向西，仰身屈肢，为女性。西棺痕长2.06、宽0.42~0.54、残高0.34米；骨架保存稍好，头向北，面向上，仰身直肢，为男性。

2.随葬品

东棺内头骨上方出土瓷罐1件、银簪2件、铜钱5枚；西棺内头骨上方出土瓷罐1件。

瓷罐　2件。标本M10：1，轮制。直口，平沿，短颈，丰肩，扁鼓腹，矮圈足。灰褐色

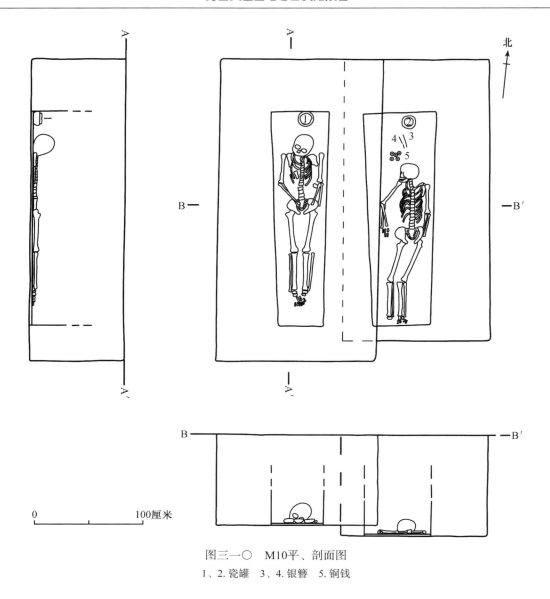

图三一〇　M10平、剖面图
1、2.瓷罐　3、4.银簪　5.铜钱

胎，体施酱黑色釉，下腹及圈足未施釉。口径11、腹径14、底径7、高7.8厘米（图三一一，1；彩版七二，3）。标本M10：2，轮制。直口，尖圆唇，斜直颈，溜肩，鼓腹，矮圈足。颈肩部置称双系，均残。肩颈部及内壁施酱黑色釉，上腹部至圈足未施釉。露灰褐色胎，胎质较细腻。口径8.4、腹径11.2、底径7、高11厘米（图三一一，2；彩版七二，4）。

银簪　2件。标本M10：3，残，簪体呈圆柱锥状。残长9.2厘米（图三一一，3）。标本M10：4，残长11.3厘米（图三一一，4）。

康熙通宝　5枚。圆形，方穿，正背面郭缘较宽，正面楷书"康熙通寶"四字，对读，背穿左右为满文"宝泉"纪局名。标本M10：5-1，钱径2.3、穿宽0.5、郭厚0.1厘米（图三一一，5）。标本M10：5-2，钱径2.4、穿宽0.5、郭厚0.13厘米（图三一一，6）。

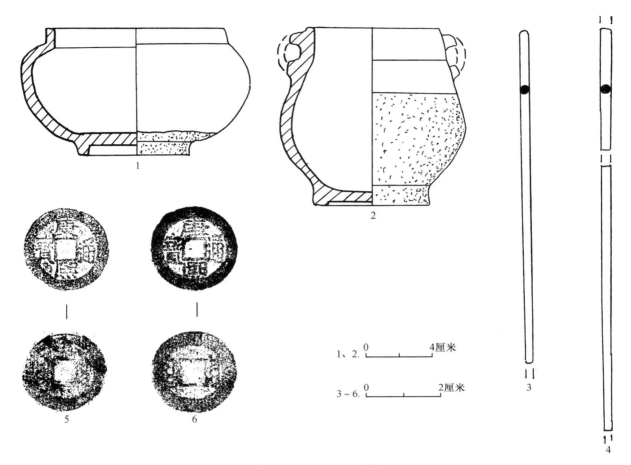

图三一一 M10出土器物

1、2.瓷罐（M10：1、M10：2） 3、4.银簪（M10：3、M10：4） 5、6.康熙通宝（M10：5-1、M10：5-2）

五、M12

1. 墓葬形制

M12位于第Ⅱ区T0914东北部，西南邻M11。开口于第①层下，南北向，方向4°。平面呈不规则形，竖穴土圹双棺合葬墓。墓口距地表深0.4米，墓底距地表深0.6～1.1米。墓圹南北长2.4～2.66、宽2.56、深0.2～0.7米。四壁整齐较直，底部较平，内填黄褐色花土，土质松散（图三一二；彩版三四，4）。

葬具为木棺，已朽，仅存棺痕。东棺痕长2、宽0.54～0.6、残高0.16米；骨架保存稍好，头向北，面向西，仰身直肢，为女性。西棺痕长1.56、宽0.44～0.54、残高0.2米；骨架保存较差，葬式不明，为男性。

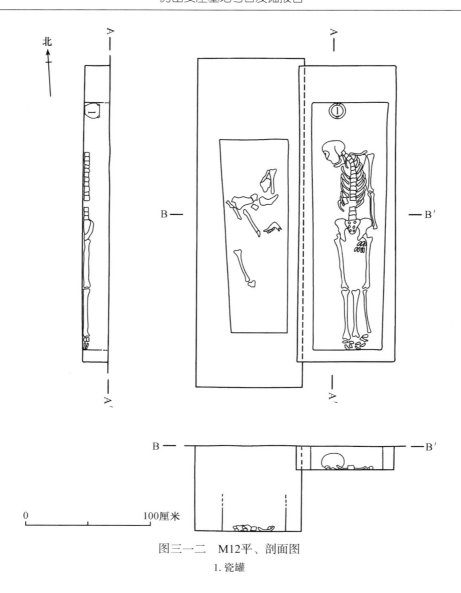

北

图三一二　M12平、剖面图
1. 瓷罐

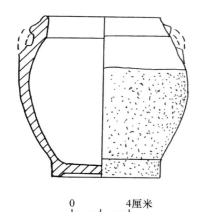

0　　　　　4厘米

图三一三　M12出土瓷罐（M12：1）

2. 随葬品

东棺内头骨上方出土瓷罐1件。

瓷罐　1件。标本M12：1，芒口内敛，尖圆唇，斜直颈，溜肩，鼓腹，下弧收，矮圈足，颈肩部置称双系，均残。肩颈部及内壁施酱黑色釉，上腹部及圈足未施釉。露灰褐色胎，胎质较细腻。轮制。口径8.3、腹径11.8、底径7.8、高11.6厘米（图三一三；彩版七二，5）。

六、M28

1. 墓葬形制

M28位于第Ⅱ区T1014东北部，被M50打破。开口于第①层下，南北向，方向18°。平面呈不规则形，竖穴土圹双棺合葬墓。墓口距地表深0.3米，墓底距地表深1.2~1.24米。墓圹南北长2.5~2.7、东西宽2.34~2.6、深0.9~0.94米。四壁整齐规整，墓底较平，内填灰褐色花土，土质松软（图三一四；彩版三五，1）。

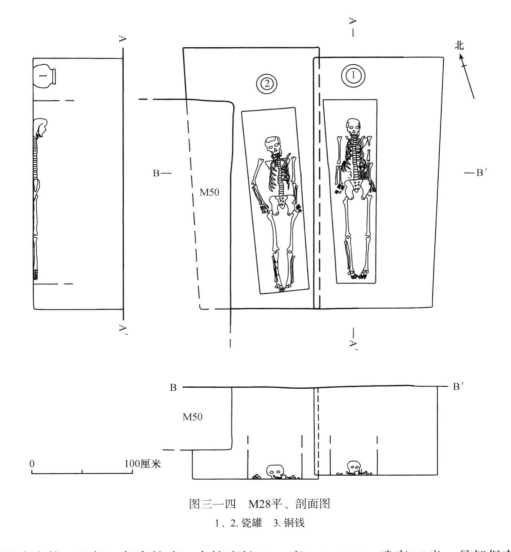

图三一四　M28平、剖面图
1、2.瓷罐　3.铜钱

葬具为木棺，已朽，仅存棺痕。东棺痕长1.9、宽0.4~0.54、残高0.2米；骨架保存较好，头向北，面向上，仰身直肢，为男性。西棺痕长1.86、宽0.5~0.54、残高0.2米；骨架保存较好，头向北，面向上，仰身直肢，为女性。

2. 随葬品

东棺外前方出土瓷罐1件，棺内左上肢骨内侧下部出土铜钱6枚；西棺外前方出土瓷罐1件。

瓷罐　2件。标本M28：2，轮制。芒口内敛，尖圆唇，斜直颈，溜肩，弧腹，矮圈足。颈肩置对称双系。上腹部及内壁施酱绿色釉，下腹部至圈足及口沿未施釉。露灰褐色胎，胎质较粗。口径9.8、腹径14.2、底径8、高12厘米（图三一五，1；彩版七二，6）。M28：3，轮制。芒口内敛，方唇，斜直颈，圆肩，圆鼓腹，矮圈足。领肩置对称倒鼻形四系。灰褐色胎，体施酱绿色釉，下腹部至圈足及口沿未施釉。露灰褐色胎，胎质较粗。口径11.7、腹径17、底径7.8、高13.4厘米（图三一五，2；彩版七三，1）。

天禧通宝　1枚。标本M28：1-1，圆形，方穿，正背面郭缘较宽，正面楷书"天禧通寶"四字，旋读。钱径2.42、穿宽0.61、郭厚0.1厘米（图三一五，3）。

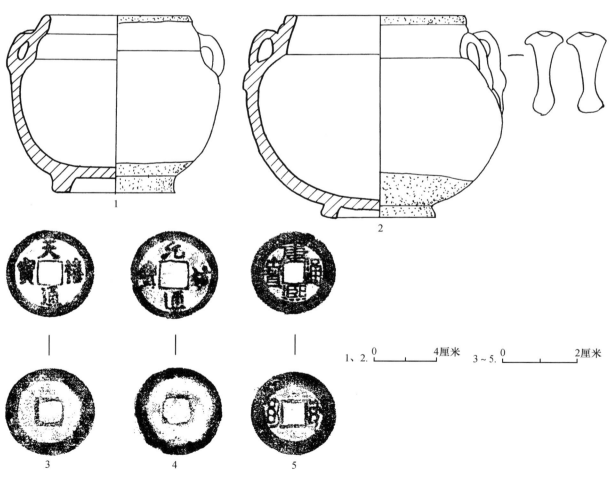

图三一五　M28出土器物

1、2.瓷罐（M28：2、M28：3）3.天禧通宝（M28：1-1）4.元祐通宝（M28：1-2）5.康熙通宝（M28：1-3）

　　元祐通宝　1枚。标本M28：1-2，圆形，方穿，正背面郭缘较宽，正面行书"元祐通寶"四字，旋读。钱径2.42、穿宽0.71、郭厚0.1厘米（图三一五，4）。

　　康熙通宝　1枚。标本M28：1-3，圆形，方穿，正背面郭缘较宽，正面楷书"康熙通寶"四字，对读，背穿左右为满文"宝源"纪局铭。钱径2.34、穿宽0.58、郭厚0.13厘米（图三一五，5）。

七、M29

1. 墓葬形制

　　M29位于第Ⅱ区T1114南部，西北邻M30。开口于第①层下，南北向，方向5°。平面呈不规则形，竖穴土圹双棺合葬墓。墓口距地表深0.3米，墓底距地表深2.4米。墓圹南北长2.9～3.1、东西宽2.8～3、深2.1米。北窄南宽，四壁整齐规整，墓底较平，内填灰褐色花土，土质松软（图三一六）。

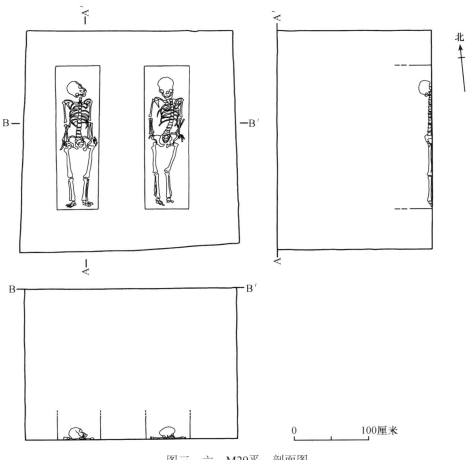

图三一六　M29平、剖面图

葬具为木棺，已朽，仅存棺痕。东棺痕长2、宽0.6～0.62、残高0.3米；骨架保存较好，头向北，面向上，仰身直肢，为男性。西棺痕长2、宽0.56～0.6、残高0.3米；骨架保存较好，头向西，面向上，仰身直肢，为女性。

2. 随葬品

未发现随葬品。

八、M120

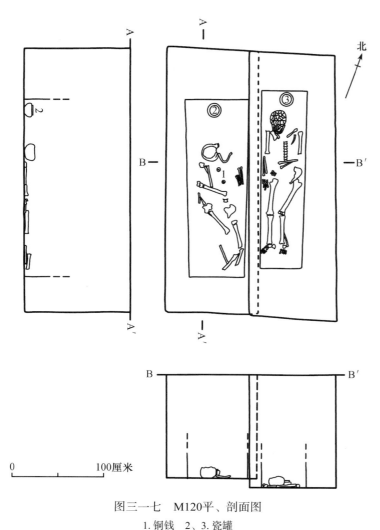

图三一七　M120平、剖面图
1. 铜钱　2、3. 瓷罐

1. 墓葬形制

M120位于第Ⅱ区T1911东南部，西邻M119。开口于第①层下，南北向，方向340°。平面呈近四边形，竖穴土圹双棺合葬墓。墓口距地表深0.3米，墓底距地表深1.46～1.56米。墓圹南北长3、东西宽1.86、深1.16～1.26米。四壁整齐规整，墓底较平，内填灰褐色花土，土质疏松（图三一七；彩版三五，2）。

葬具为木棺，已朽，仅存棺痕。东棺痕长2、宽0.46～0.5、残高0.3米；骨架保存稍差，头向北，面向西，仰身屈肢，为男性。西棺痕长2、宽0.6～0.7、残高0.3米；骨架保存较差，头向北，面向下，仰身屈肢，为女性。

2. 随葬品

东棺内头骨上方出土瓷罐1件；西棺内头骨前方出土瓷罐1件，上肢骨内侧上部出土铜钱4枚。

瓷罐　2件。标本M120：2，轮制。直口，尖圆唇，短颈，丰肩，圆鼓腹，矮圈足。上腹部及内壁施黑色釉，下腹部及圈足未施釉，露灰褐色胎，胎质较细腻。口径9、腹径13、底径7.8、高10.4厘米（图三一八，1；彩版七三，2）。标本M120：3，直口，尖圆唇，短颈，丰肩，圆鼓腹，矮圈足。上腹部及内壁施黑色釉，下腹部至圈足及口沿未施釉，露灰褐色胎，胎质较细腻。轮制。口径9.1、腹径13、底径9.4、高8.2厘米（图三一八，2；彩版七三，3）。

康熙通宝 2枚。圆形，方穿，正背面郭缘较宽，正面楷书"康熙通寶"四字，对读。标本M120：1-1，背穿左右为满文"宝源"纪局铭。钱径2.35、穿宽0.53、郭厚0.1厘米（图三一八，3）。标本M120：1-2，背穿左右为满文"宝泉"纪局铭。钱径2.68、穿宽0.53、郭厚0.12厘米（图三一八，4）。

雍正通宝 2枚。圆形，方穿，正背面郭缘较宽，正面楷书"雍正通寶"四字，对读。标本M120：1-3，背穿左右为满文"宝泉"纪局铭。钱径2.63、穿宽0.6、郭厚0.1厘米（图三一八，5）。标本M120：1-4，背穿左右为满文"宝源"纪局铭。钱径2.59、穿宽0.52、郭厚0.1厘米（图三一八，6）。

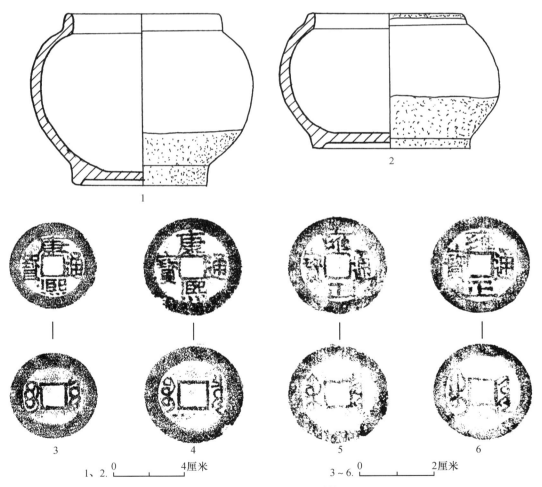

图三一八 M120出土器物

1、2.瓷罐（M120：2、M120：3）3、4.康熙通宝（M120：1-1、M120：1-2）5、6.雍正通宝（M120：1-3、M120：1-4）

九、M124

1. 墓葬形制

M124位于第Ⅱ区T1909东北部，西邻M122。开口于第①层下，东西向，方向130°。平面呈梯形，竖穴土圹双棺合葬墓。墓口距地表深0.3米，墓底距地表深1.32～1.42米。墓圹东西长2.72、南北宽1.7～1.94、深1.02～1.12米。四壁整齐规整，墓底较平，内填灰褐色花土，土质松软（图三一九；彩版三五，3）。

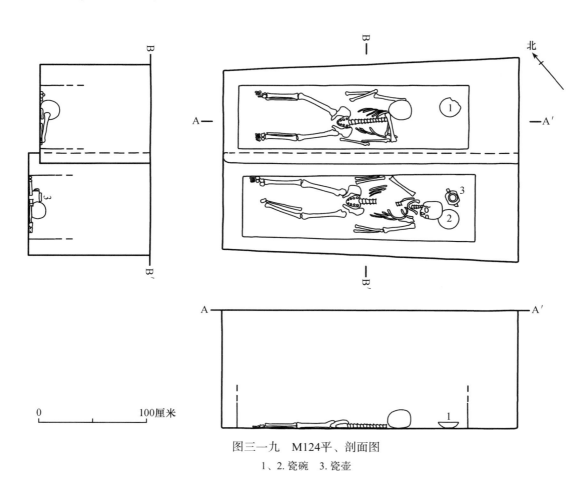

图三一九　M124平、剖面图
1、2. 瓷碗　3. 瓷壶

葬具为木棺，已朽，仅存棺痕。北棺痕长2.12、宽0.6、残高0.2米；骨架保存稍差，头向东，面向下，仰身屈肢，为男性。南棺痕长2.14、宽0.58～0.64、残高0.2米；骨架保存稍好，头向东，面向上，仰身屈肢，为女性。

2. 随葬品

北棺内头骨前方出土瓷碗1件；南棺内头骨上方出土瓷碗1件、瓷壶1件。

瓷碗 2件。标本M124：1，轮制。敞口外撇，尖圆唇，浅弧腹，内底涩圈，矮圈足。通体施白釉。外口沿饰两周弦纹。口径16.8、底径6.8、高6.4厘米（图三二○，1；彩版七三，4）。标本M124：2，轮制。敞口，尖唇，浅弧腹，内底涩圈，矮圈足。通体施白釉。外口沿下部饰两周细弦纹，内口沿饰一周粗弦纹，底部饰一周弦纹，中间墨写楷书"刘丘娟"三字。口径16.8、底径6.9、高6.6厘米（图三二○，2；彩版七三，5、6）。

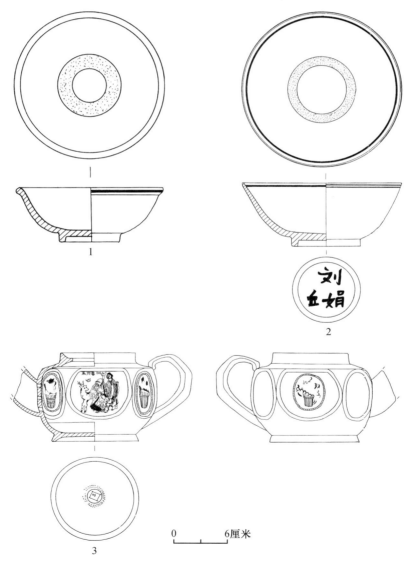

图三二○ M124出土器物

1、2.瓷碗（M124：1、M124：2） 3.瓷壶（M124：3）

瓷壶　1件。标本M124：3，手轮兼制。子母口，尖唇，直颈，折肩，深弧腹，圈足外展。体施白釉。右侧置一菱形耳状端手，左侧置一方弧形流，流残。器体呈六面内凹椭圆形，正面饰人物粉彩福禄寿喜寿星图案，头左上方楷书"四喜齐来"四字，顺读。左右四面及背面内饰花篮图案，底款草书"寿"。口径7.8、腹径12.6、底径9.2、高10.7厘米（图三二○，3；彩版七四，1~4）。

一○、M144

1. 墓葬形制

M144位于第Ⅱ区T3015东南部，西邻M143。开口于第①层下，南北向，方向196°。平面呈梯形，竖穴土圹双棺合葬墓。墓口距地表深0.3米，墓底距地表深0.7米。墓圹南北长2.5、东西宽1.52~1.8、深0.4米。北窄南宽，四壁整齐规整，墓底较平，内填灰褐色花土，土质松软（图三二一；彩版三五，4）。

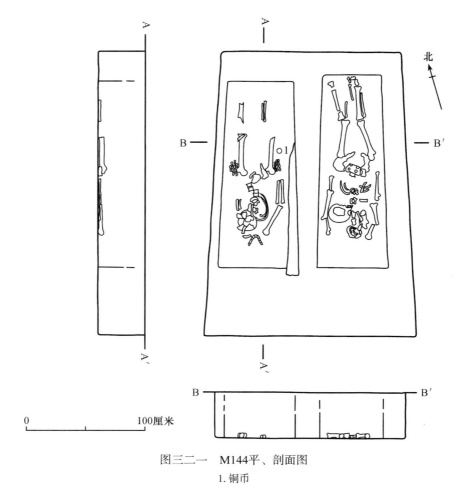

图三二一　M144平、剖面图

1.铜币

葬具为木棺，已朽，仅存棺痕。东棺痕长1.7、宽0.5～0.58、残高0.2米；骨架保存较差，头向南，面向上，仰身直肢，为男性。西棺痕长1.64、宽0.6～0.68、残高0.2米，棺板厚0.06～0.1米；骨架保存稍差，头向南，面向东，仰身直肢，为女性。

2. 随葬品

西棺内右上肢骨下方出土铜币1枚。

铜币　1枚。标本M144：1，圆形，正背面郭缘较窄，正面珠圈内铸垂直麦穗，背面珠圈内铸双旗。钱径3.22、郭厚0.18厘米（图三二二）。

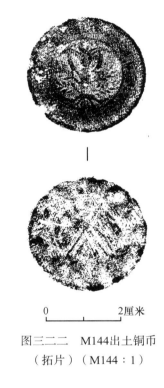

0 —— 2厘米

图三二二　M144出土铜币

（拓片）（M144：1）

第三节　多棺墓

多棺墓2座，编号为M8、M11。

一、M8

1. 墓葬形制

M8位于第Ⅱ区T0814北部，东邻M7。开口于第①层下，南北向，方向350°。平面呈不规则形，竖穴土圹四棺合葬墓。墓口距地表深0.3米，墓底距地表深1.18～1.24米。墓圹南北长

2.56～2.92、东西宽3.18～4.04、深0.88～0.94米。北宽南窄，四壁整齐规整，墓底较平，内填灰褐色花土，土质松软（图三二三；彩版三六，1）。

葬具为木棺，已朽，仅存棺痕。由东向西分别编号为1～4号。1号棺痕长1.86、宽0.5～0.6、残高0.28米；棺内骨架保存稍差，头向北，面向上，仰身直肢，为男性。2号棺痕长1.9、宽0.46～0.54、残高0.32米；骨架保存稍好，头向北，面向西，仰身直肢，为女性。3号棺痕长1.88、宽0.46～0.56、残高0.3米；骨架保存稍好，头向北，面向西，侧身屈肢，为女性。4号棺痕长1.78、宽0.5～0.6、残高0.3米；骨架保存稍好，头向北，面向西，仰身直肢，为女性。

2. 随葬品

1号棺内头骨上方出土瓷罐1件，胸椎骨左侧出土铜钱8枚；2号棺内头骨左上方出土瓷罐1件，胸椎骨左侧出土铜钱1枚；3号棺内头骨上方出土瓷罐1件、银钗1件、银簪1件，胸椎骨左侧出土铜钱3枚；4号棺内出土银簪3件，胸椎骨左侧出土铜钱2枚。

瓷罐　3件。标本M8：1，轮制。直口，尖圆唇，矮领，溜肩，圆鼓腹，矮圈足。上腹部

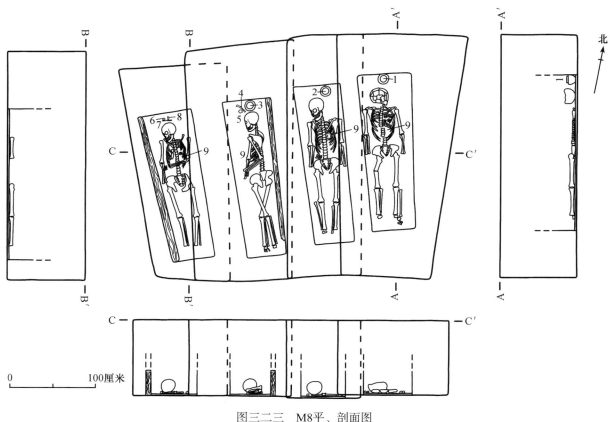

图三二三　M8平、剖面图

1～3.瓷罐　4.银钗　5～8.银簪　9.铜钱

及内壁施酱黑色釉，下腹部及圈足未施釉。露灰褐色胎，胎质较细腻。口径9.2、腹径12.2、底径7.6、高10厘米（图三二四，1；彩版七四，5）。标本M8：2，轮制。敛口，方唇，短颈，溜肩，鼓腹，矮圈足。上腹部及内壁施酱黑色釉，下腹部及圈足未施釉。露灰褐色胎，胎质较细腻。口径8.7、腹径12.2、底径6.2、高10厘米（图三二四，2）。标本M8：3，轮制。敛口，短颈，溜肩，圆鼓腹，矮圈足。灰褐色胎，体施酱黑色釉，下腹及圈足未施釉。口径8.9、腹径12.4、底径5.8、高8厘米（图三二四，3；彩版七四，6）。

银钗 1件。标本M8：4，首呈方菱形，向后弯曲，首内侧上部掐丝福字纹，下部两侧扁平呈长方形，中部掐丝镂空连环如意头纹，体呈U字形，下部圆锥状。通长13.6、宽1.4厘米（图三二四，4）。

银簪 4件。标本M8：5，花蕊包珠形簪首，珠已缺失，掐丝锤揲两层花瓣状圆形簪托，

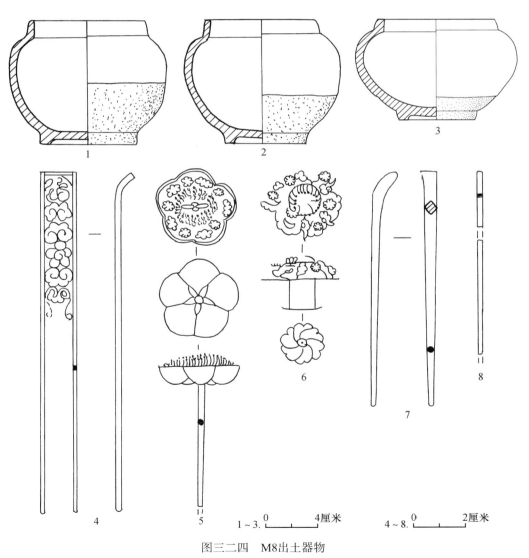

图三二四 M8出土器物

1~3.瓷罐（M8：1、M8：2、M8：3）4.银钗（M8：4）5~8.银簪（M8：6、M8：5、M8：7、M8：8）

体残。残长2.1厘米（图三二四，6）。标本M8：6，花蕊包珠形簪首，珠已缺失，梅花朵簪托，簪体呈圆柱锥形，末端残。残长6.1厘米（图三二四，5）。标本M8：7，簪首残，向后弯曲，簪体上端呈四菱状，下端圆柱锥形。残长9.5厘米（图三二四，7）。标本M8：8，簪首残，簪体上端呈方菱状，下端圆柱锥形。残长7.3厘米（图三二四，8）。

　　康熙通宝　4枚。圆形，方穿，正背面郭缘较宽，正面楷书"康熙通寶"四字，对读，背穿左右为满文"宝源"纪局名，有3枚。标本M8：9-1，钱径2.61、穿宽0.6、郭厚0.12厘米（图三二五，1）。标本M8：9-2，钱径2.42、穿宽0.52、郭厚0.13厘米（图三二五，2）。标本M8：9-3，钱径2.35、穿宽0.51、郭厚0.1厘米（图三二五，3）。标本M8：9-4，圆形，方穿，

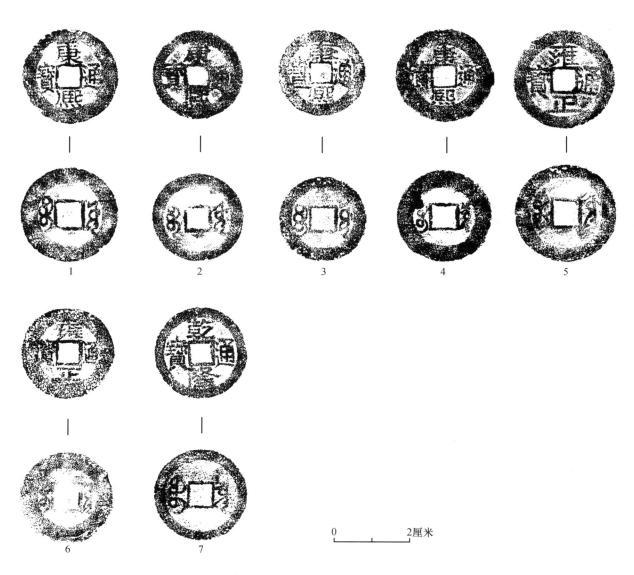

0　　　　　　2厘米

图三二五　M8出土铜钱（拓片）

1~4.康熙通宝（M8：9-1、M8：9-2、M8：9-3、M8：9-4）　5、6.雍正通宝（M8：9-5、M8：9-6）　7.乾隆通宝（M8：9-7）

正背面郭缘较宽，正面楷书"康熙通寶"四字，对读，背穿左右为满文"宝泉"纪局名。钱径2.6、穿宽0.52、郭厚0.11厘米（图三二五，4）

雍正通宝　2枚。圆形，方穿，正背面郭缘较宽，正面楷书"雍正通寶"四字，对读，背穿左右为满文"宝源"纪局名。标本M8：9-5，钱径2.7、穿宽0.61、郭厚0.11厘米（图三二五，5）。标本M8：9-6，钱径2.55、穿宽0.58、郭厚0.15厘米（图三二五，6）。

乾隆通宝　8枚。标本M8：9-7，圆形，方穿，正背面郭缘较宽、正面楷书"乾隆通寶"四字，对读，背穿左右为满文"宝泉"纪局名。钱径2.5、穿宽0.5、郭厚0.12厘米（图三二五，7）。

二、M11

1. 墓葬形制

M11位于第Ⅱ区T0914中部，东北邻M12。开口于第①层下，南北向，方向1°。平面呈不规则形，竖穴土圹三棺合葬墓。墓口距地表深0.3米，墓底距地表深0.88～0.9米。墓圹南北长2.7～2.9、宽3.4、深0.58～0.6米。四壁整齐较直，底部较平，内填灰褐色花土，土质松散（图三二六；彩版三六，2）。

葬具为木棺，中棺棺木已朽，仅存棺痕。东棺长2、宽0.66、残高0.2米，棺板残厚约0.06米；骨架保存稍差，头向北，面向东，仰身屈肢，为女性。中棺痕长1.96、宽0.52～0.62、残高0.24米；骨架保存稍好，头向北，面向西，仰身直肢，为女性。西棺长1.8、宽0.52～0.65、残高0.2米，棺板厚约0.06米；骨架保存稍好，头向北，面向上，仰身直肢，为男性。

2. 随葬品

东棺内上方出土瓷罐1件；中棺内头骨上方出土瓷罐1件，下肢骨内侧上部出土铜钱4枚；西棺左盆骨上方出土铜钱1枚。

瓷罐　2件。标本M11：1，轮制。侈口，尖圆唇，短颈，丰肩，扁鼓腹，下弧收，矮圈足。上腹及内壁施酱黑色釉，下腹部及圈足未施釉。露灰褐色胎，胎质较细腻。口径9.6、腹径13.2、底径9、高8.2厘米（图三二七，1；彩版七四，7）。M11：2，轮制。芒口内敛，尖圆唇，斜直颈，溜肩，鼓腹，下弧收，矮圈足，颈肩部置称双系，均残。上腹部及内壁施酱黑色釉，下腹及圈足未施釉。露灰褐色胎，胎质较细腻。口径7.9、腹径12、底径6.9、高10厘米（图三二七，2；彩版七四，8）。

康熙通宝　1枚。标本M11：3-1，圆形，方穿，正背面郭缘较宽，正面楷书"康熙通寶"四字，对读，背穿左右为满文"宝泉"纪局名。钱径2.6、穿宽0.55、郭厚0.15厘米（图三二七，3）。

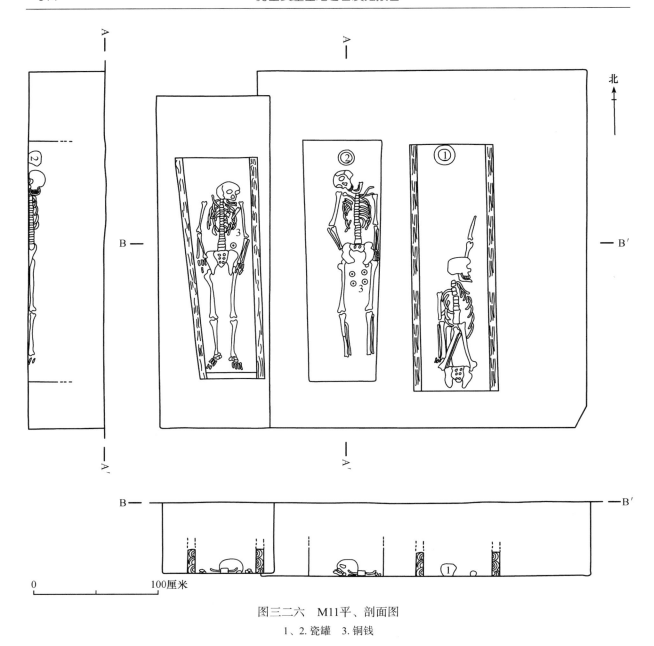

图三二六　M11平、剖面图
1、2.瓷罐　3.铜钱

　　雍正通宝　4枚。圆形，方穿，正背面郭缘较宽，正面楷书"雍正通寶"四字，对读，背穿左右为满文"宝泉"纪局名。标本M11：3-2，钱径2.6、穿宽0.6、郭厚0.11厘米（图三二七，4）。标本M11：3-3，钱径2.6、穿宽0.6、郭厚0.11厘米（图三二七，5）。标本M11：3-4，钱径2.6、穿宽0.6、郭厚0.11厘米（图三二七，6）。

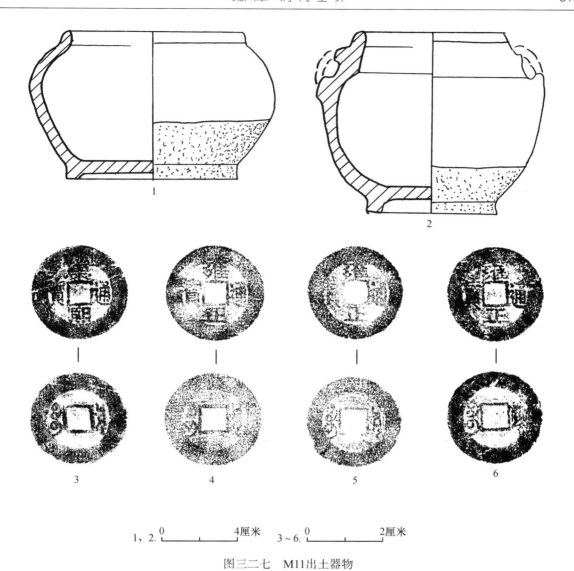

图三二七　M11出土器物

1、2.瓷罐（M11：1、M11：2）　3.康熙通宝（M11：3-1）　4～6.雍正通宝（M11：3-2、M11：3-3、M11：3-4）

第九章 结 语

　　此次对房山安庄墓地的考古发掘，共清理古墓葬191座，墓葬出土了陶器、釉陶器、瓷器、银器、铜器（含铜钱）、玉器等各类文物400余件套，具有鲜明的时代特点。古代遗存时代跨度较大，从战国开始，历经两汉、唐、辽金、明清几个时期。为研究北京地区战国至明清时期的历史发展、社会变迁及丧葬习俗提供了重要实物资料。以下对房山安庄墓地各个时期的墓葬形制、出土器物、墓葬时代加以分析和探讨。

第一节 墓葬基本文化面貌

1. 战国墓葬

　　战国墓葬22座，均为小型墓葬，土圹长皆在2～3.3米、宽皆在1.1～1.9米之间，竖穴土圹式，直壁，平底，而且有四座墓葬在墓圹北壁修筑有壁龛。以木椁、木棺为葬具，葬具腐朽严重，仅存朽痕。椁平面呈工字形，或椁四角内弧状，或抹角形；棺平面呈长方形，四角均出榫。棺内骨架保存稍好，头北脚南，葬式均为仰身直肢葬。该批墓葬形制与京津冀地区及内蒙古、辽宁地区以往发现的战国时期墓葬情况基本相同[①]。随葬器物以陶器为主，其中15座墓葬发现有随葬器物，一座墓葬随葬有玉璧，7座墓葬未见随葬器物。陶器均为筒形夹云母红陶、灰陶扁圆柱状三足陶鬲，除玉璧放置于棺内，其余出土陶鬲放于棺外前方或壁龛内。M69、M73、M109、M110、M121、M114、M126、M128、M146、M151、M167、M168、M186内出土的筒形平底或圜平底陶鬲与郎井村LJ10T26②H141：6、T25②H162：3[②]、怀柔城北Ⅰ式[③]、半截塔村5号墓[④]内出土陶鬲类同；M157内出土的筒形圜底陶鬲与郎井村10号郎井村

---

　　① 北京市文物研究所：《北京段考古发掘报告集》，科学出版社，2008年，第11页；刘乃涛、张中华、朱志刚：《北京窦店战国墓葬简报》，《文物春秋》2010年第5期；北京市文物工作队：《北京市昌平半截塔村东周和两汉墓》，《考古》1963年第3期；邹宝库、卢治平、马卉：《辽宁辽阳市徐往子战国墓》，《考古》2017年第8期；北京市文物工作队：《北京怀柔城北东周两汉墓葬》，《考古》1962年第5期。

　　② 河北省文物研究所：《燕下都》，文物出版社，1996年，第329页。

　　③ 北京市文物工作队：《北京怀柔城北东周两汉墓葬》，《考古》1962年第5期。

　　④ 北京市文物工作队：《北京市昌平半截塔村东周和两汉墓》，《考古》1963年第3期。

LJ10T83②H577：2[1]，辽阳徐王子M1：1[2]及怀柔城北Ⅱ、Ⅲ式[3]鬲相同。依据墓葬形制及出土器物，推断该批墓葬在战国中晚期比较适宜。

22座战国墓葬皆分布在第Ⅱ区，由南向北排列，可分为七组。其中M73与M74相邻，为第一组；M121与M79相邻，为第二组；M96与M105相近，为第三组；M109与M110相邻，为第四组；M113与M114相邻，为第五组；M126、M127与M128相邻，为第六组；M157与M186相邻；为第七组；M167与M168相邻，为第八组。

2. 西汉墓葬

西汉墓葬61座，均为小型墓葬，土圹长皆在2～4米、宽皆在1.2～1.9米之间，皆为竖穴土圹墓，直壁，平底，仅有一座墓葬内修筑有壁龛，此类墓葬形制在北京地区较为常见。其中单棺墓38座、单棺双人合葬墓1座、一椁一棺墓21座、一椁二棺1座、双棺合葬墓1座。以木棺、木椁为葬具，椁平面呈长方形或工字形，木棺平面呈工字形及四角均出榫。墓主人皆为仰身直肢葬，头向北。随葬品多放于死者棺外前方。该批墓葬中，仅23座墓葬内发现有随葬器物，其余墓葬均未发现有随葬器物。随葬器物基本为陶器，以鼎、盒、壶；鼎、盒、壶、罐；鼎、壶；壶、罐、盒；鼎、壶、罐；壶、罐；鼎、罐及罐等组合形式出现。其墓葬形制及器物组合与丰台王佐遗址[4]、昌平史家桥汉墓第二期[5]、怀柔城北M63[6]、海淀五棵松篮球馆M18[7]、广阳城墓地[8]第三期内西汉时期的墓葬形制和随葬器物组合基本相似。

61座西汉墓葬皆分布在第Ⅱ区。除去零散墓葬及1座单棺双人合葬墓、2座双棺合葬墓外，其余墓葬皆两两呈组分布，可分为15组。其中M70与M71相邻，为第一组；M80与M89相邻，为第二组；M82与M83相邻，为第三组；M86与M87相邻，为第四组；M107与M108相邻，为第五组；M76与M95相邻，为第六组；M117与M140相邻，为第七组；M148与M149相邻，为第八组；M142与M143相邻，为第九组；M176与M177相邻，为第十组；M135与M136相邻，为第十一组；M165与M166相邻，为第十二组；M158与M159相邻，为第十三组；M152与M153相邻，为第十四组；M138与M161相邻，为第十五组。

3. 东汉墓葬

东汉墓葬共发现35座，分为竖穴土圹墓、竖穴土圹砖室墓、带墓道竖穴土圹砖室墓三个类

---

① 河北省文物研究所：《燕下都》，文物出版社，1996年，第224页。
② 邹宝库、卢治平、马卉：《辽宁辽阳市徐往子战国墓》，《考古》2017年第8期。
③ 北京市文物工作队：《北京怀柔城北东周两汉墓》，《考古》1962年第5期。
④ 北京市文物研究所：《丰台王佐遗址》，科学出版社，2010年，第222页。
⑤ 北京市文物工作队：《北京昌平史家桥汉墓发掘》，《考古》1963年第3期。
⑥ 北京市文物工作队：《北京怀柔城北东周两汉墓葬》，《考古》1962年第5期。
⑦ 北京市文物局、北京市文物研究所：《北京奥运场馆考古发掘报告》，科学出版社，2007年。
⑧ 北京市考古研究院：《广阳城墓地（一）》，上海古籍出版社，2023年，第565页。

型。早期墓葬还以长方形竖穴土圹墓为主，中晚期已基本不见竖穴土圹墓，而是以长方形竖穴土圹砖室墓与带墓道砖室墓为主。其中竖穴土圹墓与竖穴土圹砖室墓长在2.5～4.2米、宽在1.2～2.4米之间。

A型　17座。主要以长方形竖穴土圹棺室墓为主，一椁一棺墓13座，单棺土圹墓2座。以木棺、木椁为葬具，椁平面呈长方形或工字形，木棺平面呈工字形及四角均出榫。随葬器物以陶器为主，器物组合为壶、罐、仓；罐、仓等器形。墓葬形制及随葬器物与丰台王佐M55、M56[1]，亦庄X10号地（M11、M12、M41、M48、M57）[2]内墓葬形制基础和器物组合基本相似，而王佐报告内作者推断该竖穴土圹墓为西汉晚期至新莽时期，亦庄X10号地为东汉早期。故，依据器物组合的变化推断此17座竖穴土圹墓为东汉早段比较适宜。

B型　9座。墓葬形制均为长方形竖穴土圹单室砖椁墓，墓壁平直，平底，"无棺殓之具"，砖室用青砖卧砖或立砖错缝砌筑四壁，底部用青砖呈人字形或平砖墁地。顶部已破坏，东西两侧墙挤压变形为内弧状，骨架有所保留，均为仰身直肢葬式。其中M49东西两壁墙呈倒人字形砌筑。随葬品放置在砖室内头骨上方，个别墓葬出土有少量五铢铜钱。随葬器物以陶器为主，器物组合主要为壶、罐，罐、罐，罐、仓等三种形式。墓葬形制及随葬的盘口陶罐与亦庄79号地M11[3]、丰台王佐遗址M19[4]等墓葬形制和随葬器物组合基本相似。M15、M93、M174内出土双系陶罐与丰台王佐遗址H型罐M42：1[5]，北京亦庄X11号地M6：5、M6：6[6]形制相近。其中M49、M143两座墓葬出土4枚东汉五铢："五"字两股交笔弯曲，上下横笔基本与两竖笔齐，"铢"字"金"旁三角形较小，下四点较短，排列整齐，"朱"旁上下横笔均圆折，为新莽末年，更始初期所铸。因此推断该型9座墓葬为东汉中早期比较适宜。

C型　9座。依据墓葬形制可分三亚型。

Ca型　5座，为刀把形单室墓，由墓道、墓门、墓室组成，为土圹直壁斜坡形墓道，较长，墓壁多用青砖以立砖、卧砖或呈倒人字形方式砌成，底部用青砖横向、纵向或人字形墁地。规模一般不大，属于中小型墓葬，部分墓葬骨架有所保留，为仰身直肢葬式。与随葬器物均放置在头骨上方靠墓北壁中部，器物以陶器为主，器形有壶、罐、盆、灶等。另出土铜钱五铢6枚，货泉7枚，大泉五十11枚，小泉直一4枚。

Cb型　3座。为甲字形单室墓，由墓道、墓门、墓室组成，为土圹直壁斜坡形墓道，较长，墓壁多用青砖以平砖、呈倒人字形方式砌成，底部用青砖纵向、横向墁地。规模一般不大，属于小型墓葬。部分墓葬骨架有所保留，为仰身直肢葬式。与丰台王佐遗址[7]等形制相

① 北京市文物研究所：《丰台王佐遗址》，科学出版社，2010年，第39页。
② 北京市文物研究所：《北京亦庄X10号地》，科学出版社，2010年，第17页。
③ 北京市文物研究所：《北京亦庄考古发掘报告：2003～2005年》，科学出版社，2009年，第34页。
④ 北京市文物研究所：《丰台王佐遗址》，科学出版社，2010年，第85页。
⑤ 北京市文物研究所：《丰台王佐遗址》，科学出版社，2010年，第107页。
⑥ 北京市文物研究所：《北京亦庄X11号地考古发掘报告》，科学出版社，2012年，第19页。
⑦ 北京市文物研究所：《丰台王佐遗址》，科学出版社，2010年。

近。随葬器物均放置在头骨上方靠墓北壁中部，器物以陶器为主，器形有壶、罐、釜等。另出土铜钱五铢7枚，大泉五十3枚。

Cc型　1座。为多室墓砖券墓，由墓道、墓门、前甬道、前室、后甬道、后室、耳室等部分构成，前甬道内侧用青红砖一竖一横砌成，墓壁用青砖以二横一竖错缝方式砌成，底部用青砖墁地。为土圹直壁斜坡形墓道，较短，规模较大，属于中型墓葬。随葬器物放置在前室东部和后室北部。器物以陶器为主，器形有陶罐、盆、碗、奁、灶、甑、磨、蒜头瓶、扑满、狗、鸡、弩机、铜镜等。随葬品较丰富，墓主应当属于有一定地位的人。

C型墓葬形制为北京地区东汉时期常见墓葬类型。器物形制方面，陶壶M45：1、M45：2，与丰台王佐遗址M2：2、M2：3①形制相近。M46：1、M46：2、M46：3，与丰台王佐遗址H型罐M42：1②形制相近。因此，推断该型墓葬为东汉中晚期比较适宜。

东汉中晚期，墓葬形制和随葬器物已趋于多样化。墓葬形制以砖室墓为主导地位，而砖室墓又可分为竖穴土圹砖室墓、带墓道单室墓、双室及多室砖券墓等。随葬品较种类较为复杂，以陶器为主，早期的壶、罐、仓组合已不多见，以壶、罐、灶、盆、奁、磨、狗、鸡等为基本组合，在此基础之上增减陶器种类。

35座东汉墓葬，除去分布零散及带墓道墓葬外，竖穴土圹墓与竖穴土圹砖室墓根据分布和排列情况，可分为三组。M30与M31相邻，为第一组；M142与M143相邻，为第二组；N178与M179相邻，为第三组。

4. 唐代、辽金墓葬

唐代墓葬1座，为带墓道竖穴土圹甲字形砖室墓，由墓道、甬道、墓室组成。T字形斜坡墓道，较短，方弧形墓室，直壁，平底，用绳纹砖二顺一丁方式砌成，墓室内北部砌制曲尺形棺床，床沿用青砖平砖砌成，底部用青砖纵、横向墁地。其形制与密云大唐庄M10、M11③，79号地M9④，北京亦庄X11号地M35、M36⑤，丰台南苑唐辽金元墓葬M13⑥等相近。随葬器物器形陶罐、瓷罐放置在墓室东北部。其中陶罐M190：1与密云大唐庄M89：3⑦器形相似。综上推断该墓葬的年代为唐代。

辽金墓葬12座，墓葬形制可分为带墓道竖穴土圹圆形砖室墓、竖穴土圹墓两类。带墓道竖穴土圹圆形砖室墓6座，由墓道、甬道、墓室组成，为土圹直壁斜坡形墓道，较短，墓室有方

① 北京市文物研究所：《丰台王佐遗址》，科学出版社，2010年，第48页。
② 北京市文物研究所：《丰台王佐遗址》，科学出版社，2010年，第107页。
③ 北京市文物研究所：《密云大唐庄——白河流域古代墓葬发掘报告》，上海古籍出版社，2010年，第17、18页。
④ 北京市文物研究所：《北京亦庄考古发掘报告：2003～2005年》，科学出版社，2009年，第145页。
⑤ 北京市文物研究所：《北京亦庄X11号地考古发掘报告》，科学出版社，2012年，第117、125页。
⑥ 北京市文物研究所：《丰台南苑汉墓》，科学出版社，2019年，第243页。
⑦ 北京市文物研究所：《密云大唐庄——白河流域古代墓葬发掘报告》，上海古籍出版社，2010年，第49页。

弧形和圆形两种，直壁，平底，墓壁用青砖一立一平砌成，墓室北部置有半圆形棺床。竖穴土圹墓6座，为单人或双人合葬墓，直壁，平底，墓壁大多用素面青砖叠压错缝平砌而成，大多为南北向，墓葬内骨架有所保留。其中M40为东西向，内葬两具骨架，为头对足颠倒向合葬。随葬器物放置在前室东北部、棺外上方、棺内头骨上部和棺床上部等。器形有陶罐、鍪锅、釜、盆、匜、杯、簸箕、双系釉陶罐，瓷罐、瓶、盏，铜镜，簪、耳坠等，为辽金时期常见器形。M43、M52、M64、M67、M75其形制与密云大唐庄M64[①]、大兴北程庄墓地M17[②]等相近。因此，推断该期墓葬的年代为辽金中晚期。

唐代、辽金墓葬较少，而且分布零散，暂不分组。

5. 明清墓葬

明代墓葬31座，其中土圹明堂（龟镇砖室墓）1座。清代墓葬29座。

明清墓葬结构简单化，规模较小，随葬品较少，墓主人身份、地位不高，应为平民阶层墓葬。几座出土器物相对较多、器物种类丰富的墓葬，级别相对稍高，或为一般地主阶级墓葬。墓中出土的陶器、瓷器、银器、铜器等，为明清墓葬的考古学研究提供了重要资料。

墓葬形制中，竖穴土圹木棺墓是明清时期的主要墓葬形制，单人葬、单棺双人葬、双人合葬及多人合葬为常见埋葬形式。M3为明堂（龟镇）砖室墓形制与海淀区行知实验小学明代名堂M1[③]、海淀中坞M62[④]形制相近。其中有数量较少的迁葬墓，均为单棺，M187为马葬坑，这是该墓地的一个重要特点。

墓葬中木质葬具腐朽程度不一，人骨多数能够有所保存，葬式以仰身直肢葬为主，仰身屈肢、侧身屈肢葬数量较少。木棺底部常铺置白灰用以防腐。随葬品中，墓主人的头部前方通常放置陶罐、瓷罐、瓷碗、瓷壶等一件，棺内则随葬时人通常佩戴的饰件，如银钗、头簪等。在墓主人盆骨内侧双手部位有数目不等的铜钱、铜币，数量较多。除本朝铜钱外，还有前朝铜钱，而且还有种类不一的宋代铜钱，这亦是明清墓葬的特点。

（1）明代墓葬

31座明代墓葬，除去零散墓葬，其中第一组M44、M36、M26、M35、M34、M33、M32、M25、M24、M23、M21、M22、M20、M19、M18、M17、M16位于第Ⅱ区的南部偏东，墓葬相距较近，排列有序，呈山字形分布，即第一排为M44；第二排为M36；第三排自左向右为

---

① 北京市文物研究所：《密云大唐庄——白河流域古代墓葬发掘报告》，上海古籍出版社，2010年，第108页。

② 北京市文物研究所：《大兴北程庄墓地——北魏、唐、辽、金、清代墓葬发掘报告》，科学出版社，2010年，第26页。

③ 北京市文物研究所：《海淀区行知实验小学明代名堂发掘简报》，《北京文博文丛·2014·第4辑》，北京燕山出版社，2014年，第55页。

④ 北京市文物研究所：《海淀中坞——北京市南水北调配套工程团结湖调节池工程考古发掘报告》，科学出版社，2017年，第82页。

M35、M34、M33、M32、M25、M24、M23、M21、M22、M20；第四排自左向右为M19、M18、M17、M16。而墓葬内出土铜钱最早为嘉靖通宝，最晚为万历通宝，再依据分布规律与排列顺序，推断该批墓葬应为明代中晚期一家族墓地。第二组M4、M2、M1、M3、M5位于第Ⅱ区的东部，墓葬相距较近，排列有序，除M3为明堂外，其余墓葬呈人形排列。M4、M2、M1、M3内出土器物为明代，而M5内随葬的铜钱最晚为康熙通宝，据此，推断这几座墓葬应为明末清初另一家族墓地。

（2）清代墓葬

29座清代墓葬，除去零散墓葬，其中M29、M28、M50、M13、M12、M10、M7、M8、M6位于第Ⅱ区南部，墓葬相距较近，排列有序，自上而下呈一字形分布。而墓葬内出土铜钱最早为康熙通宝，最晚为乾隆通宝，再依据分布规律与排列顺序，推断该批墓葬应为清代中早期一家族墓地。

第二节 墓地的历史演进

战国、西汉至东汉早中期墓葬（含竖穴土圹砖室墓），均为小型竖穴土圹墓。战国竖穴土圹墓长在2～3.3米、宽在1.1～1.9米之间；西汉竖穴土圹墓长在2.4～3.8米、宽在1.2～1.9米之间；东汉早中期墓土圹长在2.5～4.2米、宽在1.2～2.4米之间。由此可知，战国至东汉时期的竖穴土圹墓变化是，墓圹长度由短逐渐变为狭长。该三期墓葬除去墓葬带砖室外，葬具或一椁一棺，或为木棺，葬式有仰身直肢、俯身直肢、仰身屈肢。东汉中晚期墓葬以带墓道砖室墓居多，辅以少量的竖穴土圹墓。该期墓葬由于破坏严重，葬具与葬式不详。

随葬器物方面，战国时期墓葬主要随葬陶鬲，依据器形特征，该批战国墓为典型的燕文化墓葬。西汉时期墓葬随葬器物以鼎、盒、壶；壶、罐；盒、罐；鼎、壶等几种组合形式出现，这种组合形式基本延续了洛阳地区东周时期"鼎、盒、壶"随葬组合风俗，同时与北京地区西汉时期墓葬随葬器物组合也基本相同。东汉中早期，随葬器物中的鼎、盒已不见，而主要器物组合以壶、罐、仓；仓、罐等为主要随葬器物组合。东汉中晚期，随葬器物种类较为复杂，以壶、罐、盆、奁、灯、灶、狗、鸡等器形为基本组合，在此基础上增减器物种类。

战国至西汉、东汉中早期墓葬，合葬墓寥寥无几，基本为同茔异穴合葬墓；至东汉中晚期，中大型墓葬的兴起，异穴合葬比较少见，而同穴合葬墓则比较常见，通过北京近几年来发掘的东汉时期墓葬，可见一斑。每一组异穴合葬墓内墓主人性别皆为一男一女，如战国时期第一组墓葬M74与M73，M74墓主人为男性，M73墓主人为女性；西汉时期第一组墓葬M71与M70，M71墓主人为男性，M70墓主人为女性；东汉时期第一组墓葬M30与M31，M30墓主人为男性，M31墓主人为女性。异穴合葬风俗与史书记载相符，据《史记·孔子世家》记载："孔子母死，乃殡五父之衢。盖其慎也。陬人挽父之母诲孔子父墓，然后往合葬于防焉。"由孔子慎重合葬父母可知，春秋战国时期，在民间，夫妇同茔异穴合葬已是常见的丧葬习俗。

唐代墓葬1座，为带墓道砖室墓，平面呈甲字形，由于破坏严重，暂忽略不计。

辽金时期墓葬12座，其中6座为带墓道圆形砖室墓，3座为竖穴土圹砖室墓，3座为竖穴土圹墓。随葬器物有陶罐、鏊锅、匝、簸箕、鸡腿瓶、盏、盆，瓷罐等器形，为北京地区辽金时期常见器形。6座带墓道圆形砖室墓破坏严重，不见葬具；而其余6座墓中3座墓葬未见葬具，3座墓葬葬具为木棺，葬式大多为仰身直肢葬。以往在北京地区发现的辽金时期墓葬普遍为火葬，火葬是北方契丹人的基本丧葬习俗。据此，初步推断该批墓葬应为辽金时期的汉人墓葬。

明代墓葬31座，清代墓葬29座，均为小型竖穴土圹墓，葬具为木棺，葬式以仰身直肢葬为主，仰身屈肢、侧身屈肢葬数量较少。这种葬式在北京地区较为普遍。墓地中明代、清代墓葬有单棺墓、双棺墓及多棺合葬墓。墓中随葬器物较少，除一些可能随身饰品外，只有少量的瓷器、陶器。从墓葬形制及出土器物来看，明清时期的60座墓葬皆为平民墓葬。

通过对明清时期墓葬分组，以及分布规律与排列情况来看，每一组皆属于各个时期的单一家族墓地。从各分组内墓葬分布及排列顺序可知，这种排列形式应该是昭穆制度在民间丧葬习俗中的反映，《周礼·春官宗伯·冢人》曰："先王之葬居中，以昭穆为左右。……令国民族葬，而掌其禁令，正其位，章其度数。"《郑注》曰："族葬各从其亲……位谓昭穆也……"从文献中可以看出，在西周时期平民亦是依循"昭穆"的宗法制度，按辈次排列墓冢。随着社会历史的发展变迁，在平民当中，左昭右穆式的排列顺序已经成为人们固定式的丧葬习惯。此次出现的山字形、一字形及人字形排列墓葬，恰恰反映了所谓的"族葬个其亲"的家族式埋葬形式。

综上，房山安庄墓地的考古发掘，从墓葬数量、墓葬形制、随葬品的特征总体考察，可见战国时期该地区人口较少；汉代该地区人口密集，比较繁华；唐代、辽金时期人类活动减少；明清时期又恢复往日繁华，且延续时间较长。此墓地的发掘，为研究北京地区刺猬河流域战国至明清时期的丧葬习俗、社会发展状况、历史变迁等提供了重要的实物资料，也成为北京延续数千年来政治、经济、文化鼎盛和繁荣的佐证。

附 表

附表一 战国墓葬登记表

序号	墓号	所在探方	层位	方向	形状与结构	墓圹 长×宽·深(米)	壁龛 宽×高·进深(米)	葬具	葬式	人骨保存情况	性别	随葬品(件)	备注
1	M69	II区T1615、T1715	④层下	8°	长方形、竖穴土圹墓	3×1.5-1.6		单棺	仰身直肢	较好	男	陶鬲2、玉璧2	
2	M73	II区T1815、T1816	④层下	8°	长方形、竖穴土圹墓	2.6×1.2-2.6	0.4×0.27-0.2	单棺	不详	较差	女	陶鬲2	
3	M74	II区T1815	④层下	8°	梯形、竖穴土圹墓	2.2×(1.2~1.8)-2.3		单棺	不详	较差	男	-	未发现随葬品
4	M79	II区T1915、T2015	④层下	4°	长方形、竖穴土圹墓	2.35×1.1-2.5		-	-	-	-	-	未发现葬具及骨架，未发现随葬品
5	M96	II区T2317	④层下	5°	长方形、竖穴土圹墓	3.16×1.88-1.3		一椁一棺	仰身直肢	稍好	女	-	未发现随葬品
6	M105	II区T2316	④层下	10°	长方形、竖穴土圹墓	2.4×0.8-1.6		单棺	仰身直肢	较好	男	-	未发现随葬品
7	M109	II区T2417	④层下	4°	长方形、竖穴土圹墓	3.1×1.7-2		单棺	仰身直肢	较差	男	陶鬲2	
8	M110	II区T2417	④层下	5°	长方形、竖穴土圹墓	3.26×1.72-1.6	0.46×0.32-0.22	一椁一棺	-	-	-	陶鬲2	未见人骨
9	M113	II区T2319、T2219	③层下	0°	长方形、竖穴土圹墓	2.2×1-0.32		单棺	仰身直肢	较差	男	-	未发现随葬品
10	M114	II区T2320、T2220	④层下	2°	长方形、竖穴土圹墓	3.3×2-0.7		单棺	仰身直肢	较差	女	陶鬲2	

续表

序号	墓号	所在探方	层位	方向	形状与结构	墓圹 长×宽×深（米）	壁龛 宽×高×进深（米）	葬具	葬式	人骨保存情况	性别	随葬品（件）	备注
11	M121	II区T1916、T2016	④层下	5°	不规则形，竖穴土圹墓	(2.3~2.38)×(1.1~1.44)-1	0.46×0.32-0.22	单棺	仰身直肢	较好	女	陶鬲2	
12	M126	II区T2616	④层下	2°	长方形，竖穴土圹墓	3×1.8-1.5		一椁一棺	仰身直肢	稍好	女	陶鬲1	
13	M127	II区T2616	④层下	5°	长方形，竖穴土圹墓	2.38×1.4-2		单棺	仰身直肢	稍好	女	-	未发现随葬品
14	M128	II区T2616	④层下	355°	长方形，竖穴土圹墓	2.8×1.3-2.1		单棺	仰身直肢	稍好	男	陶鬲2	
15	M145	II区T2717、T2818	④层下	14°	长方形，竖穴土圹墓	2.9×1.5-2.1		单棺	仰身直肢	稍差	男	-	未发现随葬品
16	M146	II区T2716、T2816	④层下	0°	长方形，竖穴土圹墓	2.9×1.6-1.5		单棺	仰身直肢	稍好	女	陶鬲1	
17	M151	II区T3016	④层下	2°	梯形，竖穴土圹墓	2.7×(1.3~1.4)-2.2	0.52×0.4-0.22	单棺	仰身直肢	较差	男	陶鬲2	
18	M157	II区T3018	④层下	0°	长方形，竖穴土圹墓	2.88×1.7-1.3		一椁一棺	仰身直肢	较差	男	陶鬲2	
19	M160	II区T3219	④层下	4°	长方形，竖穴土圹墓	2.78×1.2-0.48		单棺	-	-	-	陶鬲2	未发现骨架
20	M167	II区T3021	④层下	0°	长方形，竖穴土圹墓	2.9×1.74-0.72		一椁一棺	俯身直肢	稍差	女	陶鬲2	
21	M168	II区T3021、T3121	④层下	8°	长方形，竖穴土圹墓	2.94×1.68-0.94		一椁一棺	仰身直肢	稍差	男	陶鬲2	
22	M186	II区T3018	④层下	0°	长方形，竖穴土圹墓	3.1×2-1		一椁一棺	仰身直肢	较差	女	陶鬲2	

附表二　汉代墓葬登记表

序号	墓号	所在探方	层位	方向	形状与结构	墓道 长×宽·深（米）	墓圹 长×宽·深（米）	壁龛 宽×高·进深（米）	葬具	葬式	人骨保存情况	性别	随葬品（件）	年代	备注
1	M9	II区T0617、T0717、T0616、T0716	③层下	0°	长方形，竖穴土圹墓	无墓道	2.7×2.4-1.04		双椁	不明	较差	一为男性，一不明	陶壶2、陶罐1、陶盒1	西汉	
2	M65	II区T1416	③层下	8°	梯形，竖穴土圹墓	无墓道	3.1×（1.12~1.2）-0.5		单椁	仰身直肢	稍好	男	陶壶2、陶盒2、陶罐1	西汉	
3	M66	II区T1614	③层下	8°	长方形，竖穴土圹墓	无墓道	2.4×1.2-2.2		单椁	仰身直肢	较差	男	-	西汉	未发现随葬品
4	M70	II区T1717	③层下	8°	梯形，竖穴土圹墓	无墓道	3.8×（1.1~1.16）-1.1		一椁一棺	仰身直肢	稍好	女	陶壶2、陶罐1、陶钵1	西汉	
5	M71	II区T1717	③层下	5°	长方形，竖穴土圹墓	无墓道	3.3×1.24-1.38		一椁一棺	仰身直肢	较差	男	陶鼎2、陶壶2	西汉	
6	M72	II区T1817	③层下	350°	梯形，竖穴土圹墓	无墓道	2.9×（1.71~1.8）-0.34		一椁一棺	仰身直肢	稍差	男	-	西汉	未发现随葬品
7	M76	II区T2516	③层下	5°	梯形，竖穴土圹墓	无墓道	2.9×（1.72~1.8）-2.2		一椁一棺	仰身直肢	较差	男	-	西汉	
8	M80	II区T1916	③层下	6°	长方形，竖穴土圹墓	无墓道	2.9×1.4-2		单棺	仰身直肢	较差	女	-	西汉	未发现随葬品
9	M81	II区T2014	③层下	8°	长方形，竖穴土圹墓	无墓道	2.6×1-2.1		单棺	仰身直肢	稍差	男	-	西汉	未发现随葬品
10	M82	II区T2114	③层下	6°	长方形，竖穴土圹墓	无墓道	2.2×1.1-2.56		单棺	不明	较差	不明	陶罐1	西汉	

续表

序号	墓号	所在探方	层位	方向	形状与结构	墓道 长×宽·深（米）	墓圹 长×宽·深（米）	壁龛 宽×高·进深（米）	葬具	葬式	人骨保存情况	性别	随葬品（件）	年代	备注
11	M83	Ⅱ区T2114	③层下	8°	长方形，竖穴土圹墓	无墓道	2.4×1.3-2.6		单棺	-	-	-	-	西汉	未发现骨架，未发现随随葬品
12	M85	Ⅱ区T2116	③层下	5°	不规则形，竖穴土圹墓	无墓道	2.2×（0.82~0.9）-1.06		单棺	仰身直肢	较好	男	-	西汉	未发现随随葬品
13	M86	Ⅱ区T2016	③层下	10°	长方形，竖穴土圹墓	无墓道	3.46×1.1-1.38		一椁一棺	仰身直肢	较差	男	陶罐2	西汉	
14	M87	Ⅱ区T2016	①层下	10°	梯形，竖穴土圹墓	无墓道	3.1×（1.14~1.22）-1.9		一椁一棺	仰身直肢	较差	女	陶罐2	西汉	
15	M89	Ⅱ区T1916	③层下	5°	梯形，竖穴土圹墓	无墓道	2.5×（1~1.1）-0.24		-	仰身直肢	稍差	男	-	西汉	未发现葬具，未发现随随葬品
16	M94	Ⅱ区T2513	③层下	10°	梯形，竖穴土圹墓	无墓道	2.24×（0.92~0.96）-1.98		单棺	仰身直肢	较差	男	-	西汉	未发现随随葬品
17	M95	Ⅱ区T2516	③层下	14°	长方形，竖穴土圹墓	无墓道	3.16×1.88-2.1		-	仰身直肢	较差	女	-	西汉	未发现葬具，未发现随随葬品
18	M97	Ⅱ区T2317	③层下	0°	长方形，竖穴土圹墓	无墓道	2.88×1.18-1.3		单棺	不明	较差	男	陶罐1	西汉	
19	M98	Ⅱ区T2116	③层下	6°	长方形，竖穴土圹墓	无墓道	2.6×1.26-1.7		单棺	仰身直肢	稍好	男	-	西汉	未发现随随葬品
20	M103	Ⅱ区T2214	③层下	355°	长方形，竖穴土圹墓	无墓道	2.3×1.2-1.8		单棺	-	-	-	-	西汉	未发现骨架，未发现随随葬品

续表

序号	墓号	所在探方	层位	方向	形状与结构	墓道 长×宽-深（米）	墓圹 长×宽-深（米）	壁龛 宽×高-进深（米）	葬具	葬式	人骨保存情况	性别	随葬品（件）	年代	备注
21	M106	Ⅱ区T2316	③层下	5°	长方形，竖穴土圹墓	无墓道	3.06×1.4-1.1		一椁一棺	仰身直肢	较好	男	-	西汉	未发现随葬品
22	M107	Ⅱ区T2416	③层下	12°	长方形，竖穴土圹墓	无墓道	2.6×1.5-2.6		单棺	仰身直肢	较差	男	-	西汉	未发现随葬品
23	M108	Ⅱ区T2416	③层下	18°	长方形，竖穴土圹墓	无墓道	2.64×1.1-2.2		单棺	仰身直肢	较差	女	-	西汉	未发现随葬品
24	M111	Ⅱ区T2218、T2318	③层下	5°	长方形，竖穴土圹墓	无墓道	3.3×1.1-0.4		一椁一棺	仰身直肢	稍差	男	陶罐3	西汉	
25	M112	Ⅱ区T2119	③层下	92°	梯形，竖穴土圹墓	无墓道	3.4×（1.2~1.36）-0.6		一椁一棺	仰身直肢	稍差	男	陶罐2	西汉	
26	M116	Ⅱ区T2320	③层下	5°	长方形，竖穴土圹墓	无墓道	3.5×1.5-0.8		一椁一棺	仰身屈肢	较差	男	陶鼎2、陶壶2	西汉	
27	M117	Ⅱ区T2515	③层下	10°	长方形，竖穴土圹墓	无墓道	2.8×1.4-3.1		单棺	仰身直肢	较差	女	-	西汉	
28	M132	Ⅱ区T2621	③层下	15°	长方形，竖穴土圹墓	无墓道	3.7×1.34-0.46		一椁一棺	仰身直肢	较差	男	陶罐1、陶壶2、陶鼎1、陶盒1	西汉	
29	M134	Ⅱ区T2819	③层下	0°	梯形，竖穴土圹墓	无墓道	2.5×（1.06~1.3）-0.56		单棺	仰身直肢	稍好	男	-	西汉	未发现随葬品
30	M135	Ⅱ区T2819、T2919	③层下	6°	梯形，竖穴土圹墓	无墓道	2.7×（1.58~1.72）-1.08		单棺	仰身直肢	稍好	女		西汉	未发现随葬品
31	M136	Ⅱ区T2919	③层下	4°	长方形，竖穴土圹墓	无墓道	2.2×0.84-0.44		单棺	仰身直肢	稍差	男	-	西汉	未发现随葬品

续表

序号	墓号	所在探方	层位	方向	形状与结构	墓道 长×宽-深（米）	墓圹 长×宽-深（米）	壁龛 宽×高·进深（米）	葬具	葬式	人骨保存情况	性别	随葬品（件）	年代	备注
32	M137	II区T2217	③层下	0°	长方形，竖穴土圹墓	无墓道	2.3×1-1.4		单棺	仰身屈肢	稍差	男	-	西汉	未发现随葬品
33	M138	II区T3219	③层下	0°	长方形，竖穴土圹墓	无墓道	2.2×0.84-1		单棺	-	-	-	-	西汉	未发现骨架，未发现随葬品
34	M139	II区T2714	③层下	12°	梯形，竖穴土圹墓	无墓道	2.04×（1.42~1.7）-2.3		单棺	不明	较差	不明	-	西汉	未发现随葬品
35	M140	II区T2515	③层下	4°	长方形，竖穴土圹墓	无墓道	2.2×1.2-1.5		单棺	不明	较差	不明	-	西汉	未发现随葬品
36	M141	II区T2714	③层下	10°	长方形，竖穴土圹墓	无墓道	2.06×1.1-2.24		单棺	-	-	-	-	西汉	未发现骨架，未发现随葬品
37	M147	II区T2917、T2817	③层下	3°	梯形，竖穴土圹墓	无墓道	2.3×（0.9~1）-0.2		单棺	仰身直肢	较差	男	-	西汉	未发现随葬品
38	M148	II区T2917	③层下	10°	长方形，竖穴土圹墓	无墓道	2.3×1.08-1.84		单棺	不明	较差	不明	-	西汉	未发现随葬品
39	M149	II区T2916	⑤层下	12°	梯形，竖穴土圹墓	无墓道	2.9×（1.56~1.7）-1.7		单棺	不明	较差	男	-	西汉	未发现随葬品
40	M152	II区T3116	③层下	8°	梯形，竖穴土圹墓	无墓道	3.2×（1.04~1.1）-1.3		一椁一棺	仰身直肢	稍好	男	陶罐2	西汉	
41	M153	II区T3116	③层下	14°	长方形，竖穴土圹墓	无墓道	3.4×1.2-1.28		一椁一棺	仰身直肢	稍好	男	陶罐2	西汉	
42	M155	II区T3216	③层下	10°	长方形，竖穴土圹墓	无墓道	2.8×1.22-1.1		一椁一棺	仰身直肢	稍好	男	陶罐2	西汉	

序号	墓号	所在探方	层位	方向	形状与结构	墓道 长×宽-深（米）	墓圹 长×宽-深（米）	壁龛 宽×高-进深（米）	葬具	葬式	人骨保存情况	性别	随葬品（件）	年代	备注
43	M156	II区T2512	③层下	10°	长方形、竖穴土圹墓	无墓道	2.4×1.2-2.7		单棺	不明	较差	不明	-	西汉	未发现随葬品
44	M158	II区T3118	③层下	2°	长方形、竖穴土圹墓	无墓道	2.5×1.26-1.16		单棺	仰身直肢	稍差	男	-	西汉	未发现随葬品
45	M159	II区T3119	③层下	0°	长方形、竖穴土圹墓	无墓道	3.2×1.7-1.2		一椁一棺	仰身屈肢	稍差	女	-	西汉	未发现随葬品
46	M161	II区T3219	③层下	0°	梯形、竖穴土圹墓	无墓道	2.3×（0.72~0.8）-0.56		单棺	仰身直肢	较好	男	陶盒1	西汉	
47	M163	II区T3319	③层下	6°	长方形、竖穴土圹墓	无墓道	2.74×1.08-0.34		单棺	-	-	-	-	西汉	未发现骨架，未发现随葬品
48	M164	II区T2920	③层下	90°	梯形、竖穴土圹墓	无墓道	3.5×（1.16~1.24）-0.6		一椁一棺	仰身直肢	稍差	男	陶罐2	西汉	
49	M165	II区T3021	③层下	10°	长方形、竖穴土圹墓	无墓道	3.7×1.24-0.4		一椁一棺	仰身屈肢	稍差	女	陶壶2、陶鼎1、陶罐1、陶盒1、玛瑙珠2	西汉	
50	M166	II区T3021	③层下	8°	长方形、竖穴土圹墓	无墓道	3.7×1.24-0.6		一椁一棺	仰身直肢	稍差	男	陶罐1、陶壶2、陶盒1	西汉	
51	M169	II区T3120	③层下	10°	不规则形、竖穴土圹墓	无墓道	（2.16~2.24）×1.16-0.66		单棺	侧身屈肢	较差	男	-	西汉	未发现随葬品
52	M170	II区T3121	③层下	0°	梯形、竖穴土圹墓	无墓道	3.0×（1.97~2.08）-0.42		一椁一棺	仰身直肢	稍差	男	-	西汉	未发现随葬品

续表

序号	墓号	所在探方	层位	方向	形状与结构	墓道 长×宽·深（米）	墓圹 长×宽·深（米）	壁龛 宽×高·进深（米）	葬具	葬式	人骨保存情况	性别	随葬品（件）	年代	备注
53	M171	II区T3321	③层下	0°	长方形、竖穴土圹墓	无墓道	2.7×1-0.7		一椁一棺	仰身直肢	较好	男	陶罐1	西汉	
54	M172	II区T2713	③层下	4°	长方形、竖穴土圹墓	无墓道	2.4×1.08-2.4		单棺	仰身直肢	较差	男	-	西汉	未发现随葬品
55	M173	II区T2814	③层下	8°	梯形、竖穴土圹墓	无墓道	4.6×(2.5~2.7)-2.34		一椁二棺	仰身直肢	较差	东棺：男；西棺：女	陶壶2、陶鼎2、陶罐1	西汉	
56	M175	II区T2814	③层下	8°	长方形、竖穴土圹墓	无墓道	2.3×1.34-2.4		单棺	仰身直肢	较差	男	-	西汉	未发现随葬品
57	M176	II区T2914	③层下	6°	梯形、竖穴土圹墓	无墓道	2.66×1.2-1.8		单棺	仰身直肢	较差	女	-	西汉	未发现随葬品
58	M177	II区T2914	③层下	6°	梯形、竖穴土圹墓	无墓道	2.8×(1.9~2.1)-1.9		单棺	仰身直肢	稍差	男	-	西汉	未发现随葬品
59	M180	II区T3113	③层下	6°	长方形、竖穴土圹墓	无墓道	3×1.6-2.6		单棺	仰身直肢	较差	男	-	西汉	未发现随葬品
60	M182	II区T3314、T3414	③层下	6°	梯形、竖穴土圹墓	无墓道	2.6×(1.22~1.3)-0.6	0.38×0.2-0.3	单棺	仰身直肢	较差	男	陶罐1、陶鼎1	西汉	
61	M184	II区T2615	③层下	6°	梯形、竖穴土圹墓	无墓道	2.7×(1~1.2)-2.4		单棺	仰身直肢	较差	男	-	西汉	未发现随葬品
62	M14	II区T1014	③层下	92°	长方形、竖穴土圹墓	无墓道	3.7×1.2-1.4		一椁一棺	仰身直肢	稍好	男	陶壶2、陶罐1、陶仓5、陶盒1	东汉	
63	M31	II区T1115	③层下	195°	长方形、竖穴土圹墓	无墓道	2.76×1.12-1.46		一椁一棺	仰身直肢	稍好	男	陶罐1、陶仓6、陶器盖4	东汉	4件陶仓损坏严重，无法复原

续表

序号	墓号	所在探方	层位	方向	形状与结构	墓道 长×宽·深（米）	墓圹 长×宽·深（米）	壁龛 宽×高·进深（米）	葬具	葬式	人骨保存情况	性别	随葬品（件）	年代	备注
64	M47	Ⅱ区T1315	③层下	6°	梯形，竖穴土圹墓	无墓道	2.68×（1.12~1.2）-0.94		单棺	仰身屈肢	较好	男	陶壶3	东汉	
65	M48	Ⅱ区T1116	③层下	192°	长方形，竖穴土圹墓	无墓道	3.7×1.4-0.8		一椁一棺	仰身直肢	较差	男	陶壶3、陶罐1、陶鼎1、陶仓6、陶盒1、陶器盖4	东汉	
66	M51	Ⅱ区T1216、T1316	③层下	10°	梯形，竖穴土圹墓	无墓道	3.6×（1~1.12）-1.3		一椁一棺	仰身直肢	较差	男	陶壶3、陶罐1、陶鼎1、陶仓6、陶盒1、陶器盖1	东汉	
67	M62	Ⅱ区T1514	③层下	5°	靴形，竖穴土圹墓	无墓道	（2.6~2.85）×（1.3~2.1）-1.3		单棺	仰身屈肢	稍好	男	陶罐3、铜钱4	东汉	
68	M78	Ⅱ区T1915、T1916	③层下	5°	梯形，竖穴土圹墓	无墓道	3.7×（1.12~1.2）-1.1		一椁一棺	仰身直肢	较差	男	陶罐2	东汉	
69	M100	Ⅱ区T2216	③层下	8°	长方形，竖穴土圹墓	无墓道	3.08×1.2-1.2		一椁一棺	仰身直肢	较好	男	陶罐2、陶仓1、陶器盖2	东汉	
70	M115	Ⅱ区T2320	③层下	354°	梯形，竖穴土圹墓	无墓道	3.33×（1.78~1.94）-0.26		一椁一棺	不明	较差	不明	陶仓1、陶器盖3、陶壶1、陶盒1、陶罐2	东汉	
71	M130	Ⅱ区T2819	③层下	8°	长方形，竖穴土圹墓	无墓道	3.8×1.3-0.6		一椁一棺	仰身直肢	稍好	男	陶罐2、陶盆1、陶仓5、陶盒1、铜钱1	东汉	

续表

序号	墓号	所在探方	层位	方向	形状与结构	墓道 长×宽×深（米）	墓圹 长×宽×深（米）	壁龛 宽×高·进深（米）	葬具	葬式	人骨保存情况	性别	随葬品（件）	年代	备注
72	M131	II区T2821	③层下	5°	长方形、竖穴土圹墓	无墓道	2.5×1.32-0.36		单棺	仰身直肢	稍差	男	-	东汉	未发现随葬品
73	M133	II区T2520	③层下	88°	梯形、竖穴土圹墓	无墓道	3.9×(1.32~1.4)-0.92		一椁一棺	仰身直肢	稍差	男	陶壶2、陶罐1、陶仓5	东汉	
74	M142	II区T3016	③层下	12°	梯形、竖穴土圹墓	无墓道	3.14×(1.1~1.2)-0.6		一椁一棺	仰身直肢	稍好	女	陶罐2、陶仓5、陶器盖2	东汉	
75	M162	II区T3219、T3319	③层下	0°	梯形、竖穴土圹墓	无墓道	3.5×(1.4~1.48)-0.88		一椁一棺	仰身屈肢	稍好	男	陶罐3、陶仓3	东汉	
76	M178	II区T2914、T3014	③层下	4°	长方形、竖穴土圹墓	无墓道	3.7×1.1-1.8		一椁一棺	仰身直肢	稍好	女	陶壶2、陶罐1件、陶器盖2	东汉	
77	M179	II区T2914、T3014	③层下	8°	长方形、竖穴土圹墓	无墓道	3.7×1-2.6		一椁一棺	仰身直肢	稍好	男	陶罐1、陶壶2、陶仓5	东汉	
78	M185	II区T2619	③层下	4°	梯形、竖穴土圹墓	无墓道	4.2×(1.84~2.2)-0.8		一椁一棺	仰身直肢	较好	男	陶壶2、陶仓7、陶罐2、陶灯1、陶盆1、铜钱2	东汉	
79	M15	II区T1014、T1015	③层下	96°	长方形、竖穴土圹墓	无墓道	3.7×1.2-1.4		-	仰身直肢	较好	女	陶罐3	东汉	未发现葬具
80	M27	II区T1913、T1914	③层下	88°	长方形、竖穴砖室墓	无墓道	3.6×1.46-2.1		-		-	-	陶壶1、陶罐1	东汉	未发现葬具及骨架
81	M30	II区T1114	③层下	192°	长方形、竖穴土圹墓	无墓道	3.5×1.36-1.26		-	仰身直肢	稍好	男	陶罐4	东汉	未发现葬具

序号	墓号	所在探方	层位	方向	形状与结构	墓道 长×宽-深（米）	墓圹 长×宽-深（米）	壁龛 宽×高-进深（米）	葬具	葬式	人骨保存情况	性别	随葬品（件）	年代	备注
82	M49	Ⅱ区T1117、T1217	③层下	190°	长方形、竖穴土圹砖室墓	无墓道	3.34×1.3-0.9		-	仰身直肢	较好	男	陶罐3、铜钱2	东汉	未发现葬具
83	M91	Ⅱ区T2415	③层下	14°	长方形、竖穴土圹砖室墓	无墓道	2.6×1.08-0.98		-	仰身直肢	稍差	男	陶罐3	东汉	未发现葬具
84	M93	Ⅱ区T2513	③层下	12°	长方形、竖穴土圹砖室墓	无墓道	3.56×1.32-2.58		-	-	-	-	陶罐3	东汉	未发现葬具及骨架
85	M129	Ⅱ区T2616	③层下	12°	长方形、竖穴土圹砖室墓	无墓道	3.28×1.2-1.56		-	仰身直肢	稍好	男	陶壶2、陶罐1、陶仓5	东汉	未发现葬具
86	M143	Ⅱ区T3016	③层下	8°	长方形、竖穴土圹砖室墓	无墓道	3×1.24-0.7		-	仰身直肢	稍差	男	陶壶2、陶罐1、陶仓1、铜钱2	东汉	未发现葬具
87	M174	Ⅱ区T2813	③层下	6°	长方形、竖穴土圹砖室墓	无墓道	2.94×1.1-1.9		-	仰身直肢	稍差	男	陶罐3	东汉	未发现葬具
88	M45	Ⅱ区T1214、T1314	③层下	185°	刀把形、竖穴土圹砖室墓	5.2×0.9-（0.2~1.8），坡长5.1	9×（0.96~2.56）		-		-	-	陶壶3、陶盆1、铜钱7	东汉	未发现葬具及骨架
89	M53	Ⅱ区T1414、T1514	③层下	190°	刀把形、竖穴土圹砖室墓	3.94×0.9-（0.2~1.34），坡长4.1	8.2×（0.64~2.3）-（0.2~1.34）		-	仰身直肢	较差	男	陶罐、铜钱3	东汉	未发现葬具
90	M84	Ⅱ区T2115、T2015	③层下	193°	刀把形、竖穴土圹砖室墓	4.56×（0.8~1.1）-（0.04~1.38），坡长4.74	8.6×（0.8~2.14）-（0.04~1.38）		-	仰身直肢	较差	男	陶灶1、铜钱8	东汉	未发现葬具

续表

序号	墓号	所在探方	层位	方向	形状与结构	墓道 长×宽·深（米）	墓圹 长×宽·深（米）	壁龛 宽×高·进深（米）	葬具	葬式	人骨保存情况	性别	随葬品（件）	年代	备注
91	M104	II区T2314、T2214	③层下	190°	刀把形，竖穴土圹砖室墓	4.7×（0.96~1.06）-（0.1~1.94），坡长5.04	9.2×（0.96~2.8）-（0.1~1.94）		-			-	陶罐6、铜钱4	东汉	未发现葬具及骨架
92	M183	II区T3413、T3312、T3412	③层下	188°	刀把形，竖穴土圹砖室墓	3.3×（0.76~0.84）-（0.04~1.38），坡长3.6	7.8×（0.76~2.38）-（0.04~1.38）		-	仰身屈肢	较差	男	陶罐7、铜钱6	东汉	未发现葬具
93	M46	II区T1215	③层下	190°	甲字形，竖穴土圹砖室墓	4.6×0.96-（0.2~1.2），坡长4.7	8.6×（0.96~1.88）-（0.2~1.2）		-	仰身屈肢	稍好	男	陶罐3、铜钱7	东汉	未发现葬具
94	M77	II区T1914、T1913	③层下	270°	甲字形，竖穴土圹砖室墓	5.4×（0.7~0.96）-（0.1~2.1），坡长5.74	9.4×（0.7~1.6）-（0.1~2.1）		-	仰身直肢	稍好	男	陶罐1、陶壶2、陶盆1、铜钱3	东汉	未发现葬具
95	M181	II区T3113	③层下	190°	甲字形，竖穴土圹砖室墓	2.46×0.78-（0.04~1.7），坡长3	6.2×（0.78~1.3）-（0.04~1.7）		-			-	陶罐3	东汉	未发现葬具及骨架

续表

序号	墓号	所在探方	层位	方向	形状与结构	墓道 长×宽-深（米）	墓圹 长×宽-深（米）	壁龛 宽×高-进深（米）	葬具	葬式	人骨保存情况	性别	随葬品（件）	年代	备注
96	M191	II区T0628、T0528、T0627	③层下	268°	近刀字形，竖穴土圹砖室墓	2.0×(0.94~1.0)-(0.1~0.9)，坡长2.06	10.24×(0.94~4.44)-(0.1~0.9)		-	-	-	-	陶罐3、陶蒜头瓶1、陶扑满1、陶径1、陶瓿1、陶盆1、陶醋1、陶灶1、陶磨1、陶碗4、陶狗1、陶鸡1、铜弩机1、铜镜1	东汉	未发现葬具及骨架

附表三　唐代、辽金墓葬登记表

序号	墓号	所在探方	层位	方向	形状与结构	墓道 长×宽-深（米）	墓圹 长×宽-深（米）	葬具	葬式	人骨保存情况	性别	随葬品（件）	年代	备注
1	M190	II区T1222、T1121、T1122、T1221	②层下	198°	甲字形，竖穴土圹砖室墓	1.8×(0.92~1)-(0~0.62)，坡长1.9	7.72×(0.92~4.5)-(0~0.62)	-	-	-	-	陶罐1、瓷罐1	唐	未发现葬具及骨架
2	M37	II区T1212	①层下	5°	梯形，竖穴土圹砖室墓	无墓道	2.5×(1.08~1.18)-0.5	-	仰身直肢	较好	男	釉陶罐1、铜钱30	辽金	未发现葬具
3	M38	II区T1212	②层下	4°	梯形，竖穴土圹砖室墓	无墓道	3.2×(1.8~2)-0.96	-	东：仰身直肢；西：仰身屈肢	东：稍差；西：较差	东：男；西：女	瓷罐2、瓷瓶1、铜镜1、瓷盏2、铜钱23	辽金	未发现葬具，双人合葬

续表

序号	墓号	所在探方	层位	方向	形状与结构	墓道 长×宽-深（米）	墓圹 长×宽-深（米）	葬具	葬式	人骨保存情况	性别	随葬品（件）	年代	备注
4	M39	Ⅱ区T1212	②层下	4°	近长方形、竖穴土圹砖室墓	无墓道	2.6×1.6-0.68	双棺	东：仰身屈肢；西：仰身直肢	东：稍好；西：较好	东：男；西：女	瓷罐1、铜簪1、铜耳坠2、铜钱3	辽金	合葬墓
5	M40	Ⅱ区T1211	②层下	94°	不规则形、竖穴土圹砖券墓	无墓道	(2.66~2.82)×2-(0.38~0.4)	-	仰身直肢	北：较差；南：较好	北：女；南：男	陶罐2、陶釜2、陶杯1、陶匜1	辽金	未发现葬具、双室合葬墓
6	M42	Ⅱ区T1311	②层下	187°	甲字形、竖穴土圹砖室墓	3.48×(0.72~1)-(0~1.24)，坡长3.7	6.3×(0.72~2.82)-(0~1.36)	-	-	-	-	陶罐2、陶鳌锅1、瓷盏1、陶盆1、瓷瓶1	辽金	未发现葬具及骨架
7	M43	Ⅱ区T1311、T1411	②层下	205°	甲字形、竖穴土圹砖室墓	1.9×(0.74~0.82)-(0~1)，坡长2.14	4.5×(0.74~2.36)-(0~1)	-	-	-	-	瓷盏1	辽金	未发现葬具及骨架
8	M52	Ⅱ区T1414	②层下	200°	甲字形、竖穴土圹砖室墓	0.8×0.84-(0.2~0.68)，坡长1.06	4.12×(0.84~2.84)-(0.2~0.68)	-	-	-	-	-	辽金	未发现葬具、骨架、未发现随葬品
9	M56	Ⅱ区T1515	①层下	0°	梯形、竖穴土圹墓	无墓道	2.3×(1.4~1.5)-0.42	单棺	仰身直肢	稍差	男	釉陶罐1、瓷碗1、铜钱6	辽金	
10	M60	T1515、T1615	①层下	0°	不规则形、竖穴土圹墓	无墓道	(3.02~3.2)×(2.4~2.7)-(0.6~1.2)	双棺	东：仰身直肢；西：仰身屈肢	东：稍差；西：稍好	东：男；西：女	铜钱6	辽金	

续表

序号	墓号	所在探方	层位	方向	形状与结构	墓道 长×宽-深（米）	墓圹 长×宽-深（米）	葬具	葬式	人骨保存情况	性别	随葬品（件）	年代	备注
11	M64	II区T1513	②层下	190°	甲字形、竖穴土圹砖室墓	1.2×（0.74~0.76）-（0.1~0.52），坡长1.26	3.64×（0.74~2.52）-（0.1~0.52）	-	-	-	-	陶盆1、瓷盏1、陶簋1	辽金	未发现葬具及骨架
12	M67	II区T1613	②层下	184°	甲字形、竖穴土圹砖室墓	1.24×0.78-（0.06~0.64），坡长1.34	4.4×（0.78~2.78）-（0.06~0.64）	-	-	-	-	瓷盏1	辽金	未发现葬具及骨架
13	M75	II区T1814	②层下	184°	甲字形、竖穴土圹砖室墓	0.7×（0.96~1.02）-（0.1~0.5），坡长0.84	4.3×（0.96~3.38）-（0.1~0.5）	-	-	-	-	陶匜1	辽金	未发现葬具及骨架

附表四　明清墓葬登记表

序号	墓号	所在探方	层位	方向	形状与结构	墓圹 长×宽-深（米）	葬具	葬式	人骨保存情况	性别	随葬品（件）	年代	备注
1	M3	II区T0812	①层下	0°	正方形、竖穴土圹龟室砖室墓	2.8×2.8-2.4	-	-	-	-	釉陶盏2、铜钱42、买地券-志铭1	明	未发现葬具及骨架
2	M1	II区T0811、T0711	①层下	16°	长方形、竖穴土圹墓	2.5×1.4-2.2	-	-	-	-	-	明	未发现葬具及骨架 未发现随葬品
3	M4	II区T0812	①层下	3°	长方形、竖穴土圹墓	2.7×1.42-2.6	单棺	仰身直肢	较差	男	买地券-志铭1	明	
4	M16	II区T1011、T1012	①层下	356°	长方形、竖穴土圹墓	2.6×1.4-1	单棺	仰身直肢	较好	男	釉陶罐1、铜钱4	明	

续表

序号	墓号	所在探方	层位	方向	形状与结构	墓圹长×宽·深（米）	葬具	葬式	人骨保存情况	性别	随葬品（件）	年代	备注
5	M17	II区T1012	①层下	354°	长方形，竖穴土圹墓	2.64×0.8-0.48	单棺	仰身直肢	稍差	东：女；西：男	-	明	未发现随葬品，双人合葬
6	M18	II区T1012	①层下	330°	长方形，竖穴土圹墓	2.4×1.2-0.76	单棺	仰身直肢	稍好	男	-	明	未发现随葬品
7	M19	II区T1013、T1012	①层下	5°	梯形，竖穴土圹墓	2.62×（1.44~1.64）-1.12	单棺	仰身直肢	较好	男	瓷罐1、铜钱11	明	
8	M20	II区T1112	①层下	6°	长方形，竖穴土圹墓	2.24×1.2-1	单棺	仰身屈肢	较好	女	瓷罐1、瓷碗1、银钗1、铜钱8	明	
9	M21	II区T1112	①层下	340°	梯形，竖穴土圹墓	2.16×（0.78~0.9）-0.64	单棺	仰身直肢	较好	男	瓷罐1、铜钱1	明	
10	M22	II区T1012、T1112	①层下	356°	不规则形，竖穴土圹墓	2.7×（1.5~1.67）-1.2	单棺	仰身直肢	较好	男	瓷罐1	明	
11	M32	II区T1112	①层下	350°	梯形，竖穴土圹墓	2.2×（0.84~0.96）-0.82	单棺	仰身直肢	较好	男	铜钱1	明	
12	M34	II区T1113	①层下	21°	梯形，竖穴土圹墓	3.5×（1.4~1.72）-1.5	单棺	-	-	-	-	明	未发现骨架，未发现随葬品
13	M54	II区T1515	①层下	5°	长方形，竖穴土圹墓	2.4×1.28-0.52	单棺	仰身直肢	稍好	男	-	明	未发现随葬品
14	M55	II区T1515	①层下	10°	梯形，竖穴土圹墓	3×（1~1.18）-0.5	单棺	较差	不明	男	-	明	未发现随葬品
15	M58	II区T1515、T1615	①层下	10°	梯形，竖穴土圹墓	2.2×0.92-0.66	单棺	仰身直肢	稍好	男	-	明	未发现随葬品
16	M59	II区T1515、T1615	①层下	8°	梯形，竖穴土圹墓	2.2×（1~1.08）-0.62	单棺	仰身直肢	较好	男	-	明	未发现随葬品

续表

序号	墓号	所在探方	层位	方向	形状与结构	墓圹 长×宽-深（米）	葬具	葬式	人骨保存情况	性别	随葬品（件）	年代	备注
17	M63	II区T1614	①层下	10°	长方形、竖穴土圹墓	2.3×0.94-1.3	单棺	仰身直肢	较差	男	-	明	未发现随葬品
18	M92	II区T2215	①层下	0°	长方形、竖穴土圹墓	1.9×0.8-0.9	单棺	仰身直肢	稍差	男	铜带钩1	明	
19	M2	II区T0811	①层下	5°	不规则形、竖穴土圹墓	(2.84~3)×(1.8~2.06)-(1.5~1.7)	双棺	不明	稍差	东：男；西：女	陶罐1、瓷碗1	明	
20	M23	II区T1012、T1013、T1112	①层下	0°	不规则形、竖穴土圹墓	(2.75~2.8)×(2.42~2.52)-1.2	双棺	仰身直肢	东：稍好；西：较好	东：女；西：男	瓷罐2、铜钱4	明	
21	M25	II区T1013	①层下	5°	长方形、竖穴土圹墓	2.8×2-2	双棺	仰身直肢	东：较好；西：稍差	东：女；西：男	瓷罐1	明	
22	M33	II区T1112	①层下	6°	不规则形、竖穴土圹墓	(2.3~2.66)×(2.4~2.9)-0.3	双棺	东：仰身直肢；西：仰身屈肢	东：较好；西：稍好	东：男；西：女	瓷罐1	明	
23	M35	II区T1113	①层下	8°	近四边形、竖穴土圹墓	3.06×2.9-1.8	双棺	东：仰身直肢；西：仰身屈肢	东：较好；西：稍好	东：男；西：女	瓷碗2、铜钱2	明	
24	M57	II区T1515	①层下	14°	不规则形、竖穴土圹墓	(2.02~2.68)×(2.38~2.8)-(0.8~1.2)	双棺	东：仰身屈肢；西：仰身直肢	东：较差；西：稍差	东：男；西：女	瓷罐1、铜钱4	明	
25	M61	II区T1514	①层下	4°	长方形、竖穴土圹墓	2.7×2-(1.1~1.2)	双棺	仰身直肢	稍好	东：女；西：男	陶罐1、釉陶罐1、铜钱9	明	

续表

序号	墓号	所在探方	层位	方向	形状与结构	墓圹 长×宽-深（米）	葬具	葬式	人骨保存情况	性别	随葬品（件）	年代	备注
26	M68	Ⅱ区T1715	①层下	10°	长方形，竖穴土圹墓	2.98×2.54-（1.64~1.76）	双棺	仰身直肢	东：较好；西：稍好	东：女；西：男	-	明	未发现随葬品
27	M119	Ⅱ区T1911	①层下	348°	不规则形，竖穴土圹墓	3.16×（1.44~1.86）-（1.2~1.32）	双棺	侧身屈肢	东：稍好；西：稍差	东：男；西：女	瓷罐1、瓷碗1、铜钱2	明	
28	M24	Ⅱ区T1013、T1113	①层下	6°	梯形，竖穴土圹墓	2.98×（2.8~2.9）-1.3	三棺	东：仰身直肢；中：仰身直肢；西：仰身直肢	东：较好；中：稍差；西：稍好	东：男；中：女；西：女	瓷罐2、陶罐1、瓷碗1、铜钱1	明	
29	M26	Ⅱ区T1113、T1114	①层下	40°	不规则形，竖穴土圹墓	（2.9~3.5）×3.62-1.5	三棺	仰身直肢	东：较好；中：稍好；西：稍好	东：男；中：女；西：女	瓷罐2、瓷碗3、铜钱8	明	
30	M36	Ⅱ区T1113	①层下	10°	不规则形，竖穴土圹墓	（2.44~2.9）×3.1-（1.96~2.1）	三棺	仰身直肢	东：较差；中：稍差；西：稍差	东：男；中：女；西：女	瓷罐1、瓷碗2	明	
31	M44	Ⅱ区T1214	①层下	356°	梯形，竖穴土圹墓	3×（3.6~4）-2.3	三棺	仰身屈肢	东：较好；中：稍好；西：较好	东：男；中：女；西：女	瓷罐3、铜钱10	明	

续表

序号	墓号	所在探方	层位	方向	形状与结构	墓圹长×宽-深（米）	葬具	葬式	人骨保存情况	性别	随葬品（件）	年代	备注
32	M13	Ⅱ区T1014、T1013	Ⅰ层下	353°	梯形、竖穴土坑墓	3.1×1.52-1	单棺	仰身直肢	较好	男	铜钱1	清	
33	M41	Ⅱ区T1211	Ⅰ层下	272°	梯形、竖穴土坑墓	2.2×（0.84~0.92）-0.8	-	-	-	-	-	清	未发现葬具及骨架，未发现随葬品
34	M50	Ⅱ区T1014	Ⅰ层下	12°	梯形、竖穴土坑墓	2.54×（1~1.44）-0.64	单棺	仰身直肢	稍差	男	铜钱1	清	
35	M88	Ⅱ区T2116	Ⅰ层下	6°	长方形、竖穴土坑墓	2.2×0.8-0.7	单棺	仰身直肢	稍差	男	-	清	未发现随葬品
36	M90	Ⅱ区T2516	Ⅰ层下	6°	长方形、竖穴土坑墓	2.76×0.92-1.1	单棺	仰身直肢	较好	男	-	清	未发现随葬品
37	M99	Ⅱ区T2115	Ⅰ层下	5°	长方形、竖穴土坑墓	2×0.7-0.8	单棺	仰身直肢	稍差	男	-	清	未发现随葬品
38	M101	Ⅱ区T2216	Ⅰ层下	16°	长方形、竖穴土坑墓	2.3×1.1-1.5	单棺	仰身直肢	稍好	男	-	清	未发现随葬品
39	M102	Ⅱ区T2216	Ⅰ层下	14°	长方形、竖穴土坑墓	2.3×1-1.2	单棺	仰身直肢	稍好	男	-	清	未发现随葬品
40	M118	Ⅱ区T1811	Ⅰ层下	350°	长方形、竖穴土坑墓	2.86×1.4-0.64	单棺	仰身直肢	稍好	男	瓷罐1	清	
41	M122	Ⅱ区T1909	Ⅰ层下	108°	梯形、竖穴土坑墓	2.6×（0.9~1.1）-1.18	单棺	仰身直肢	稍差	男	-	清	未发现随葬品
42	M123	Ⅱ区T2008、T2009	Ⅰ层下	90°	长方形、竖穴土坑墓	1.1×0.5-0.6	-	不明	较差	不明	-	清	未发现葬具，未发现随葬品
43	M125	Ⅱ区T1908	Ⅰ层下	94°	不规则形、竖穴土坑墓	（2.4~2.6）×（1.1~1.34）-1	单棺	仰身屈肢	较差	男	铜钱1	清	

续表

序号	墓号	所在探方	层位	方向	形状与结构	墓圹 长×宽~深（米）	葬具	葬式	人骨保存情况	性别	随葬品（件）	年代	备注
44	M150	II区T3016	①层下	8°	梯形、竖穴土圹墓	2.04×（0.72~0.88）-0.8	单棺	仰身直肢	稍好	男	-	清	未发现随葬品
45	M154	II区T3115	①层下	14°	长方形、竖穴土圹墓	2.8×1.1-0.68	单棺	仰身直肢	较好	男	-	清	未发现随葬品
46	M187	II区T0518、T0519	①层下	275°	长方形、竖穴土圹墓	2.28×1.1	-	屈肢	-	-	-	清	未发现葬品，内葬一具马骨架
47	M188	II区T0519	①层下	4°	梯形、竖穴土圹墓	2.4×（1.04~1.2）-1.08	单棺	仰身直肢	较好	男	瓷罐1	清	
48	M189	II区T0519、T0520	①层下	40°	长方形、竖穴土圹墓	2.26×0.82-0.4	单棺	仰身直肢	较好	男	-	清	未发现葬品
49	M5	II区T0812	①层下	10°	长方形、竖穴土圹墓	3.1×2.2-2	双棺	仰身直肢	较差	东：男；西：女	瓷罐2、铜钱3	清	
50	M6	II区T0813	①层下	353°	梯形、竖穴土圹墓	2.8×（2.1~2.2）-（1.5~1.58）	双棺	东：仰身直肢；西：仰身屈肢	东：稍差；西：稍好	东：男；西：女	铜钱6	清	
51	M7	II区T0813、T0814	①层下	355°	不规则形、竖穴土圹墓	（2.7~2.8）×（1.68~1.8）-（1.4~1.5）	双棺	仰身直肢	东：较好；西：稍差	东：男；西：女	瓷罐1、铜钱6	清	
52	M10	II区T0913、T0914	①层下	355°	不规则形、竖穴土圹墓	2.89×（2.5~2.54）-（0.9~0.98）	双棺	东：仰身屈肢；西：仰身直肢	稍好	东：女；西：男	瓷罐2、银簪2、铜钱5	清	
53	M12	II区T0914	①层下	4°	不规则形、竖穴土圹墓	（2.4~2.66）×2.56-0.7	双棺	东：仰身直肢；西：不明	东：稍好；西：较差	东：女；西：男	瓷罐1	清	

续表

序号	墓号	所在探方	层位	方向	形状与结构	墓圹 长×宽-深（米）	葬具	葬式	人骨保存情况	性别	随葬品（件）	年代	备注
54	M28	Ⅱ区T1014	①层下	18°	不规则形，竖穴土圹墓	(2.5~2.7)×(2.34~2.6)-(0.9~0.94)	双棺	仰身直肢	较好	东：男；西：女	瓷罐2、铜钱6	清	
55	M29	Ⅱ区T1114	①层下	5°	不规则形，竖穴土圹墓	(2.9~3.1)×(2.8~3)-2.1	双棺	仰身直肢	较好	东：男；西：女	-	清	未发现随葬品
56	M120	Ⅱ区T1911	①层下	340°	近四边形，竖穴土圹墓	3×1.86-(1.16~1.26)	双棺	仰身屈肢	东：稍差；西：较差	东：男；西：女	瓷罐2、铜钱4	清	
57	M124	Ⅱ区T1909	①层下	130°	梯形，竖穴土圹墓	2.72×(1.7~1.94)-(1.02~1.21)	双棺	仰身屈肢	北：稍差；南：稍好	北：男；南：女	瓷碗2、瓷壶1	清	
58	M144	Ⅱ区T3015	①层下	196°	梯形，竖穴土圹墓	2.5×(1.52~1.8)-0.4	双棺	仰身直肢	东：较差；西：稍差	东：男；西：女	铜币1	清	
59	M8	Ⅱ区T0814	①层下	350°	不规则形，竖穴土圹墓	(2.56~2.92)×(3.18~4.04)-(0.88~0.94)	四棺	1号：仰身直肢；2号：仰身直肢；3号：侧身屈肢；4号：仰身直肢	1号：稍差；2号：稍好；3号：稍好；4号：稍好	1号：男；2号：女；3号：女；4号：女	瓷罐3、银簪1、银釵4、铜钱14	清	
60	M11	Ⅱ区T0914	①层下	1°	不规则形，竖穴土圹墓	(2.7~2.9)×3.4-(0.58~0.6)	三棺	东：仰身屈肢；中：仰身直肢；西：仰身直肢	东：稍差；中：稍好；西：稍好	东：女；中：女；西：男	瓷罐2、铜钱5	清	

附表五　汉代墓葬出土铜钱统计表

单位	编号	种类	钱径（厘米）	穿宽（厘米）	郭厚（厘米）
M45：4	1	货泉	2.2	0.7	0.18
	2	货泉	2.1	0.7	0.15
	3	货泉	2.1	0.62	0.12
	4	货泉	2.1	0.65	0.15
M46：4	1	五铢	2.5	0.8	0.2
	2	五铢	2.5	0.72	0.18
M49：4	1	五铢	2.6	0.95	0.15
	2	五铢	2.6	1	0.15
M53：2	1	大泉五十	2.78	0.7	0.25
	2	大泉五十	2.62	0.8	0.22
M62：1	1	货泉	2.32	0.72	0.15
	2	货泉	2.25	0.68	0.13
	3	货泉	2.3	0.62	0.18
	4	货泉	2.31	0.63	0.2
M77：4	1	大泉五十	2.78	0.83	0.22
	2	大泉五十	2.76	0.8	0.21
M84：1	1	大泉五十	2.52	0.82	0.15
	2	大泉五十	2.75	0.82	0.28
	3	大泉五十	2.8	0.82	0.25
	4	大泉五十	2.95	0.82	0.3
	5	小泉直一	1.4	0.4	0.15
	6	小泉直一	1.42	0.41	0.13
	7	小泉直一	1.41	0.4	0.18
	8	小泉直一	1.42	0.38	0.18
M104：7	1	大泉五十	2.71	0.79	0.28
	2	大泉五十	2.81	0.7	0.31
	3	大泉五十	2.81	0.71	0.3
	4	大泉五十	2.78	0.75	0.22
M130：10	1	五铢	2.53	1	0.15
M143：5	1	五铢	2.69	0.8	0.21
M183：5	1	五铢	2.6	1	0.2
	2	五铢	2.45	0.92	0.16
	3	五铢	2.5	0.99	0.16
M185：14	1	五铢	2.6	1	0.2
	2	五铢	2.5	1	0.2

附表六　辽金墓葬出土铜钱统计表

单位	编号	种类	钱径（厘米）	穿宽（厘米）	郭厚（厘米）
M37：2	1	天圣元宝	2.48	0.69	0.15
	2	天圣元宝	2.48	0.72	0.12
	3	元丰通宝	2.43	0.6	0.12
	4	元祐通宝	2.42	0.75	0.12
M38：2	1	开元通宝	2.51	0.71	0.12
	2	天圣元宝	2.5	0.68	0.11
	3	皇宋通宝	2.51	0.7	0.11
	4	熙宁元宝	2.4	0.7	0.15
	5	元祐通宝	2.4	0.6	0.13
M39：2	1	至和元宝	2.55	0.71	0.11
	2	大定通宝	2.51	0.49	0.18
M56：3	1	景祐元宝	2.52	0.65	0.1
	2	元丰通宝	2.4	0.69	0.12
M60：1	1	景德元宝	2.5	0.52	0.14
	2	大定通宝	2.53	0.6	0.13

附表七　明清墓葬出土铜钱统计表

单位	编号	种类	钱径（厘米）	穿宽（厘米）	郭厚（厘米）
M3：3	1	开元通宝	2.5	0.71	0.11
	2	开元通宝	2.42	0.68	0.1
	3	祥符元宝	2.5	0.62	0.11
	4	天禧通宝	2.48	0.62	0.11
M5：3	1	康熙通宝	2.35	0.5	0.11
	2	康熙通宝	2.4	0.59	0.1
	3	康熙通宝	2.32	0.49	0.18
M6：1	1	康熙通宝	2.38	0.5	0.1
	2	乾隆通宝	2.6	0.55	0.1
	3	乾隆通宝	2.3	0.6	0.12
M7：2	1	康熙通宝	2.32	0.51	0.1
	2	元丰通宝	2.48	0.69	0.1
	3	康熙通宝	2.38	0.51	0.11
M8：9	1	康熙通宝	2.61	0.6	0.12
	2	康熙通宝	2.42	0.52	0.13
	3	康熙通宝	2.35	0.51	0.1
	4	康熙通宝	2.6	0.52	0.11

单位	编号	种类	钱径（厘米）	穿宽（厘米）	郭厚（厘米）
M8：9	5	雍正通宝	2.7	0.61	0.11
	6	雍正通宝	2.55	0.58	0.15
	7	乾隆通宝	2.5	0.5	0.12
M10：5	1	康熙通宝	2.3	0.5	0.1
	2	康熙通宝	2.4	0.5	0.13
M11：3	1	康熙通宝	2.6	0.55	0.15
	2	雍正通宝	2.6	0.6	0.11
	3	雍正通宝	2.6	0.6	0.11
M13：1	1	康熙通宝	2.6	0.55	0.15
M16：2	1	天圣元宝	2.52	0.72	0.11
	2	元祐通宝	2.41	0.65	0.12
M19：1	1	天圣元宝	2.4	0.59	0.11
	2	皇宋通宝	2.43	0.68	0.1
	3	元丰通宝	2.4	0.62	0.12
	4	至和通宝	2.48	0.68	0.1
M20：4	1	治平元宝	2.41	0.63	0.12
	2	洪武通宝	2.33	0.49	0.12
M21：2	1	崇宁通宝	3.42	0.81	0.28
M23：3	1	万历通宝	2.5	0.52	0.1
M24：4	1	嘉靖通宝	2.59	0.55	0.12
M26：7	1	天圣元宝	2.41	0.75	0.1
	2	景德元宝	2.4	0.61	0.1
	3	元祐通宝	2.4	0.71	0.1
	4	绍圣元宝	2.32	0.7	0.1
M28：1	1	天禧通宝	2.42	0.61	0.1
	2	元祐通宝	2.42	0.71	0.1
	3	康熙通宝	2.34	0.58	0.13
M32：1	1	崇宁重宝	3.3	0.62	0.2
M35：5	1	嘉靖通宝	2.55	0.58	0.13
M44：4	1	至道元宝	2.3	0.58	0.1
	2	元丰通宝	2.38	0.65	0.09
	3	政和通宝	2.38	0.58	0.1
M50：1	1	至道元宝	2.5	0.58	0.12
M57：2	1	绍圣元宝	2.3	0.68	0.09

单位	编号	种类	钱径（厘米）	穿宽（厘米）	郭厚（厘米）
M61：1	1	景德元宝	2.43	0.6	0.13
	2	天圣元宝	2.53	0.75	0.11
	3	至和通宝	2.48	0.73	0.11
	4	治平元宝	2.43	0.68	0.13
	5	治平元宝	2.42	0.6	0.1
M119：3	1	至道元宝	2.45	0.58	0.12
	2	绍圣元宝	2.32	0.63	0.1
M120：1	1	康熙通宝	2.35	0.53	0.1
	2	康熙通宝	2.68	0.53	0.12
	3	雍正通宝	2.63	0.6	0.1
	4	雍正通宝	2.59	0.52	0.1
M125：1	1	康熙通宝	2.68	0.6	0.1
M144：1	1	铜币	3.22		0.18

后　记

　　房山安庄墓地自2021年开始发掘到报告整理完成，自始至终得到了北京市考古研究院领导和同事们的多方面支持，本书是北京市考古研究院集体劳动的一项重要成果。在2023年开始的考古资料整理期间，北京市考古研究院协调组织了相关工作人员，给予充分支持，并对整理进度提出明确要求，为考古资料整理的完成提供了充足的保证。

　　本书中的墓葬年代自战国至明清，时代跨度较大，资料整理任务较重。整理人员为完成整理任务及本书刊印出版付出了诸多努力。盛世兰亭书院杨武博士为本书题写书名。科学出版社樊鑫先生作为本书的编辑，为本书付出辛勤劳动。在此深表感谢。

　　本书由于璞执笔。

编　者

2024年10月29日

彩　　版

1. 考古工作场景

2. 考古工作场景

考古工作场景

1. M69

2. M96

3. M110

4. M114

M69、M96、M110、M114

1. M121

2. M126

3. M146

4. M157

M121、M126、M146、M157

1. M160

2. M167

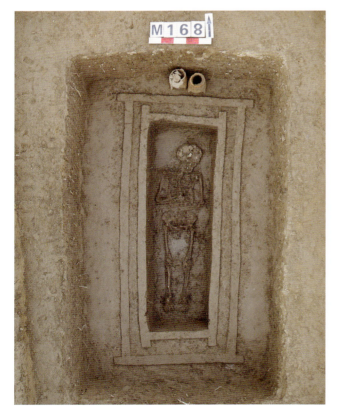

3. M168

4. M186

M160、M167、M168、M186

1. M69随葬器物

2. M110随葬器物

3. M121随葬器物

4. M168随葬器物

M69、M110、M121、M168器物出土情况

1. M65

2. M70

3. M71

4. M72

M65、M70、M71、M72

1. M81

2. M85

3. M86

4. M87

M81、M85、M86、M87

1. M94

2. M97

3. M98

4. M106

M94、M97、M98、M106

1. M108

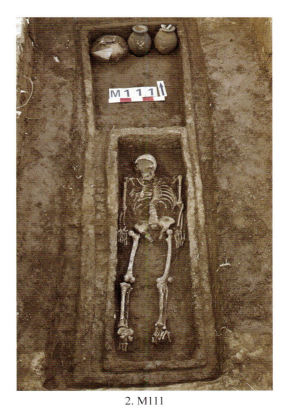

2. M111

3. M112

4. M116

M108、M111、M112、M116

1. M132

2. M134

3. M152

4. M153

M132、M134、M152、M153

1. M155

2. M159

3. M161

4. M164

M155、M159、M161、M164

1. M165

2. M166

3. M171

4. M173

M165、M166、M171、M173

1. M177

2. M182

M177、M182

1. M14

2. M31

3. M47

4. M48

M14、M31、M47、M48

1. M51

2. M62

3. M78

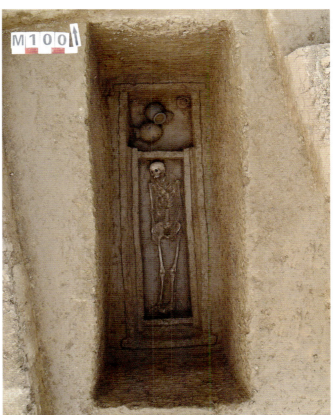

4. M100

M51、M62、M78、M100

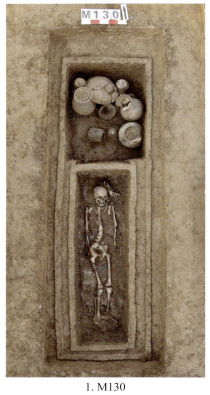

1. M130

2. M133

3. M142

4. M162

M130、M133、M142、M162

1. M179

2. M185

M179、M185

1. M15

2. M27

3. M30

4. M49

M15、M27、M30、M49

1. M91

2. M129

3. M143

4. M174

M91、M129、M143、M174

1. M45

2. M53

3. M84

4. M183

M45、M53、M84、M183

1. M46

2. M77

3. M181

4. M191

M46、M77、M181、M191

M190

1. M37

2. M38

3. M39

4. M40

M37、M38、M39、M40

1. M42

2. M43

3. M52

4. M56

M42、M43、M52、M56

1. M60

2. M64

3. M67

4. M75

M60、M64、M67、M75

1. M3

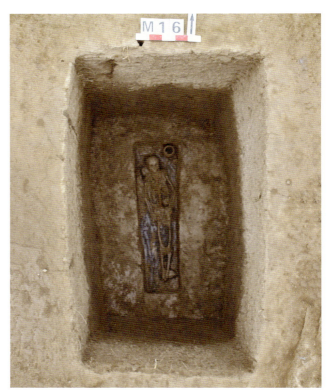

2. M16

3. M17

4. M18

M3、M16、M17、M18

1. M19

2. M20

3. M21

4. M58

M19、M20、M21、M58

1. M59

2. M23

3. M57

4. M61

M59、M23、M57、M61

1. M63

2. M68

3. M92

4. M119

M63、M68、M92、M119

1. M24

3. M13

2. M26

4. M90

M24、M26、M13、M90

1. M99

2. M101

3. M102

4. M118

M99、M101、M102、M118

1. M122

2. M123

3. M125

4. M150

M122、M123、M125、M150

1. M154

2. M187

3. M188

4. M189

M154、M187、M188、M189

M28、M120、M124、M144

1. M8

2. M11

3. 玉璧（M69：1）

4. 玉璧（M69：2）

M8、M11及M69出土器物

1. 陶鬲（M73：2）

2. 陶鬲（M109：1）

3. 陶鬲（M109：2）

4. 陶鬲（M121：1）

M73、M109、M121出土器物

1. 陶鬲（M121：2）

2. 陶鬲（M128：1）

3. 陶鬲（M128：2）

4. 陶鬲（M146：1）

M121、M128、M146出土器物

1. 陶鬲（M151：1）

2. 陶鬲（M151：2）

3. 陶鬲（M160：1）

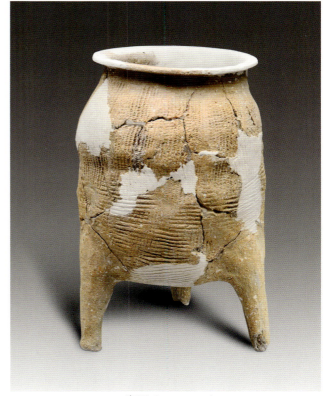

4. 陶鬲（M167：1）

M151、M160、M167出土器物

1. 陶鬲（M167：2）

2. 陶鬲（M168：2）

3. 陶鬲（M186：1）

4. 陶鬲（M186：2）

M167、M168、M186出土器物

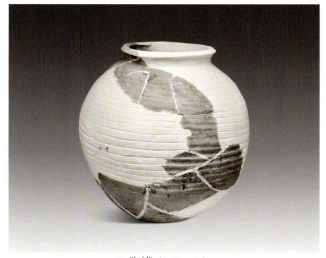

1. 陶罐（M9∶1）

2. 陶壶（M65∶1）

3. 陶壶（M65∶2）

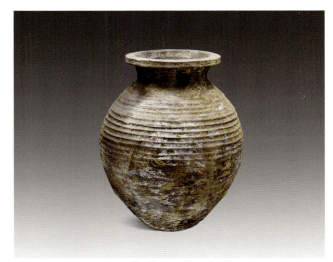

4. 陶罐（M86∶2）

5. 陶盒（M65∶3）

6. 陶盒（M65∶4）

M9、M65、M86出土器物

1. 陶罐（M97：1）

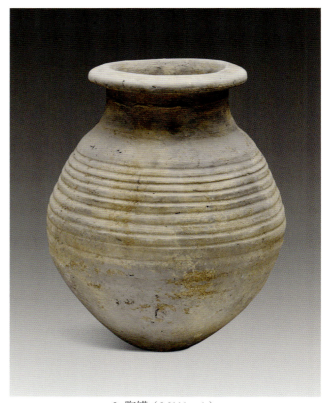

2. 陶罐（M111：1）

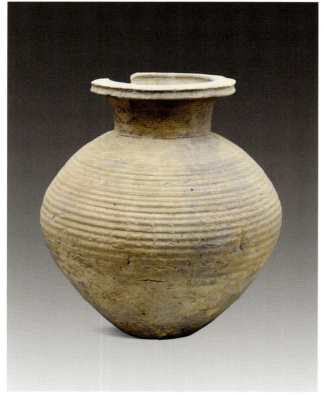

3. 陶罐（M155：1）

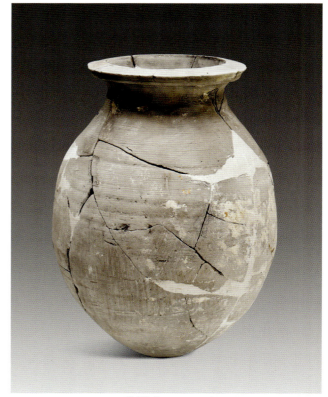

4. 陶罐（M164：1）

M97、M111、M155、M164出土器物

1. 陶罐（M152：1）

2. 陶罐（M165：2）

3. 陶壶（M166：2）

4. 陶壶（M166：3）

5. 陶罐（M171：1）

6. 陶罐（M182：1）

M152、M165、M166、M171、M182出土器物

1. 陶壶（M14：2）

2. 陶罐（M14：3）

3. 陶仓（M14：5）

4. 陶仓（M14：7）

5. 陶罐（M31：1）

6. 陶仓（M31：2）

M14、M31出土器物

1. 陶仓（M31：7）

2. 陶罐（M47：1）

3. 陶罐（M47：2）

4. 陶罐（M47：3）

5. 陶仓（M51：4）

6. 陶仓（M51：6）

M31、M47、M51出土器物

1. 陶仓（M51：11）

2. 陶仓（M115：1）

3. 陶器盖（M115：2）

4. 陶器盖（M115：3）

5. 陶壶（M130：1）

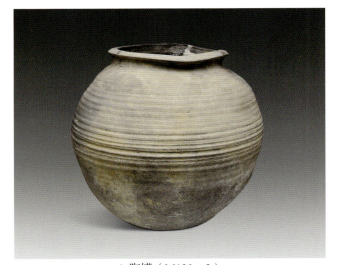

6. 陶罐（M130：3）

M51、M115、M130出土器物

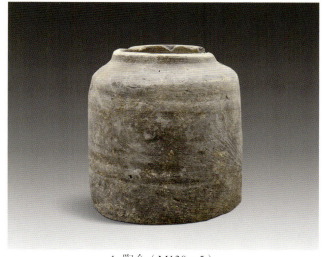

1. 陶仓（M130：5）

2. 陶仓（M130：8）

3. 陶仓（M133：5）

4. 陶仓（M133：6）

5. 陶仓（M142：6）

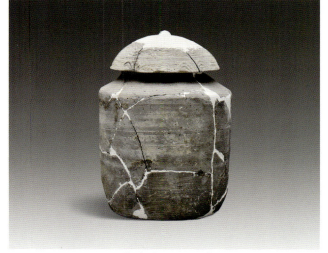

6. 陶仓（M142：7）

M130、M133、M142出土器物

1. 陶器盖（M142：9）

2. 陶仓（M162：4）

3. 陶仓（M162：6）

4. 陶壶（M178：1）

5. 陶壶（M178：2）

6. 陶罐（M178：3）

M142、M162、M178出土器物

1. 陶器盖（M178：5）

2. 陶器盖（M178：4）

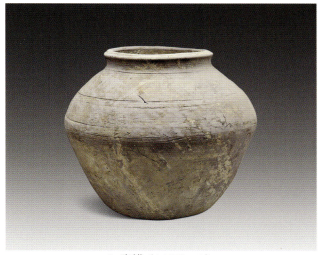

3. 陶罐（M179：1）

4. 陶壶（M179：2）

5. 陶仓（M179：4）

6. 陶仓（M179：5）

M178、M179出土器物

1. 陶仓（M179：6）

2. 陶仓（M179：7）

3. 陶壶（M185：1）

4. 陶罐（M185：3）

5. 陶仓（M185：5）

6. 陶仓（M185：9）

M179、M185出土器物

1. 陶仓（M185：8）

2. 陶仓（M185：6）

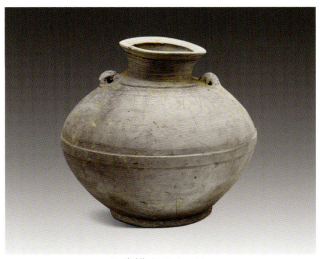

3. 陶罐（M15：1）

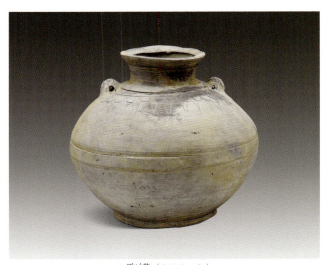

4. 陶罐（M15：2）

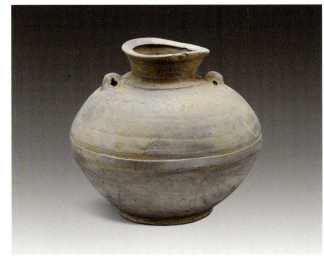

5. 陶罐（M15：3）

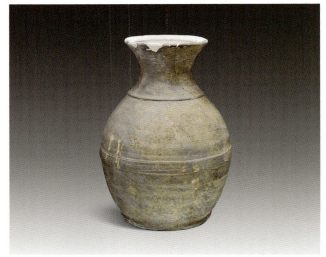

6. 陶壶（M27：1）

M185、M15、M27出土器物

1. 陶罐（M30：1）

2. 陶罐（M30：3）

3. 陶罐（M49：1）

4. 陶罐（M49：2）

5. 陶罐（M49：3）

6. 陶罐（M91：1）

M30、M49、M91出土器物

1. 陶罐（M91：2）

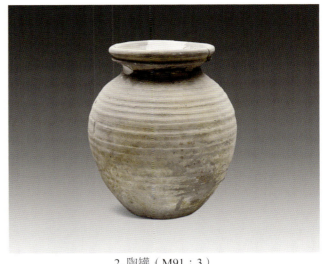

2. 陶罐（M91：3）

3. 陶罐（M93：1）

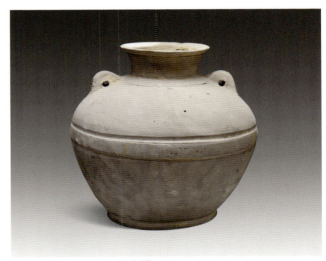

4. 陶罐（M93：2）

5. 陶壶（M129：2）

6. 陶罐（M129：3）

M91、M93、M129出土器物

1. 陶仓（M129：5）

2. 陶仓（M129：8）

3. 陶仓（M129：6）

4. 陶壶（M45：1）

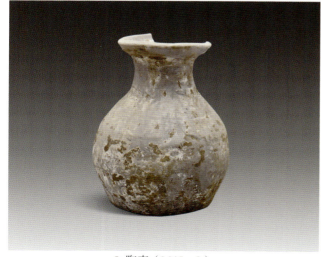

5. 陶壶（M45：2）

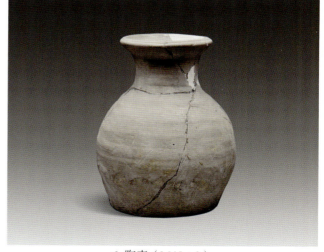

6. 陶壶（M45：3）

M129、M45出土器物

1. 陶盆（M45：5）　　　　　　　2. 陶罐（M104：4）

3. 陶罐（M104：5）　　　　　　　4. 陶罐（M104：6）

5. 陶罐（M183：2）　　　　　　　6. 陶罐（M183：3）

M45、M104、M183出土器物

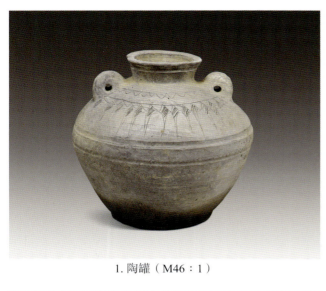

1. 陶罐（M46：1）

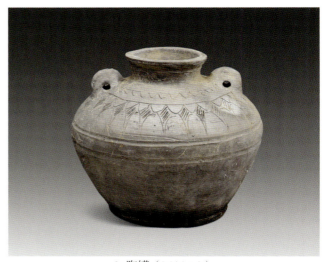

2. 陶罐（M46：2）

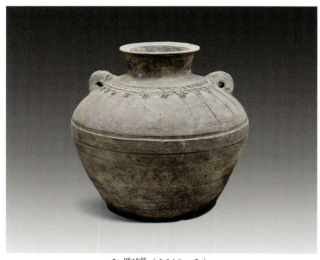

3. 陶罐（M46：3）

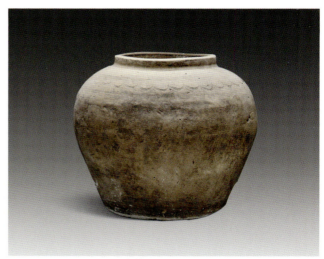

4. 陶罐（M191：1）

5. 陶罐（M191：2）

6. 陶罐（M191：3）

M46、M191出土器物

1. 陶奁（M191：6）

2. 陶盆（M191：7）

3. 陶甑（M191：8）

4. 陶灶（M191：9）

5. 陶磨（M191：10）

6. 陶蒜头瓶（M191：4）

M191出土器物

1. 陶扑满（M191：5）

2. 陶碗（M191：12）

3. 陶碗（M191：13）

4. 陶狗（M191：14）

5. 陶鸡（M191：15）

6. 陶碗（M191：11）

M191出土器物

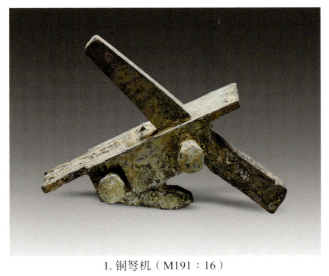

1. 铜弩机（M191：16）

2. 铜镜（M191：17）

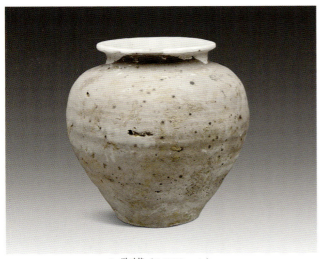

3. 陶罐（M190：1）

4. 瓷罐（M190：2）

5. 釉陶罐（M37：1）

6. 铜镜（M38：1）

M191、M190、M37、M38出土器物

1. 瓷盏（M38：3）

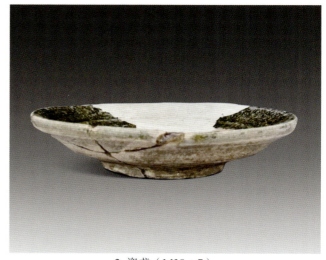

2. 瓷盏（M38：7）

3. 瓷罐（M38：4）

4. 瓷罐（M38：6）

5. 瓷瓶（M38：5）

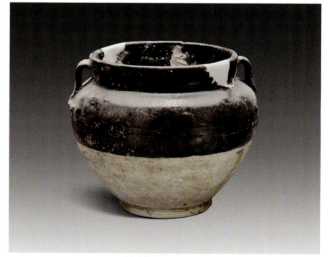

6. 瓷罐（M39：1）

M38、M39出土器物

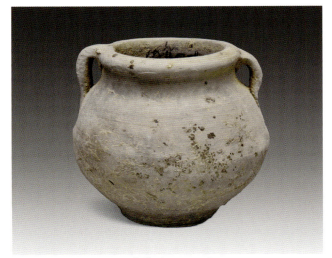

1. 陶罐（M40：1）

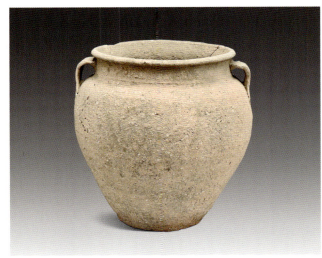

2. 陶罐（M40：6）

3. 陶釜（M40：2）

4. 陶釜（M40：5）

5. 陶杯（M40：3）

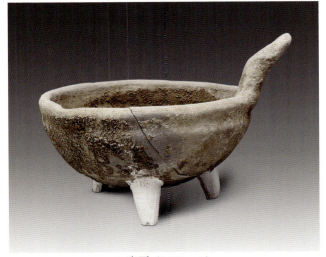

6. 陶匜（M40：4）

M40出土器物

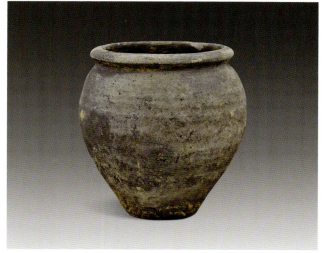

1. 陶罐（M42：1）

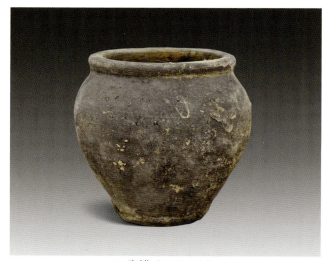

2. 陶罐（M42：2）

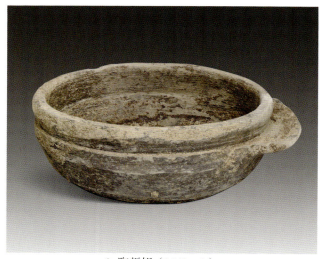

3. 陶鍪锅（M42：3）

4. 瓷盏（M42：4）

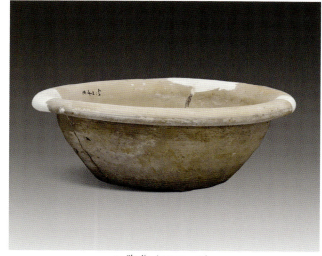

5. 陶盆（M42：5）

6. 瓷瓶（M42：6）

M42出土器物

1. 瓷盏（M43：1）

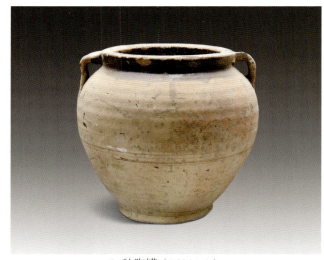

2. 釉陶罐（M56：1）

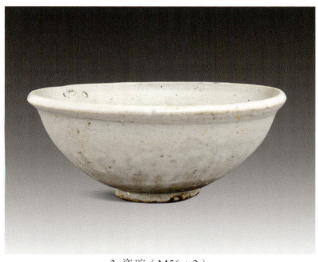

3. 瓷碗（M56：2）

4. 瓷碗M55：2内底

5. 陶盆（M64：1）

6. 瓷盏（M54：2）

M43、M56、M64出土器物

1. 陶簸箕（M64：3）

2. 瓷盏（M67：1）

3. 陶匜（M75：1）

4. 釉陶罐（M16：1）

5. 瓷罐（M19：2）

6. 瓷罐（M20：2）

M64、M67、M75、M16、M19、M20出土器物

1. 瓷碗（M20：1）

2. 瓷碗M20：1内底

3. 瓷罐（M21：1）

4. 瓷罐（M22：1）

5. 瓷碗（M2：2）

6. 瓷碗M2：2内底

M20、M21、M22、M2出土器物

1. 陶罐（M2∶1）

2. 瓷罐（M23∶1）

3. 瓷罐（M25∶1）

4. 瓷罐（M33∶1）

5. 瓷碗（M35∶1）

6. 瓷罐（M23∶2）

M2、M23、M25、M33、M35出土器物

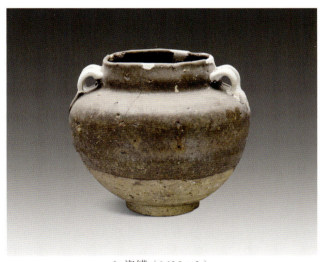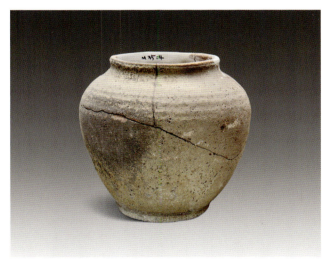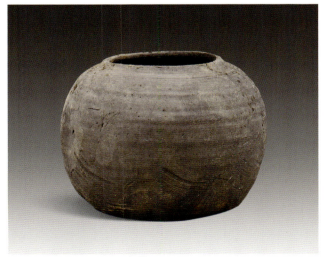

1. 瓷碗（M35：2）

2. 瓷碗M35：2内底

3. 瓷罐（M35：3）

4. 瓷罐（M35：4）

5. 瓷罐（M57：1）

6. 陶罐（M61：2）

M35、M57、M61出土器物

1. 釉陶罐（M61：3）

2. 铜带钩（M92：1）

3. 瓷碗（M119：1）

4. 瓷罐（M119：2）

5. 陶罐（M24：1）

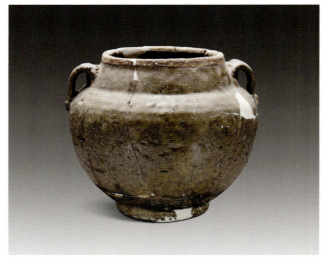

6. 瓷罐（M24：2）

M61、M92、M119、M24出土器物

1. 瓷碗（M24：3）

2. 瓷碗M24：3内底

3. 瓷罐（M24：5）

4. 瓷罐（M26：4）

5. 瓷罐（M26：6）

6. 瓷碗（M26：2）

M24、M26出土器物

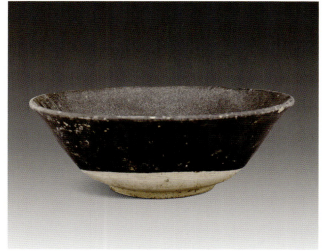

1. 瓷碗（M26∶3）

2. 瓷碗（M26∶5）

3. 瓷碗（M36∶1）

4. 瓷碗M36∶1内底

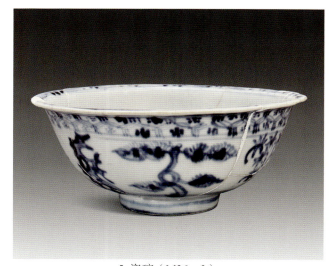

5. 瓷碗（M36∶3）

6. 瓷碗M36∶3内底

M26、M36出土器物

1. 瓷罐（M36：2）

2. 瓷罐（M44：1）

3. 瓷罐（M44：2）

4. 瓷罐（M44：3）

5. 瓷罐（M118：1）

6. 瓷罐（M5：1）

M36、M44、M118、M5出土器物

1. 瓷罐（M5∶2）

2. 瓷罐（M7∶1）

3. 瓷罐（M10∶1）

4. 瓷罐（M10∶2）

5. 瓷罐（M12∶1）

6. 瓷罐（M28∶2）

M5、M7、M10、M12、M28出土器物

1. 瓷罐（M28：3）

2. 瓷罐（M120：2）

3. 瓷罐（M120：3）

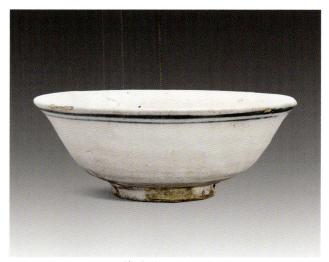

4. 瓷碗（M124：1）

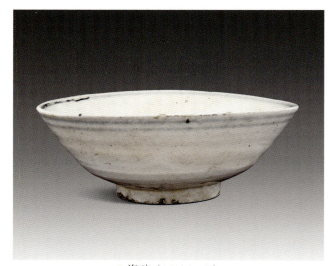

5. 瓷碗（M124：2）

6. 瓷碗M124：2外底

M28、M120、M124出土器物

1. 瓷壶（M124：3）

2. 瓷壶M124：3底款

3. 瓷壶M124：3前面

4. 瓷壶M124：3后面

5. 瓷罐（M8：1）

6. 瓷罐（M8：3）

7. 瓷罐（M11：1）

8. 瓷罐（M11：2）

M124、M8、M11出土器物